国家职业教育城市轨道交通专业教学资源库配套教材

U0649375

城市轨道交通客运组织

主　编　张美晴　谢淑润

副主编　王　博　余　莉

主　审　柯　菲

人民交通出版社股份有限公司

北　京

内 容 提 要

本书是国家职业教育城市轨道交通专业教学资源库配套教材之一。本书从企业岗位需求和教学实践要求角度出发，对城市轨道交通客运组织工作进行全面分析。本书共分为6个模块，分别是：认知城市轨道交通车站、城市轨道交通车站设备设施使用、车站日常运作管理、客流调查与预测、城市轨道交通车站客流组织、城市轨道交通车站突发事件应急处理。

本书为城市轨道交通运营管理专业核心课教材，既可供职业院校教学使用，也可作为城市轨道交通行业岗位培训或自学用书，同时可供城市轨道交通行业从业人员学习参考。

本书可与国家级城市轨道交通教学资源库城市轨道交通客运组织课程配套使用，教师、学生、社会人员均可通过智慧职教平台学习、使用课程中的文档、音频、视频、动画、微课、虚拟仿真、试题库等资源。

＊本书配套多媒体课件，任课教师可通过加入"职教轨道教学研讨群"获取（QQ群号：129327355）。

图书在版编目（CIP）数据

城市轨道交通客运组织／张美晴，谢淑润主编. —
北京：人民交通出版社股份有限公司，2021.2
ISBN 978-7-114-16277-0

Ⅰ. ①城… Ⅱ. ①张…②谢… Ⅲ. ①城市铁路—轨道交通—客运组织 Ⅳ. ①U239.5

中国版本图书馆 CIP 数据核字（2020）第 008561 号

国家职业教育城市轨道交通专业教学资源库配套教材
Chengshi Guidao Jiaotong Keyun Zuzhi

书　　　名	城市轨道交通客运组织
著 作 者	张美晴　谢淑润
责任编辑	司昌静
责任校对	孙国靖　宋佳时
责任印制	张　凯
出版发行	人民交通出版社股份有限公司
地　　　址	（100011）北京市朝阳区安定门外外馆斜街 3 号
网　　　址	http://www.ccpcl.com.cn
销售电话	（010）59757973
总 经 销	人民交通出版社股份有限公司发行部
经　　　销	各地新华书店
印　　　刷	北京武英文博科技有限公司
开　　　本	787×1092　1/16
印　　　张	18.25
字　　　数	422 千
版　　　次	2021 年 2 月　第 1 版
印　　　次	2023 年 5 月　第 5 次印刷
书　　　号	ISBN 978-7-114-16277-0
定　　　价	49.00 元

（有印刷、装订质量问题的图书由本公司负责调换）

前·言
Preface

【编写背景】

为适应城市轨道交通行业的快速发展,贯彻落实《国家职业教育改革实施方案》(国发〔2019〕4 号)、《职业院校教材管理办法》(教材〔2019〕3 号)、《职业教育提质培优行动计划(2020－2023 年)》(教职司成〔2020〕7 号)文件精神,进一步办好新时代职业教育,实现职业教育现代化,为促进经济社会发展和提高国家竞争力提供优质人才资源支撑,我们组织具有丰富经验的专业教师及城市轨道交通运营企业技术骨干编写了本教材。同时,本教材为国家级城市轨道交通专业教学资源库配套教材,通过此教材配合国家教学资源库的使用,可以提高教师教学和学生学习的效率与效果。

【课程定位】

城市轨道交通客运组织是城市轨道交通运营管理专业必修的核心课程之一,在培养地铁客运组织技术人才方面起着重要作用。本教材可作为高等职业教育城市轨道交通运营管理专业的核心课程教材,也可为城市轨道交通运营企业站务岗位培训提供参考。

【特色创新】

(1)岗位要求明确

教材的编写采取了校企合作的方式,得到了广州、武汉、深圳、合肥等城市轨道交通运营企业的大力支持,力求教材的通用性和适用性。教材对接最新专业教学标准、职业标准、行业标准和岗位规范,紧贴岗位实际工作过程。以城市轨道交通客运岗位技能构建课程内容,把各岗位所涉及的职业活动分解成若干相对独立的工作任务,对工作任务进行分析,对完成任务应掌握的知识、能力、素质做出较为详细的描述,以城市轨道交通客运组织工作场所为载体,设计本学习领域的工作情境。

（2）**课程衔接有序**

教材遵循学生认知规律和职业成长规律，教学内容由浅入深、循序渐进、梯度明晰。主要内容包括城市轨道交通车站、城市轨道交通车站设备设施使用、车站日常运作管理、客流调查与预测、城市轨道交通车站客运组织、城市轨道交通车站突发事件应急处理六个模块。为适应人才培养模式创新和优化课程体系的需要，教材突出理论和实践相统一，强调实践性。每个模块分解为若干基于岗位的教学单元，每个单元设计了【学情检测】和【技能训练】模块。通过多方位职业能力训练和相应的工作任务综合评价，突出过程性考核，考核评价指标科学有据。

（3）**对标技能赛项**

教材对标国家级城市轨道交通技能赛项。一是对标全国交通运输行业城市轨道交通行车值班员职业技能大赛中"信号故障处置"、"公共区火灾应急处置"、"站台门应急处理"中考核要点；二是对标全国交通运输行业城市轨道交通服务员职业技能大赛中"现场火灾应急处置"、"行车作业办理"、"信号故障处置"、"站台门故障处置"中考核要点。

（4）**书证融通**

教材对标城市轨道交通运营管理专业1+X证书中的城市轨道交通站务职业技能等级证书。教材内容涉及城市轨道交通站务职业技能等级标准对应的"行车组织"、"客运服务"及"应急情况处理"工作领域的职业技能要求，包含城市轨道交通站务职业技能等级初级、中级、高级，三个级别依次递进，高级别涵盖低级别职业技能要求。

【配套资源】

本教材配套资源丰富，教材上配有丰富的视频、动画、微课、虚拟仿真等资源，其中视频70个，动画16个，微课8个，虚拟仿真2个。国家教学资源库平台上还有更多的视频、动画、微课、虚拟仿真资源，此外还有大量的PPT、图片、题库、音频等资源，供教学者使用。另外，本课程已在MOOC学院上线，新增了实操视频、二维动画、三维动画等资源，可供教学者使用。

【编写分工】

本教材由武汉铁路职业技术学院张美晴、谢淑润担任主编，武汉铁路职业技术学院王博、余莉担任副主编。编者均为双师型教师，有多年轨道交通企业工作经历和丰富的教学经验。教材由广州地铁集团有限公司柯菲担任主审。具体编写分工如下:模块1及模块2的单元2.1至单元2.3由谢淑润编写;模块2的单元2.4至单元2.6及模块3和模块5由张美晴编写;模块4由余莉编写;模块6由王博编写。全书由张美晴、谢淑润负责构建提纲和统稿,由柯菲负责岗位技能内容审查。

【致谢】

本书参考引用了一些城市轨道交通运营管理专家、学者的著作和成果,这些内容对编写教材和开展教学具有重要的价值,在此向相关作者表示衷心的感谢。虽然编写团队在教材编写过程中进行了精心的设计和凝练,但限于水平有限,书中难免存在不足和疏漏之处,敬请读者批评指正,以便修订完善,反馈邮箱:20130026@wru.edu.cn。

作 者

2020 年 11 月

目·录
Contents

职业技能导学

一、工作岗位对应(岗)

城市轨道交通客运组织是城市轨道交通运营管理专业的核心课程,城市轨道交通运营管理专业学生进入城市轨道交通企业后对应工作岗位如下(部分城轨企业设站长助理岗位)。

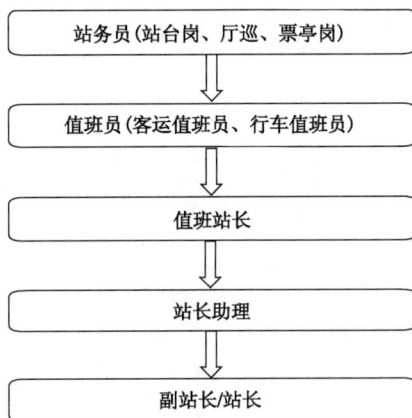

```
站务员(站台岗、厅巡、票亭岗)
        ↓
值班员(客运值班员、行车值班员)
        ↓
    值班站长
        ↓
    站长助理
        ↓
   副站长/站长
```

三、课程衔接关系(课)

与本课程相关的先修课程有城市轨道交通机电设备运用、城市轨道交通信号与通信系统、城市轨道交通票务管理,先修课程中学习了自动扶梯、垂直电梯、站台门、FAS、环控、AFC、信号、通信等软硬件知识,为本课程的学习提供了基础。学习本课程后,学生将获得车站客运设备布局调整、客运设备操作与简单故障处理、车站日常运作管理、客流调查及预测、日常客流和大客流组织、车站突发事件应急处理等基本技能,能为后续课程城市轨道交通客运服务、城市轨道交通运营安全提供更综合的技能支撑。

三、技能大赛赛项(赛)

城市轨道交通运营管理专业国家级学生技能大赛已举办的赛事有两项:全国交通运输行业城市轨道交通行车值班员(学生组)职业技能大赛、全国交通运输行业城市轨道交通服务员(学生组)职业技能大赛。全国总决赛采用团队比赛形式进行,每支参赛团队由3名选手组成(性别不限),大赛总成绩由理论知识和技能操作两部分成绩组成。其中理论知识主要考核内容包括:职业道德与安全基础知识,行车、施工组织基础知识,乘客服务基础知识,客运组织基础知识,票务运作基础知识,应急处理基础知识。实操考核主要包括:票务系统作业、现场火灾

1

应急处置、行车作业办理、信号故障处置、站台门故障处置、手摇道岔处置。本教材与技能赛项实操考核内容对接知识点如下。

教材内容与技能大赛对接知识点

序号	技能大赛考核要点	对应教材知识点	所在页码
全国交通运输行业城市轨道交通行车值班员职业技能大赛			
1	信号故障处置(列车出站紧急停车按钮点亮的处置)	紧急停车及取消紧急停车操作	104
2	公共区火灾应急处置(CCTV查看火情、确认火灾模式启动、汇报火灾情况、播放紧急广播、释放闸机、释放门禁、关停扶梯与直梯、开启站台门排烟)	闭路电视监视系统的使用	91
		IBP盘上环控盘面应急操作	98～102
		电话系统的使用	86～89
		车站广播操作台的使用	34～36
		IBP盘上AFC设备应急操作	95
		IBP盘上门禁设备应急操作	96
		IBP盘上自动扶梯/垂直电梯设备应急操作	97
		IBP盘上站台门设备应急操作	96～97
3	站台门应急处置(单个站台门不能关闭、两个站台门不能关闭、单个站台门不能开启、单侧站台门不能开启)	单对站台滑动门无法正常开启或关闭故障处理	78
		多对站台滑动门无法正常开启或关闭故障处理	79～80
		整侧站台滑动门无法整侧开启或关闭故障处理	80～81
全国交通运输行业城市轨道交通服务员职业技能大赛			
4	现场火灾应急处置(启动火灾模式、确认闸机已全开状态、确认门禁已全开状态、选择灭火器灭火)	IBP盘上环控盘面应急操作	98～102
		IBP盘上AFC设备应急操作	95
		IBP盘上门禁设备应急操作	96
		常见灭火器的使用	61～63
5	停止与开启自动扶梯	自动扶梯的日常操作	44～48
6	行车作业办理(确认站台门工作状态、确认车控室设备状态)	运营前检查作业程序	130～131
7	信号故障处置(列车出站紧急停车按钮点亮的处置)	紧急停车及取消紧急停车操作	104
8	站台门故障处置(单门关门故障先期处置、单门开门故障先期处置、多门关门故障先期处置、多门开门故障先期处置)	单对站台滑动门无法正常开启或关闭故障处理	78
		多对站台滑动门无法正常开启或关闭故障处理	79～80

四、1+X证书考点(证)

城市轨道交通运营管理专业1+X证书中的"X"证书,目前仅能对接城市轨道交通站务职业技能等级证书。城市轨道交通站务职业技能等级分为:初级、中级、高级。三个级别依次递进,高级别涵盖低级别职业技能要求。主要面向城市轨道交通车站内负责行车组织、客运服务、票务运作、应急事务处理等各项乘客运输服务工作的人员。本教材与城市轨道交通站务职业技能等级证书对接知识点如下。

教材与职业技能等级证书对接知识点

序号	城市轨道交通站务职业技能要求	对应教材知识点	所在页码
		初级要求	
1	1.1.3 能按相关规定巡视站台,接发列车	站台站务员岗位职责	117
		站台站务员作业流程	128
2	1.1.4 能处理乘客物品掉落轨道的情况	乘客物品掉落轨行区的处理	262～264
3	1.2.1 能引导乘客在正常车门/屏蔽门(站台门)上下车	乘车客流组织	180
4	1.2.2 能处理列车车门/屏蔽门(站台门)夹人夹物的情况	车门、站台门夹人夹物事件应急处理	243
5	1.2.3 能对单个车门/屏蔽门(站台门)的常见故障现象做出判断、简单处理	单对站台滑动门无法正常开启或关闭故障处理	78
6	1.3.3 能组织清客	清客作业组织	216～218
7	2.1.1 能识别车站服务设备设施及服务用品状态	导向标志的设置	27～30
		升降设备(楼梯、自动扶梯、垂直电梯、轮椅升降机、自动人行道)的基本认知	41～43、48、51～52
		车站消防设备设施(FAS、灭火器、消火栓、高压细水雾灭火系统、气体灭火系统)的基本认知	56～60、64～65、67、69～70
		站台门基本认知	73～74
		电话系统基本认知	84～85
		闭路电视监视系统的基本认知	90
		车站IBP盘的基本认知	94
8	2.1.2 能操作车站服务设备设施、使用服务用品	车站导乘设备设施的使用——导流设备的使用、广播系统的使用、乘客信息系统的使用	30～40
		升降设备(楼梯、自动扶梯、垂直电梯、轮椅升降机、自动人行道)的使用	41、44～49、52～53
		车站消防设备设施(FAS、灭火器、消火栓、高压细水雾灭火系统、气体灭火系统)的使用	58～59、61～65、68、71～72
		站台门的控制方法	74～77
		电话系统的使用	86～89
		闭路电视监视系统的使用	91～93
		车站IBP盘的操作方法	95～104
9	2.2.1 能按照客运组织原则组织乘客安全有序进出站、上下车	车站日常客流组织——进站、购票、进闸、候车、乘车、下车、出闸、出站客流组织	177～182
		车站换乘客流组织	189～191
10	2.2.2 能根据客流组织原则及关键点要求,组织车站正常及突发客流控制、安全疏导客流	可预见性大客流组织	197～201
		突发性大客流组织	202～205

3

序号	城市轨道交通站务职业技能要求	对应教材知识点	所在页码
11	2.3.1 能按照服务标准开展工作	车站工作人员岗位职责	115~117
12	2.3.2 能根据各岗位工作标准开展客服中心岗、巡视岗、站台岗的工作	售票员作业流程	125~126
		站厅站务员作业流程	126~127
		站台站务员作业流程	128
13	4.1.3 能使用消防备品进行灭火	车站灭火器、室内消火栓、消防软管卷盘的使用	59~66
14	4.1.4 能按火灾相关应急处理程序疏散乘客、汇报信息	车站火灾的处理程序	227~229
		车站火灾的应急疏散	229~230
15	4.2.4 能按大面积停电应急处理程序要求进行疏散乘客、执行乘客停运等应急处理	车站大面积停电的处理程序	249~250
16	4.2.5 能按扶梯、电梯故障应急处理程序要求进行故障确认、安全防护、引导乘客等应急处理	自动扶梯"紧急停止"按钮的使用、人为按压"紧急停止"按钮后的处置	46~47
		垂直电梯的故障应急处理	50
17	4.3.2 能在乘客受伤事件中对受影响乘客进行简单处理、汇报信息、寻找并挽留目击证人	客伤事件的处理程序及各岗位行动指引	239~240
18	4.3.4 能在乘客区间疏散时，携带备品，判断疏散区域，引导乘客疏散	列车隧道疏散——注意事项、作业工器具、各岗位人员行动指引	213~214
	中级要求		
19	1.1.3 能识别并使用车站控制室内的通信和监控设备	电话系统的使用	86~89
20	1.2.1 能对联锁工作站、通信设备、环控设备、防灾报警系统、LCP 盘、综合后备盘（IBP）、门禁系统按操作规程进行操作	车站 IBP 综合后备盘的使用——AFC、ACS 门禁系统、站台门、扶梯（或直梯）、环控盘面 LCP 盘面应急操作	95~104
		通信设备——车站广播操作台的使用	34~36
		通信设备——乘客信息系统的功能及操作	38~40
21	1.3.1 能通过电视监控系统（CCTV）监控站台安全	闭路电视监视系统的使用	91~93
22	1.3.2 能在紧急情况下采取有效措施扣停列车	LCP 盘面应急操作——扣车及取消扣车	103
23	2.2.1 能汇报不同类型的客流控制信息	可预见性大客流组织方案	199~201
		突发性大客流的信息检测与发布	202~203
24	2.2.2 能根据客流控制的启动条件和流程，完成客流控制准备工作	可预见性大客流车站的前期准备工作	198~199
25	2.2.3 能根据客流组织、客流控制需要播放车站广播，正确引导乘客安全进出站、上下车	常用广播用语	33~34

序号	城市轨道交通站务职业技能要求	对应教材知识点	所在页码
26	4.1.2 能按火灾相关应急处理程序要求进行拨打紧急电话、信息收发及传达、申请列车本站不停站通过、执行相关设备火灾模式、利用广播疏散乘客等应急处理	车站火灾的各岗位行动指引	230~234
27	4.3.2 能在乘客受伤事件中进行信息收发及传达，根据情况拨打120，寻找目击证人，保存相关证据等应急处理。	客伤事件各岗位行动指引	239~240
28	4.3.4 能在乘客区间疏散时与现场人员、调度、司机、邻站进行联控，进行信息收发及传达	列车隧道疏散——各岗位人员行动指引	214
	高级要求		
29	1.1.1 能在运营前核实线路出清情况、试验屏蔽门(站台门)，联锁站及设备站检查信号设备状态	运营前检查作业程序	130~131
30	1.1.2 能按要求的模式打开相关的环控设备并确认执行情况	区间隧道通风系统的运行方式——正常模式、阻塞模式、火灾事故模式	98~100
		车站隧道通风系统的运行方式——正常模式、火灾事故模式	100
		大系统的运行方式——正常模式、火灾事故模式	101
		小系统的运行方式——正常模式、火灾事故模式	102
31	1.1.3 能按要求检查并确认车站所有客运相关设备设施	巡视制度	112~113
		车站巡查作业	133~135
32	1.2.4 能组织完成应急情况下清客	清客作业组织	216~218
33	2.3.1 能根据现场客流情况识别客流控制等级	大客流分类——根据严重程度及影响范围分类	196
34	2.3.2 能根据车站客流特点，识别客流组织关键点，合理安排人员	大客流三级控制方法	196
35	4.1.1 能按火灾相关应急处理程序要求进行自我防护，判断火情，合理安排人员协调资源组织灭火、疏散乘客、员工撤离等应急处理	车站火灾的处理程序	227~230
36	4.2.4 能按大面积停电应急处理程序要求进行停运组织，合理安排人员疏散乘客等应急处理	车站大面积停电的处理程序	249~250

序号	城市轨道交通站务职业技能要求	对应教材知识点	所在页码
37	4.3.2 能在乘客受伤事件中进行客伤情况判断，寻找目击证人，收集相关证据，组织客伤处理等应急处理	客伤事件各岗位行动指引	239～240
38	4.3.4 能在乘客区间疏散时与车站控制室、调度、司机、邻站进行联控，合理安排人员组织乘客疏散	列车隧道疏散——各岗位人员行动指引	214

五、职业素养要求

学生作为担当民族复兴大任的时代新人，基本职业素养要求主要有：要坚定理想信念，制度自信、文化自信、政治认同、价值认同；要厚植爱国主义情怀，爱行业、爱企业、爱专业、爱岗位；要加强品德修养，爱岗敬业、自强不息、团结协作、知行合一；要增长知识见识，求真理、悟道理、明事理；要培养奋斗精神，刻苦学习、攻坚克难、脚踏实地、自强不息；要增强综合素质，具备综合能力、创新思维、科学精神、工匠精神；要树立健康第一的理念，有良好的运动习惯、健全的人格；要提升审美能力，有健康的审美情趣、高尚的文化修养、乐观的生活态度；要弘扬劳动精神，崇尚劳动、尊重劳动、吃苦耐劳。

数字资源索引

序号	资 源 名 称	资 源 类 型	页码
1	车站主体构成	虚拟仿真	4
2	地铁车站导向标志	视频	27
3	导向标志设置安装安全管理	视频	29
4	ISCS广播系统	视频	32
5	广播使用方法	视频	34
6	车站防灾广播控制盒	视频	36
7	车站行车广播控制盒	视频	36
8	车站客运广播控制盒	视频	36
9	乘客信息系统的使用	视频	37
10	自动扶梯介绍	视频	42
11	自动扶梯操作及应急处理方法	微课	44
12	垂直电梯介绍	视频	49
13	轮椅升降机的使用	视频	51
14	自动人行道的使用	视频	52
15	烟感更换	视频	57
16	手动报警按钮	视频	57
17	火灾自动报警监视和操作	视频	58
18	灭火器的基本结构及功能	视频	59
19	灭火器的使用	视频	61
20	灭火器的检查	视频	63
21	气体灭火系统概况	视频	69
22	气体灭火系统主要设备	视频	69
23	模拟气灭保护区联动	视频	71
24	模拟气灭作业安全措施	视频	71
25	站台门介绍	视频	73

序号	资源名称	资源类型	页码
26	通过 ISCS 监视站台门运行状态	视频	74
27	就地控制盘 PSL 介绍	视频	75
28	通过 PSL 控制盘手动开启整列滑动门	视频	75
29	通过 LCB(四位式)钥匙开启单个全高站台门	视频	76
30	站台门机械锁介绍	视频	77
31	应急门手动操作	视频	77
32	单对全高站台门关不上处理流程(1)	视频	78
33	单对全高站台门关不上处理流程(2)	视频	78
34	单对半高站台门关不上处理流程	视频	78
35	多个全高站台门关不上处理流程	视频	80
36	整侧全高站台门无法与列车车门联动时处理流程	视频	81
37	整列全高站台门打不开处理流程	视频	81
38	整侧站台门无法整侧关闭故障处理流程	视频	82
39	整列半高站台门关不上处理流程	视频	82
40	固定门爆裂应急处理	视频	83
41	滑动门爆裂应急处理	视频	83
42	CCTV 设备认知	视频	90
43	CCTV 设备报修	视频	93
44	IBP 盘 AFC、ACS 系统应急操作	微课	95
45	IBP 盘站台门系统应急操作	微课	96
46	IBP 盘信号系统应急操作	微课	103
47	行车值班员岗位职责	视频	115
48	站台站务员岗位职责	视频	117
49	员工岗前准备	视频	119
50	行车值班员夜班作业流程	视频	122
51	正常停电作业	视频	122
52	临时停、送电作业	视频	122
53	运营送电前准备工作	视频	122
54	客运值班员白班作业流程	动画	124

序号	资源名称	资源类型	页码
55	客运值班员晚班作业流程	动画	124
56	站务员岗前准备作业	视频	127
57	监票作业	视频	127
58	卡票作业	视频	127
59	站台站务员站台巡视作业	视频	127
60	车站运营前巡视	视频	130
61	首班车出厂前 30min	视频	131
62	车站关站程序	视频	133
63	车站运营结束后巡视	视频	133
64	车站日常巡检	视频	133
65	值班站长巡视范围及要求	视频	133
66	值班站长巡视内容	视频	133
67	城市交通需求定义	动画	139
68	城市交通需求特点	动画	139
69	客流定义及客流量大小	动画	140
70	客流数量指标	动画	140
71	断面客流量及计算公式	动画	141
72	断面客流量名词解释	动画	141
73	客流分类	动画	142
74	客流特点	动画	142
75	换乘心理需求及换乘行为特征	动画	143
76	随车客流调查法	动画	147
77	驻站客流调查法	动画	149
78	问讯客流调查法	动画	149
79	地铁车站进闸客流组织	微课	179
80	地铁车站候车组织	微课	179
81	地铁车站乘车组织	微课	180
82	恶劣天气车站现场处置	视频	196
83	地铁车站限流组织	微课	200

序号	资　源　名　称	资　源　类　型	页码
84	车站大客流应急处理方法	动画	205
85	车站清客现场处置	视频	217
86	怀疑有不明有毒气体紧急疏散	虚拟仿真	219
87	火灾处置程序	视频	229
88	防毒面具使用方法	视频	230
89	抢险毛巾使用方法	视频	230
90	应急灯和强光手电使用方法	视频	230
91	呼吸器使用方法	视频	230
92	自动扶梯客伤处理	视频	241
93	ISCS 照明灯熄灭应急处理	视频	250
94	车站大面积停电处理程序	视频	250
95	车站发现可疑物品处理程序	视频	255
96	乘客物品掉落轨行区处理程序	动画	263

▶▶▶ 模块1 认知城市轨道交通车站

教学目标

1. 知识目标

(1) 了解不同类型的城市轨道交通车站建筑构成,掌握车站的客运设备布局与客流的关系。

(2) 理解城市轨道交通客运组织的概念、宗旨及客运组织工作的基本特点和基本要求。

(3) 了解城市轨道交通客运组织机构和岗位设置。

2. 能力目标

能根据不同车站类型,合理地布置车站设备,以减少客流交叉,进一步提高学生的分析能力、表达能力和绘图能力。

3. 素质目标

初步建立城市轨道交通客运组织工作的岗位意识。

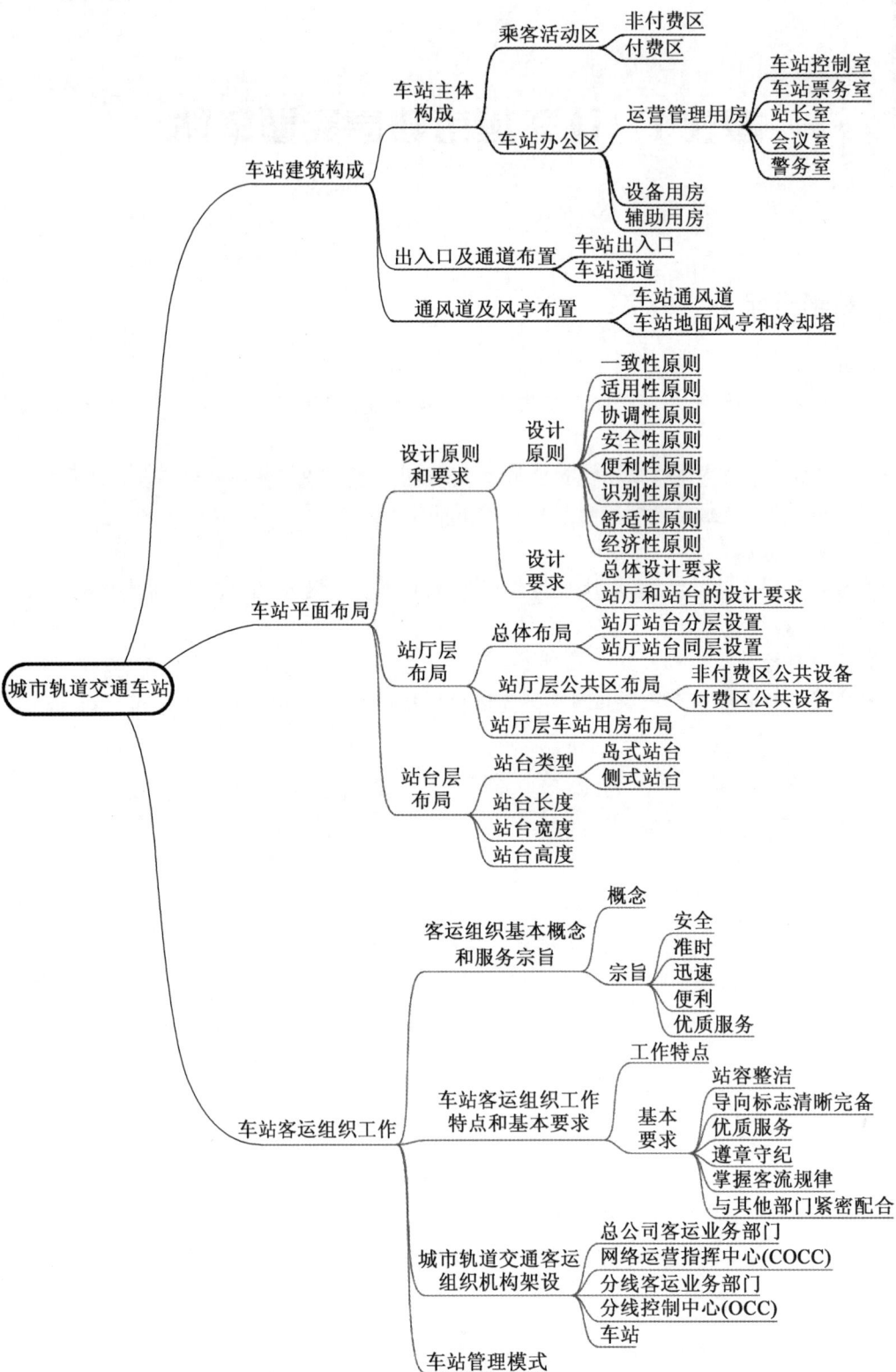

城市轨道交通车站

- 车站建筑构成
  - 车站主体构成
    - 乘客活动区
      - 非付费区
      - 付费区
    - 车站办公区
      - 运营管理用房
        - 车站控制室
        - 车站票务室
        - 站长室
        - 会议室
        - 警务室
      - 设备用房
      - 辅助用房
  - 出入口及通道布置
    - 车站出入口
    - 车站通道
  - 通风道及风亭布置
    - 车站通风道
    - 车站地面风亭和冷却塔

- 车站平面布局
  - 设计原则和要求
    - 设计原则
      - 一致性原则
      - 适用性原则
      - 协调性原则
      - 安全性原则
      - 便利性原则
      - 识别性原则
      - 舒适性原则
      - 经济性原则
    - 设计要求
      - 总体设计要求
      - 站厅和站台的设计要求
  - 站厅层布局
    - 总体布局
      - 站厅站台分层设置
      - 站厅站台同层设置
    - 站厅层公共区布局
      - 非付费区公共设备
      - 付费区公共设备
    - 站厅层车站用房布局
  - 站台层布局
    - 站台类型
      - 岛式站台
      - 侧式站台
    - 站台长度
    - 站台宽度
    - 站台高度

- 车站客运组织工作
  - 客运组织基本概念和服务宗旨
    - 概念
    - 宗旨
      - 安全
      - 准时
      - 迅速
      - 便利
      - 优质服务
  - 车站客运组织工作特点和基本要求
    - 工作特点
    - 基本要求
      - 站容整洁
      - 导向标志清晰完备
      - 优质服务
      - 遵章守纪
      - 掌握客流规律
      - 与其他部门紧密配合
  - 城市轨道交通客运组织机构架设
    - 总公司客运业务部门
    - 网络运营指挥中心(COCC)
    - 分线客运业务部门
    - 分线控制中心(OCC)
    - 车站
  - 车站管理模式

单元 1.1　认知车站建筑构成

学情检测

1. 以下哪种运输方式运能最大?(　　)
   A. 地铁　　　　　　　　　B. 轻轨　　　　　　　　　C. 有轨电车

2. 地铁的高峰小时单向运输能力应达到多少?(　　)
   A. 20000 人次以上　　　　B. 30000 人次以上　　　　C. 40000 人次以上

3. 城市轨道交通车站按照与地面的相对位置不同可分为哪几类?(　　)
   A. 大型站、中型站、小型站　　　　　　　　　B. 中间站、换乘站、终点站
   C. 地下站、地面站、高架站

4. 以下哪部分是城市轨道交通车站建筑必备部分?(　　)
   A. 车站主体　　　　　　　B. 出入口及通道　　　　　C. 通风道及风亭

5. 垂直电梯位于车站哪个区域?(　　)
   A. 车站办公区　　　　　　B. 乘客活动区　　　　　　C. 非付费区

知识学习

对于城市轨道交通系统来说,车站一般由车站主体(站台、站厅、设备用房、管理用房等)、出入口及通道、通风道及地面风亭(仅地下车站)三大部分组成。

车站主体是列车在线路上的停车点,其作用是供乘客集散、候车、换乘及上、下车。同时,它也是地铁运营设备设置的中心和办理运营业务的场所。

出入口及通道是供乘客进、出车站的建筑设施。

通风道及地面风亭的作用是保证地下车站具有一个舒适的地下环境。

地下车站(图 1-1),是车站主体建筑和设施设备设置在地下的车站。对于地下车站来说,车站主体、出入口及通道、通风道及地面风亭这三部分必须具备。

高架车站(图 1-2),是车站主体建筑和设施设备设置在立体高架建筑上的车站。高架车站一般由车站主体、出入口及通道组成。

图 1-1　地下车站

图 1-2　高架车站

地面车站(图1-3),是车站主体建筑和设施设备设置在地面的车站。地面车站可以仅设车站主体和出入口。

图1-3　地面车站

一、车站主体构成(图1-4)

车站主体根据功能可分为车站办公区和乘客活动区。

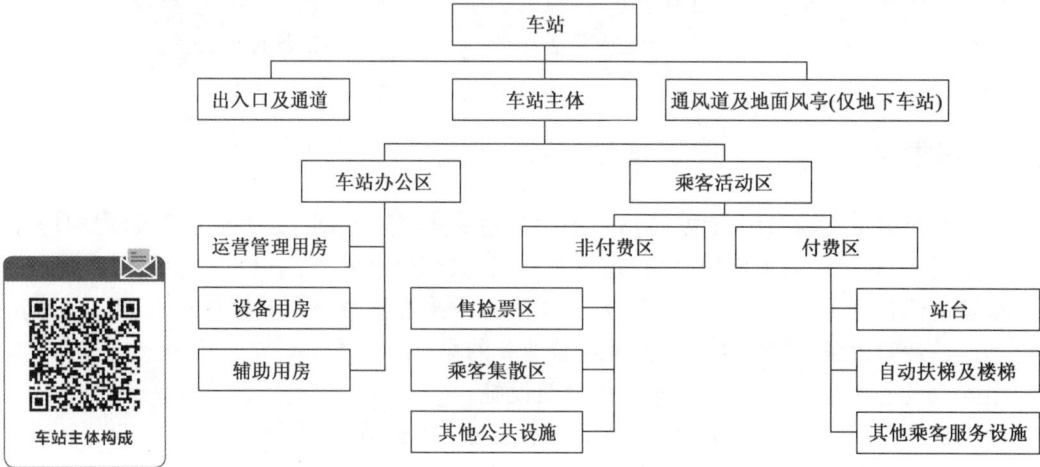

图1-4　车站主体构成

1.乘客活动区(图1-5)

乘客活动区是直接为乘客服务的场所,可分为非付费区和付费区。

图1-5　乘客活动区

①非付费区是乘客购票并正式进入车站前的活动区域。它一般应有较宽敞的空间,站厅非付费区设置售票、咨询、商业、公用电话、银行自动取款机等设施,可为乘客提供购票、咨询、商业等服务。乘客可以在其中自由通行,无须付费。

②付费区是乘客进入进站闸机之后上车之前活动的区域。付费区一般包括站台、楼梯、自动扶梯、垂直电梯和候车座椅等设施,是乘客购票后持票方可进入的区域。

对于一般车站来说,通常非付费区的面积应略大于付费区,非付费区的最小面积一般可以参照能容纳高峰小时5min内聚集的客流量来推算。

乘客活动区在车站建筑组成中占有很重要的位置,它是车站的主体部分。乘客活动区的布置对决定车站类型、总平面布局、车站平面、结构横断面形式、功能是否合理、面积利用率、客流路线组织等都有较大的影响,而客流流线的合理性,则保证乘客方便、快捷地出入车站。

2.车站办公区

车站办公区(图1-6)是车站管理和服务人员办公、休息的主要场所。车站办公区内的建筑主要包括运营管理用房、设备用房和辅助用房。

1)运营管理用房

运营管理用房是车站运营管理人员使用的办公用房,是直接或间接为列车运行和乘客服务的,主要包括车站控制室(也称车控室)、票务室、站长室、会议室和警务室等。

(1)车站控制室

车站控制室(图1-7)是车站运营与管理的中心,通常设在站厅层,地坪较高,便于对站厅层售票、检票、楼梯和自动扶梯口等客流较多的区域进行监视。车站控制室内主要有综合后备盘(IBP盘)、综合控制台(车站监控计算机)、防灾报警设备、各种通信联络电话、车站广播设备、事件报表打印机、行车备品柜及文件柜等设施设备。车站控制室是车站级的控制指挥中心,是车站站务人员工作的主要场所,由值班站长(值站)负责,设24小时专人值班,一旦发生事故必须立即向运营控制中心(Operation Control Center,OCC)汇报。

图1-6　车站办公区

图1-7　车站控制室

车站IBP盘的主要功能是实现车站控制室各系统的紧急后备操作。IBP盘上设置紧急控制按钮、状态指示灯等,对重要设备进行应急监控,其控制级别高于各系统操作站。IBP盘可为以下控制功能提供后备控制操作,它们包括但不限于:信号系统(SIG)的紧急停车、扣车和放行;牵引供电系统紧急停电;环控通风排烟系统和消防联动控制以及阻塞模式下的控制;站台门系统(PSD)紧急开门控制;AFC系统闸机释放控制;门禁系统(Access Control System,ACS)的释放;防淹门FG的控制;消防水泵的停止控制等。

综合控制台可监控操作信号系统(ATS)、自动售检票系统(Automatic Fare Collection System,AFC)、环控系统(BAS)、火灾报警系统(Fire Alarm System,FAS)、乘客信息系统(Passenger Information System,PIS)、视频监控系统(CCTV)、广播系统(PA)、通信告警系统、办公系统(OA)等多个子系统。

(2)车站票务室

车站票务室(图1-8)是车站票务工作的心脏,是现金、车票、票务物资的集散地。票务室内一般备有:有值车票的保险柜以及票箱、票款箱、票务钥匙、点钞机、验钞机、点币机、便携式验票机、票务台账等票务工器具。该房间可用于存放现金,是作为车站人员进行票务结账、清点钱箱、结算报表等票务工作的场所。为保证车票和票款的安全,票务室一般要安装防盗门和门禁系统,同时要安装具备录像功能的闭路电视监控器,在车站控制室能实时监控票务室的情况。车站票务室实行严格的准入制度,严格限制进入该房间人员的范围和进入的时间,房门须时刻保持锁闭状态。

(3)站长室

站长室(图1-9)是车站站长在车站办公的场所,在房间设置上一般与车站控制室相邻。

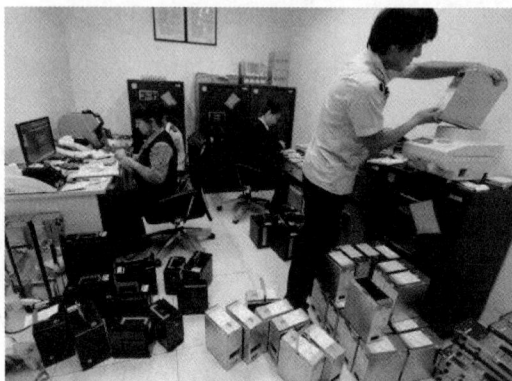

图1-8　车站票务室　　　　　　　　　　　　　　图1-9　站长室

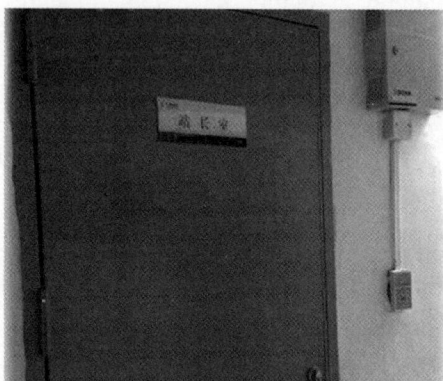

(4)会议室

会议室是车站工作人员召开会议的场所,一般设在站厅层远离乘客活动区的办公区域。

(5)警务室

警务室是车站警务人员办公的场所,一般设在站厅层乘客较多一端,紧邻车站控制室。

2)设备用房

设备用房是为保证列车正常运行、保证车站内良好环境条件和在事故灾害情况下保障乘客安全而设,它直接或间接保障列车正常运行以及为乘客提供服务,可分为弱电设备房和强电设备房。车站里弱电系统通常指综合监控系统、通信系统、信号系统和AFC系统。弱电设备用房主要包括综合监控设备室、通信设备室、通信电源设备室、信号设备室、信号电源室、商业移动通信机房、安全门设备控制室等。车站里强电系统主要是指高压牵引供电系统。强电设备用房主要包括牵引降压混合变电所、降压变电所、高压开关柜室等。这些设备用房应根据需要安装空调系统和气体灭火系统。

技术设备用房是整个车站运营的心脏,由于这些用房与乘客没有直接关系,所以一般布设在离乘客较远的地方。此类房间多用于摆放系统设备,工作人员一般不长时间停留。

3）辅助用房

辅助用房是为保证车站内部工作人员正常生活而设，是直接供站内工作人员使用的，主要包括卫生间、茶水间、更衣室、休息室等。这些用房均设在站内工作人员使用的区域内。

车站用房应根据运营管理需要加以设置，在不同车站配置必要房间，尽可能地减少用房面积，以降低车站投资。

▶▶▶ 即学即练

请学生点击云课堂——智慧职教 App，完成"单元 1.1-任务一：认知车站主体构成"部分的测试。

请教师先在网页版或手机端职教云中完成该任务点的组题。

二、车站出入口及通道布置

1.车站出入口

车站出入口（图 1-10、图 1-11）的主要作用在于吸引和疏散客流，车站出入口位置一般设在城市轨道交通沿线主要街道的交叉路口或广场附近，应尽量扩大服务半径，方便乘客。车站出入口布置应与主客流的方向一致，宜与过街天桥、过街地道、地下街、邻近公共建筑物相结合或连通，统一规划、同步或分期实施。

图 1-10　地下车站出入口　　　　　　　图 1-11　高架车站出入口

车站出入口数量（图 1-12）可根据进出站客流的数量以及方向确定，要满足进出站客流的通过能力；应尽可能地照顾各个方向的客流，以方便乘客进出站。《地铁设计规范》（GB 50157—2013）规定："车站出入口的数量，应根据吸引和疏散客流的要求设置；每个公共区直通地面的出入口数量不得少于 2 个。"

车站出入口的位置一方面要考虑地下通道的顺畅，且不宜过长；另一方面要考虑能均匀地、尽可能多地吸纳地面客流。此外，还应考虑防灾设计要求，出入口被称为生命线，每个出入口宽度应按远期或客流控制期分向设计客流量乘以 1.1～1.25 不均匀系数计算确定。当出入口兼有过街功能时，其通道宽度及其站厅相应部位设计应计入过街客流量。

如果车站设在地面街道十字路口下方，出入口应分别设在十字路口的四个角。如果是两条以上道路交叉口下方，为了避免乘客和行人横穿马路，一般应在各角都设置出入口。如果车站位置在社区附近，则出入口位置应尽量设在靠近社区，以最大限度地方便居民乘车。如果车站设在大型购物休闲地带,则出入口应设在与购物休闲各入口最近的地点,或者直接设在购物中心的一楼或地下一层,这样可极大地方便乘客,缩短露天地面行走距离,吸引客流。

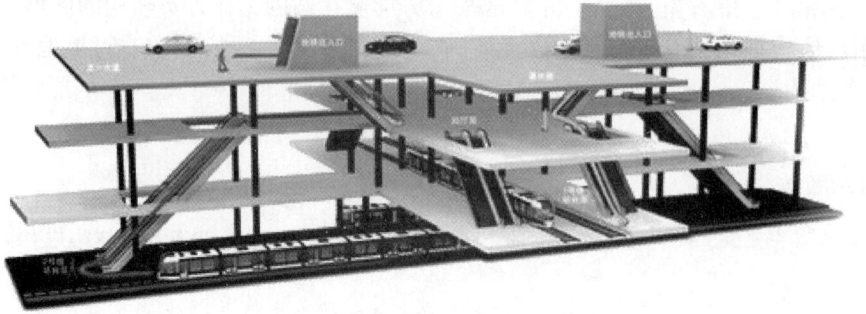

图 1-12　车站出入口设置

2. 车站通道

车站通道(图 1-13)把站台、站厅和出入口连接起来,通道一般有斜坡式和阶梯式两种。

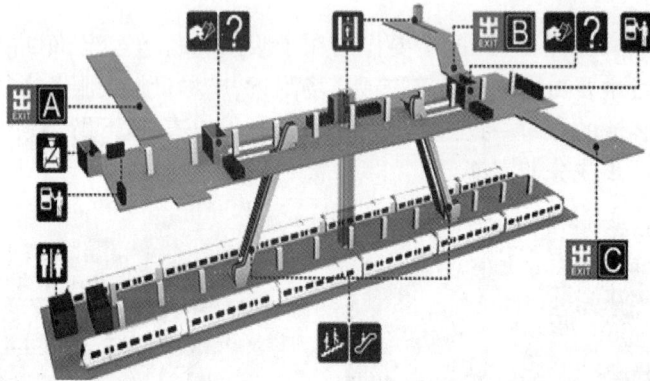

图 1-13　车站通道位置

通道的设计应以乘客流动的路线为主要考虑依据,遵循两个原则,即减少进出站乘客流线交叉和最大限度地缩短乘客从出入口到站台的行走距离。

车站立体一层到立体二层之间的通道应按照进出站客流流线设计,严格分流,以免客流过量或产生紧急情况时进出站客流对流发生事故。通道坡度的设计也很重要。坡度过大很容易造成乘客的疲劳感和不安全感;坡度过小会增加车站占地面积和施工的工程量。

通道主要由楼梯、电梯和步行道构成。由于地下或高架车站一般由地下二三层或地上二三层组成,因此各层之间都设有楼梯、自动扶梯或垂直电梯,以方便不同需要的乘客进出车站和乘车。

地下车站的出入口及通道的数量和宽度应根据该地区的具体条件和客流量确定,并考虑紧急情况下,站台的乘客和停在列车内的乘客必须在 6min 内全部疏散到地面。

$$疏散时间\ T(\min) = 1 + \frac{一列车满载量 + 候车人数 + 工作人员}{楼梯通过能力 + 扶梯通过能力} \qquad (1-1)$$

式中:　1——发生事故的反应时间,min;

候车人数——按列车发车 30 对/h,2min 一列计算;

工作人员——一般按 20 人计算。

▶▶▶**即学即练**

请学生点击云课堂——智慧职教 App,完成**"单元 1.1-任务二:车站出入口及通道布置"**部分的测试。

请教师先在网页版或手机端职教云中完成该任务点的组题。

三、车站通风道及风亭布置

1. 车站通风道

车站通风道(图 1-14)及地面风亭是为了满足地下车站通风要求而设置的。由于地下车站四周封闭,空气不流通,客流量大,机电设备多,站内湿度较大,空气较为污浊,为了及时排除车站内的污浊空气,给乘客创造一个舒适的乘车环境,须在车站内设置通风与空调系统。

图 1-14　车站通风道

2. 车站地面风亭和冷却塔

地面风亭(图 1-15)具有将站内污浊空气排出站外,将地面新鲜空气送入站内的作用,应根据周边环境及城市规划要求进行合理布置。

冷却塔(图 1-16)的作用是将携带废热的冷却水在塔内与空气进行热交换,使废热传输给空气并排放至大气中。

图 1-15　地面风亭

图 1-16　冷却塔

对于地面风亭,有两种设置方法:①与地面开放建筑合为一体,风亭建于地面开放建筑内;②在城市街区中独立设置风亭,结合绿化及城市建筑设计。

武汉地铁光谷广场站地面风亭及冷却塔设计如图1-17所示。

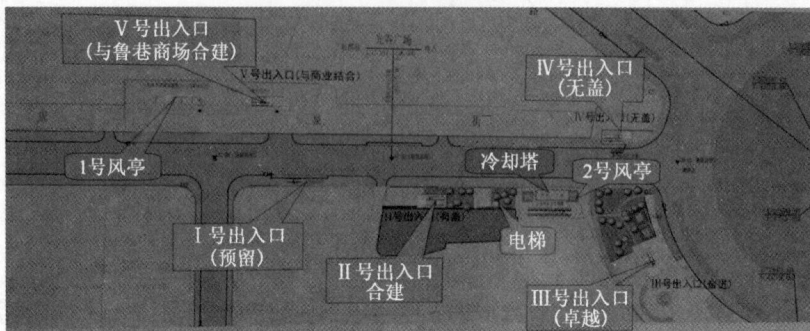

图1-17 武汉地铁光谷广场站风亭和冷却塔设置

▶▶▶**即学即练**

请学生点击云课堂——智慧职教 App,完成"**单元 1.1-任务三:车站通风道及风亭布置**"部分的测试。

请教师先在网页版或手机端职教云中完成该任务点的组题。

📖 **技能训练**

1. 分学习小组完成以下任务

(1)利用网络和实地考察等方式搜集城市轨道交通某一个车站建筑构成情况,使用立体图(类似图1-12,电子图或手绘图均可)形式展现该站各层次结构,标明车站主体各部分在图中的具体位置。

(2)各组组长负责组织协调全组成员分工,保证展示内容被制成利于展示的课件,任务展示课堂完成。

(3)各小组可安排1~2名学生上台展示,应在规定的展示时间内完成全部展示内容。

(4)每个班级必须保证搜集的车站类型中包含有地下车站、高架车站、地面车站,具体协调工作由学习委员负责。

2. 课堂展示内容

(1)车站所在线路名称、站名、车站类型。

(2)层次结构清晰完整的车站立体图。

(3)该类型车站应有的车站主体(如站台、站厅、车站办公区等)、出入口及通道、地面风亭(仅地下车站)等部分在车站立体图内标注齐全、明确。

(4)小组成员分工。

(5)本次任务的收获及疑问。

3. 评价建议

(1)以学习小组为单位,由教师和学生代表共同完成评价,教师评价占60%,学生评价占 40%。

（2）评价指标：

序　号	评价标准	权　重	得　分
1	按时按要求提交展示作业	10%	
2	车站所在线路名及站名完整	5%	
3	车站类型描述准确	5%	
4	车站立体图中的站台站厅建筑结构层次清晰	10%	
5	车站建筑组成介绍完整有序，包括车站主体（站台、站厅、车站办公区等）、出入口及通道、地面风亭（仅地下车站）	40%	
6	小组成员分工明确	5%	
7	收获及疑问总结清楚	10%	
8	解说准确、生动	5%	
9	课件制作精良，整体效果好	10%	
	总分	100	

单元 1.2　认知车站平面布局

学情检测

1. 车站乘客活动区分为哪几个区域？（　　）
　　A. 售票区和非售票区　　　　　　　　　　B. 付费区和非付费区
　　C. 安全区和防护区
2. 地下站的站厅层和站台层通常是怎样的相对位置？（　　）
　　A. 站厅层在上，站台层在下　　　　　　　B. 站厅层在下，站台层在上
　　C. 站厅层和站台层在同一层
3. 闸机的通行方向通常会如何设置？（　　）
　　A. 单向通行　　　　　　B. 双向通行　　　　　　C. 单向双向通行均可
4. 自助补票机应设置在哪个区域？（　　）
　　A. 车站站台　　　　　　B. 站厅非付费区　　　　C. 站厅付费区
5. 车站设备房间不能布置在以下哪个区域？（　　）
　　A. 车站办公区　　　　　B. 乘客活动区　　　　　C. 车站站台

知识学习

一、设计原则和要求

1. 车站选址及平面布局设计原则

（1）一致性原则

车站选址应与城市规划、城市交通规划及轨道交通路网规划的要求相一致，以满足远期规

划的要求。

（2）适用性原则

车站选址应综合考虑该地区的地下管线、工程地质、水文地质条件、地面建筑物的拆迁及改造的可能性等情况；设计应能满足远期客流集散量和运营管理的需要，应具有良好的外部环境条件，最大限度地吸引乘客；应满足客流高峰时所需的各种面积及楼梯通道等宽度要求及设备用房和管理用房的要求。

（3）协调性原则

车站总体设计应注意与周围环境相协调，如车站总体设计与城市景观、地面建筑规划相协调。

（4）安全性原则

车站应设置足够明亮的照明设施，足够宽的楼梯及疏散通道，以及指示牌与防灾设施等。

（5）便利性原则

车站站位应尽可能地靠近人口密集区和商业区，最大限度地方便乘客出行。

（6）识别性原则

车站设计应体现现代交通建筑的特点，简洁、明快、大方并易于识别，同时车站及车辆线路都要有明显的特征和标志。

（7）舒适性原则

车站的设计要以人为本，要有舒适的内部环境和现代的视觉观感，并解决好通风、温度和卫生等问题。

（8）经济性原则

车站的设计应尽可能地与物业开发相结合，使土地的利用尽可能充分，并尽可能降低造价、节约投资。

2. 车站平面布局设计要求

（1）总体设计要求

①站厅层布置。站厅层应分区明确，依据站内结构及设施配置情况对客流进行合理的组织，避免或减少进出站客流的交叉，合理布置管理用房、设备用房，应满足各系统的工作的要求。站厅层布置要考虑突发性客流特点，留有足够的乘客集散空间，并创造快捷的进出站条件。

②站台层布置。站台层需以车站上下行远期超高峰小时设计客流量来计算站台宽度，根据线路走向及换乘要求确定站台形式，根据车站需要，布置设备或管理用房区。

③车站出入口布置。车站的出入口应设置于道路两边红线以外或城市广场周边，需要具有标志性或可识别性，以利于吸引客流，方便乘客。

此外，车站平面布置还应考虑服务设施设备，包括电梯、售票机、空调通风等设施设备。

（2）站厅和站台的设计要求

在进行建筑平面布局时必须同时考虑站厅层和站台层。例如，它们的宽度和长度，所需楼梯的数量、位置，设备用房上下的孔洞，等等。

①设计时由站台层着手，根据列车编组确定站台的有效长度。

②根据站台两端应有的设备用房确定车站的初步长度。

③根据计算所得的站台宽度加上上下行车道的宽度，确定车站的总宽度。

▶▶▶ **即学即练**

请学生点击云课堂——智慧职教 App,完成"**单元 1. 2-任务一:车站平面布局布置**"部分的测试。

请教师先在网页版或手机端职教云中完成该任务点的组题。

二、站厅层布局

1. 站厅层总体布局

站厅层布局方式主要取决于车站建筑结构特点以及站厅站台相对位置,主要有两种布局方式:一种是站厅站台分层设置(图 1-18),站厅在站台的上层或下层,大多数车站站厅布局采用这种方式;另一种是站厅站台同层设置(图 1-19),有些地面站或少部分地下站采用这种方式。

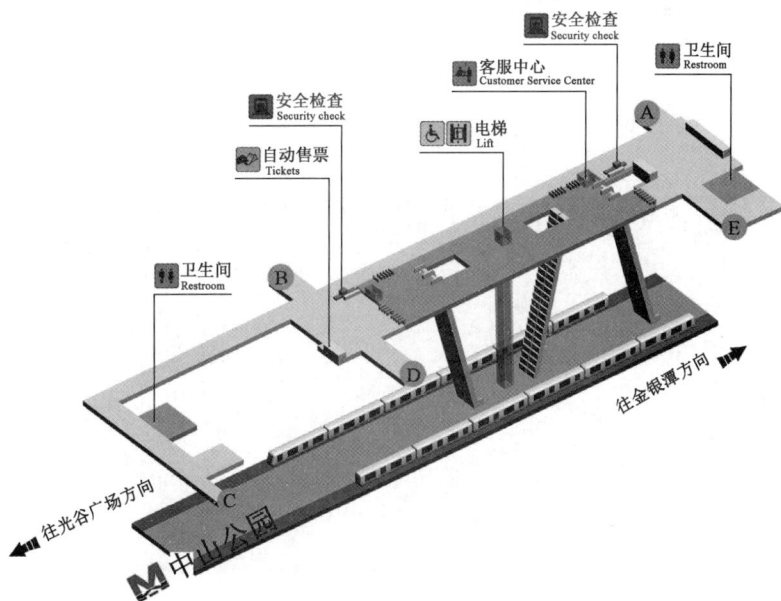

图 1-18　站厅站台分层布局图

还有一些车站站厅与地下商业建筑连接在一起布置,更方便引入客流。

无论哪种布局方式,都需要考虑站厅的合理功能分区,具体应做到:

①乘客与站内工作人员路线分开。

②进站和出站客流尽量避免交叉和相互干扰。

③乘客购票、问讯及使用公共设施时,不应妨碍客流通行。

④换乘客流与进出站客流路线分开。

⑤当车站与地下商业建筑合建时,车站客流应自成体系。

2. 站厅层公共区布局(图 1-20)

站厅的主要作用是将从车站出入口进入的乘客迅速、安全、方便地引导至站台乘车,或将下车的乘客引导至车站出入口,离开车站。对于乘客来说,站厅是上、下车的过渡空间,乘客一般要在站厅内办理购票、检票手续。因此,站厅公共区需要设置售票、检票、问询等为乘客服务的各种设施。

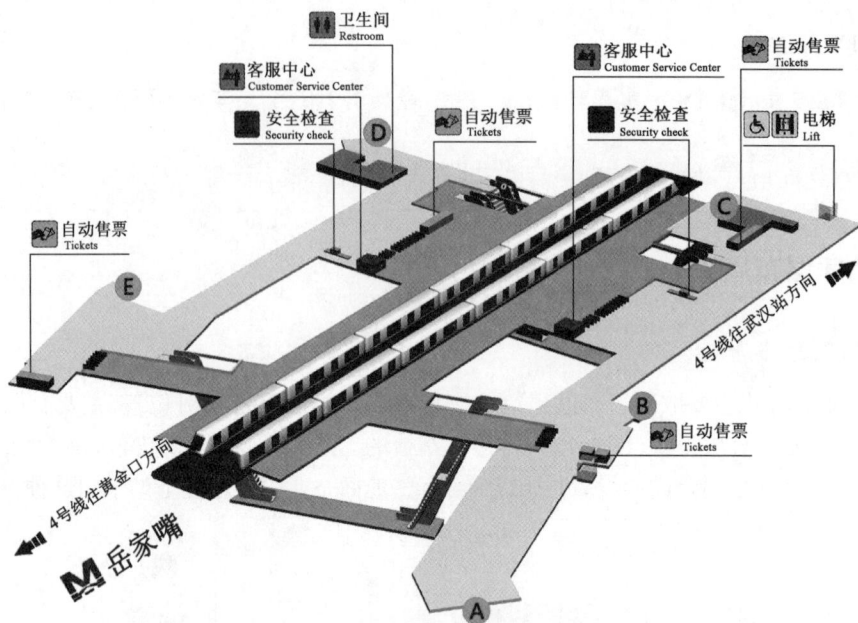

图 1-19　站厅站台同层布局图

图 1-20　站厅层公共区

根据车站运营及合理组织客流线路的需要,将站厅划分成付费区和非付费区。一般采用不锈钢管材和钢化玻璃分隔带将付费区和非付费区分开。在两区分界线的交叉点上设置进、出站闸机和客服中心,给乘客提供自助检票和问讯、处理票务事务等服务。客服中心应能分别对付费区和非付费区乘客提供服务。闸机可设置单向通行或双向通行,但为避免进出闸客流产生交叉,多设置为单向通行,尽可能将进闸客流与出闸客流分开。

1)非付费区公共设备

与乘客活动直接关联的设施(如售票机、充值机等)一般在客流线路附近,而与乘车活动无直接关联的设施(如银行取款机、公用电话等)一般布置在非付费区死角位置等相对安静的环境。

(1)自动售票机、自助充值机

这类设备主要给乘客提供自助购票、取票或充值等服务。其设置位置可根据车站站厅层规模和结构,集中安排一个或两个区域,尽量避开直接进闸无须购票、取票、充值的乘客流线和出站乘客流线。其区域大小应留有余地,以满足客流高峰时期购票、取票、充值乘客排队的空间。

（2）自动售货机、银行取款机、自助图书馆（图 1-21）、公用电话

这类设备主要给乘客提供购买零食饮料、取款、借阅图书、打电话等服务。这类活动与乘客乘车不直接相关，其布置原则应以不影响乘客进出闸为首要条件。便民设施设备的布置在尽可能远离乘客流线的同时，还应考虑残障人士也能方便使用。例如，有些车站将公用电话安装在站厅层和站台层，以方便乘客使用；有些车站将公用电话安装在通道一侧。

图 1-21　自助图书馆

2）付费区公共设备

（1）自助补票机

自助补票机主要为乘客提供自助补票服务。其设置位置应尽可能避开进、出闸乘客流线。

（2）楼梯、自动扶梯、垂直电梯

这类梯道系统主要用于连接站厅付费区与站台的上下层空间，是容易产生客流拥堵的瓶颈区域。其中，楼梯和垂直电梯的通行量相对较低，且均为双向通行，设置时主要考虑位置和宽度是否能满足上下楼客流需求。其具体位置应结合站台形式决定，宽度应满足高峰期客流需求。自动扶梯的通行量大，只能单向通行，所以在设置时主要考虑能否有效分流上行客流和下行客流。当然在特殊情况下，可以根据客流需要调整自动扶梯的通行方向，以达到缓解突发客流拥挤的目的。

3. 站厅层车站用房布局

站厅层内设有地铁运营设备和管理用房，虽然不直接为乘客提供服务，但它是保证车站运营秩序必不可少的设施设备，应设置在车站办公区和设备区内，通常在车站两端远离乘客活动的区域。

员工休息室等辅助用房的数量应结合车站客流规模和业务量来设置。

票款室等票务办公用房的位置应单独设置在办公区内。

其他用房包括洗手间、更衣室等。车站站厅层一般设有公共洗手间，有条件的车站可专门设置无障碍洗手间，通常设于车站客流量较大的出入口附近。

▶▶▶ 即学即练

请学生点击云课堂——智慧职教 App，完成"单元 1.2-任务二：站厅层布局"部分的测试。

请教师先在网页版或手机端职教云中完成该任务点的组题。

三、站台层布局

1. 站台类型

站台是供乘客上、下车及候车的场所,站台层一般设有楼梯、自动扶梯、站台门、候车座椅等设施设备。目前,国内外城市轨道交通车站所采用的站台形式绝大多数为岛式站台(图1-22)或侧式站台(图1-23)。

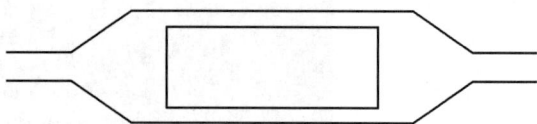

图1-22　车站岛式站台及其示意图

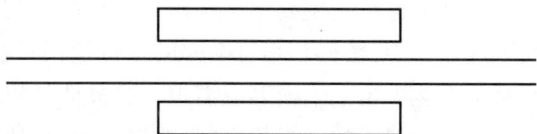

图1-23　车站侧式站台及其示意图

图1-24　站台中部的设备用房

2. 站台长度

站台可分为公共区和设备区,设备区应根据车站需要设置设备用房和管理用房。设备用房(图1-24)通常设置在站台中部自动扶梯的背面以及站台两端站台端门外。站台长度主要根据车站有效站台长度和站台层设备管理用房布置需要而确定。有效的站台长度是远期列车编组总长度与列车停站时的允许停车误差距离之和,远期列车编组 6～8 辆的站台长度一般为 130～180m。

3. 站台宽度

站台宽度主要根据车站远期预测高峰小时客流量大小、列车对数、结构横断面形式、站台形式、站房布置、楼梯及自动扶梯位置等综合考虑确定。站台是乘客上下车及候车的场所,在站台计算长度范围内,其面积应不小于远期预测上行及下行高峰小时客流人数所需的面积。其具体宽度,一般大型车站为14m,中型车站为10m,小型车站为8m。

岛式站台的楼梯及自动扶梯一般沿站台中间纵向布置,候车座椅亦设于站台中部,供两边的客流共用。侧式站台的楼梯、自动扶梯和候车座椅则一般仅供本侧客流使用。

4.站台高度

站台高度是指线路行走轨顶面至站台地面的高度。站台高度的确定主要根据车厢地板面距轨顶面的高度而定。站台面应低于车辆地板面,高差不得大于50mm。

> ▶▶▶**即学即练**
>
> 请学生点击云课堂——智慧职教 App,完成**"单元 1.2-任务三:站台层布局"**部分的测试。
> 请教师先在网页版或手机端职教云中完成该任务点的组题。

📖 技能训练

以单元1.1技能训练中搜集的车站立体图为基础,绘制车站平面布局图,站厅平面图和站台平面图需分别绘制,电子图或手绘图均可。

1.平面图设计内容要求

(1)用图标和文字对站厅、站台平面布局图内的设备种类、位置、数量等加以说明。
(2)用不同颜色的箭头标明车站客流在进站、进闸、上下楼、出闸、出站时的方向。
(3)对客流交叉严重的区域加以改造,减少客流交叉。在改造中可以增加或减少设施设备的种类、数量,可以移动设施设备的位置,但不能改变车站建筑结构。

2.评价建议

(1)由教师和学生代表共同完成评价,教师评价占70%,学生评价占30%。
(2)评价指标:

序 号	评 价 标 准	权 重	得 分
1	按时按要求提交作业	5%	
2	车站站厅平面布局图绘制清晰完整	10%	
3	车站站台平面布局图绘制清晰完整	10%	
4	图中设备种类齐全	10%	
5	图中设备位置布置恰当	10%	
6	图中设备数量适宜	10%	
7	箭头方向标注齐全(包括进站、进闸、上/下楼、出闸、出站)	30%	
8	改造必要得当	15%	
总分		100	

单元1.3 认知车站客运组织工作

学情检测

1. 车站客运组织工作由谁负责？（　　）
   A. 客运调度员　　　　　　　B. 客运值班员　　　　　　　C. 车站站（区）长或值班站长
2. 城市轨道交通客运是否办理行李、包裹的托运？（　　）
   A. 办理　　　　　　　　　　B. 不办理　　　　　　　　　C. 视具体情况而定
3. 城市轨道交通全日客流分布在时间上有较为明显的高峰和低谷，高峰时间通常在什么时段？（　　）
   A. 早晚高峰　　　　　　　　B. 节假日高峰　　　　　　　C. 换乘高峰
4. 以下哪项不属于车站常驻人员？（　　）
   A. 行车调度员　　　　　　　B. 保安保洁人员　　　　　　C. 地铁公安
5. 以下哪项不属于城市轨道交通车站站务运营人员？（　　）
   A. 值班站长　　　　　　　　B. 行车值班员　　　　　　　C. 地铁公安

知识学习

一、基本概念和服务宗旨

1. 城市轨道交通客运组织的概念

城市轨道交通客运组织是指通过合理布置客运有关设备、设施，对客流采取有效的分流或引导措施来组织客流运送的过程。城市轨道交通主要通过合理的客运组织来完成其大容量的客运任务。

客运组织工作是城市轨道交通运营生产的重要组成部分，客运组织工作的质量直接反映城市轨道交通运营企业的管理水平。客运组织工作必须实行集中领导、统一指挥的原则，运行OCC负责全线的客运组织工作，车站的客运组织由车站站（区）长或值班站长负责。客运组织工作需建立健全各项工作制度，运营、乘务、维修等各部门之间密切配合，共同维护好站车秩序，完善管理工作细节，提升工作效率和服务质量。

2. 城市轨道交通客运组织的宗旨

①安全。为保证乘客安全乘车，要制定并严格执行各项安全制度，采用先进的安全控制系统，所有的运营设备应定期检查，保证处于良好状态。

②准时。运营生产部门相互配合，严格按照列车运行图组织工作，确保列车按运行图规定的时间运行。

③迅速。运营生产各部门相互配合，提高列车运行速度，缩短列车间隔时间，减少设备故障，确保乘客快捷到达目的地。

④便利。车站内、外导向标识清晰完备,地下通道、出入口与地面其他交通工具衔接紧密,方便乘客换乘。

⑤优质服务。客运服务人员应严格遵守职业道德,礼貌待客,耐心正确地解答乘客问询,主动热情地为乘客服务。

二、基本特点和基本要求

1. 客运组织工作的基本特点

城市轨道交通车站客运组织工作是城市轨道交通运营工作的核心,是直接反映城市轨道交通运营管理水平的标志之一。其特点如下:

①城市轨道交通客运服务的对象是城市内的交通乘客,它不办理行李、包裹托运业务。

②城市轨道交通全日客流分布在时间上有较为明显的高峰(一般为早、晚高峰)和低谷之分,高峰时段客流量集中,时间性强,在空间上又有不同的区间客流分布。

③全年客流分布在时间上按季、月、周、节假日有较大起伏。

2. 客运组织工作的基本要求

客运组织工作主要在车站完成,车站客运作业包括售检票作业、乘客问询、客流疏导、站台服务等。车站是城市轨道交通对乘客服务的窗口,车站客运作业直接面对乘客,客运服务的质量,不仅直接关系着市民对城市轨道交通的满意度,而且反映了城市轨道交通运营企业的管理水平。

车站客运组织工作的基本要求如下。

(1)站容整洁

车站内、外应明亮、整洁,各种设备和设施摆放整齐、有序;站台、站厅、通道及出入口墙壁光洁,地面无痰迹和废物;卫生间清洁、卫生。

(2)导向标志清晰完备

车站内、外应有清晰、完备的导向标识系统,为乘客全过程、不间断地提供导向信息。车站外应有明显标志引导乘客进站,在车站出入口应设置醒目的地铁标志;乘客进站后应有指示客服中心、进站方向、紧急出口等导向标志;在站台应设置列车运行方向、换乘方向等导向标志。此外,还应设置示警性和服务性导向标志,如地铁运营线路图、列车运行时刻表、票价信息、卫生间、公共电话、车站周边公交线路与公共设施指南等。地铁常见导向标志如图1-25所示。

(3)优质服务

客运服务人员应遵守职业道德,文明礼貌,规范地为乘客提供服务。对老、弱、病、残、孕等需要帮助的乘客,客运服务人员应主动、热情地提供协助,耐心、正确地回答乘客提出的问询,帮助乘客解决疑难问题。客运服务人员应经常征询乘客的意见,及时完善服务细节,不断提高客运服务水平。

图 1-25 地铁常见导向标志

（4）遵章守纪

客运服务人员应认真执行各项客运规章制度，服从命令、听从指挥。执行客运工作任务时，客运服务人员应按规定着装并佩戴标牌，仪表整洁，体现良好的精神风貌。

（5）掌握客流规律

分析客流统计资料，掌握车站客流在时间、空间上的分布与变动，对可预见发生的大客流做好充分的准备工作，及时应对。

（6）与其他部门紧密配合

客运作业人员应与控制中心、列车司机、故障维修部门、公安、消防等有关部门加强联系，密切配合，协同工作，确保列车按图运行，保障行车安全与乘客安全。

▶▶▶**即学即练**

请学生点击云课堂——智慧职教 App，完成"**单元 1.3-任务二：认知车站客运组织工作特点和基本要求**"部分的测试。

请教师先在网页版或手机端职教云中完成该任务点的组题。

三、城市轨道交通客运组织机构架设

我国城市轨道交通客运组织机构在不同的城市轨道交通运营企业中其设置有一定的区别,但城市轨道交通的客运组织机构是受其功能决定的,因此,城市轨道交通的客运组织机构大致符合下列模式,如图1-26所示。

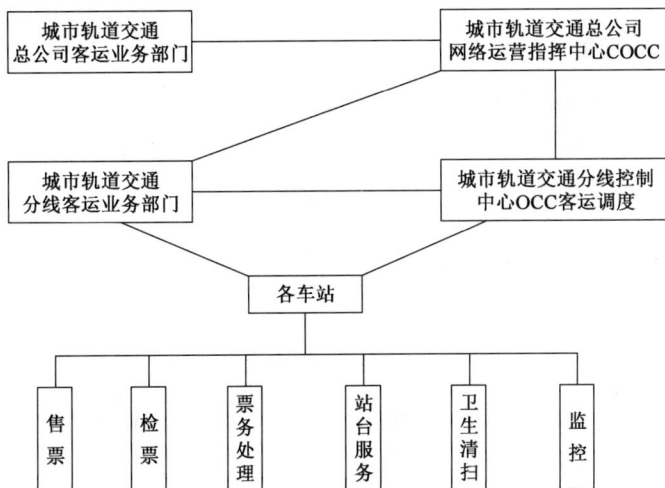

图1-26 客运组织机构设置示意图

城市轨道交通客运组织机构中各级部门的职责如下。

1. 城市轨道交通总公司客运业务部门

①根据国家有关方针政策,制定、审核和修改《城市轨道交通客运组织规则》及其他有关规章制度。

②组织客流的预测及调查。

③编制下达公司年度客运计划。

④制订城市轨道交通车票印制计划。

⑤制订全线列车开行计划及临时加开列车的审批。

2. 网络运营指挥中心(COCC)

①及时调整运营方案,增加列车密度,及时运送乘客。

②根据事件的性质、规模和可能造成的影响,启动应急响应,采取以下有效措施,防止事态恶化。

a. 突发事件预案防控等级启动或取消。

b. 线路运营时间缩短或延长。

c. 非运营时间客运列车的加开。

d. 车站及出入口关闭或开启。

e. 换乘站换乘方式的变更或停止。

f. 公交配套预案的启动或取消。

g. AFC系统降级运营模式的启动或取消。

③如遇突发性大客流时,应尽快加强与事发线路控制中心沟通,迅速作出反应,确定恢复

运营的方案,协调、指挥各客运单位、各部门行车和客运组织工作,启动应急预案。

④对正线运营进行调整,对重点车站加开列车进行客流疏散,对可能造成的大间隔及早采取疏导措施。

⑤如遇大客流发生在城市轨道交通换乘站,则要及时通知邻线 OCC 调度员,做好预警,通过邻线车站控制换乘客流,及时疏导换乘站客流。

⑥通过 PIS 告知乘客拥堵区段,诱导乘客选择其他线路到达出行目的地。

3. 分线客运业务部门

①贯彻执行总公司下达的有关规章、命令及指示。

②根据总公司下达的年度计划,编制下达本段季度计划和月计划。

③制定车站客运管理办法。

④督促各车站严格执行运行图。

⑤组织、协调各车站执行本段下达的客运计划。

⑥实施客流调查工作。

4. 分线控制中心(OCC)

①当班客运调度员(客调)[未设客调的公司由行车调度员(以下简称行调)负责]根据行调对运营计划的调整,发布非正常运营相应的信息,组织车站通过站台、站厅、列车的显示屏及广播告知乘客。

②配合行调的命令,对需要清客的车站、列车需要施行反向运行的车站或列车越站通过的车站,客调负责提前通知并督促车站在做好广播同时,有效地组织客流疏导和提供车站服务。

③运营中某一车站发生大客流事件后,客调应通过短信平台及时发布相关短信,做好信息汇报;将该情况及时通知全线各站,同时各站将了解的运行信息及时向乘客发布;并及时通知轨道公安分局配合、协助车站疏导客流。必要时对车站下达封站、AFC 系统降级模式等各种命令。

④负责对管辖线路内客流量进行实时监控,掌握客流变化情况,密切关注各换乘站的客流情况,做好统计分析工作。

5. 车站

①贯彻执行公司、段(部)下达的规章、命令和指示。

②根据段(部)下达的计划,努力完成客运任务。

③制定车站的客运管理细则、作业程序和实施措施。

④做好售检票服务工作。

⑤搞好相关的宣传及卫生、乘客服务工作。

车站是城市轨道交通客运服务的窗口,直接面向广大乘客,因此,必须严格执行相关的城市轨道交通管理办法及实施"客运管理细则""城市轨道交通技术管理规程""行车组织规则"等客运、行车规章制度。车站的行车工作和客运工作关系密切、相辅相成。在遭遇突发性客流时,必须根据上级部门的要求,组织快速疏导客流,确保乘客的安全。车站控制室内设有站厅、站台监视器,用来监护乘客动向,为了保证正常的客运秩序,加强广播宣传及对乘客的引导是十分必要的。

四、认知城市轨道交通车站管理模式

车站是城市轨道交通系统的重要组成部分,是企业与服务对象的主要联系环节。车站管理的核心任务是安全、迅速、方便地组织客流集散,并做好行车组织工作。随着城市轨道交通车站设备设施的不断发展变化,我国各大城市轨道交通车站的设备设施及岗位设置也不尽相同,各客运岗位的工作职责及作业程序也存在很大差异。一般来说,车站常驻人员包括站务运营人员、保安人员、保洁人员、设备维修人员、地铁公安人员等。城市轨道交通车站以安全、高效地运输乘客为宗旨,车站应该根据行车计划、施工计划以及客运组织计划等生产任务的要求建立规章制度,合理设置岗位及组织排班,并有序安排各岗位员工履行职责,协调运作。城市轨道交通车站站务运营人员通常设置中心站站长、值班站长(值站)、行车值班员(行值)、客运值班员(客值)和站务员等岗位,如图 1-27 所示。中心站站长全面负责所管辖区域各车站行政管理工作,对车站的安全管理、票务管理、服务管理、培训组织、人员管理及班组建设等工作负责。各车站采用值班站长负责制,值班站长由中心站站长直接管辖,服从调度员指挥,对当班期间车站的行车安全、客运服务、票务、环境清洁、事件处理、人员管理、夜间施工等具体事务进行管理和落实。在值班站长的指挥下,各岗位工作人员按照岗位职责和工作流程开展工作,包括售检票服务、接发列车、组织乘客乘降、回答乘客问询及对车站设备进行巡视检查等具体工作。

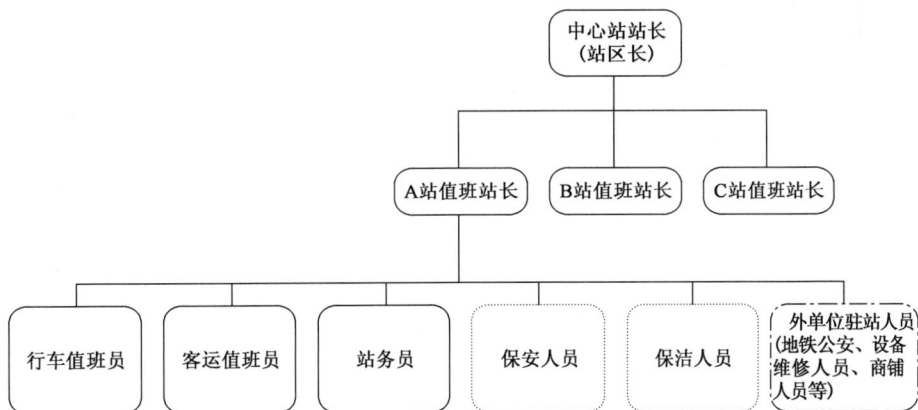

图 1-27 城市轨道交通车站管理模式示意图

除车站的站务运营人员外,城市轨道交通车站通常还有维修人员、商铺人员、公安人员等外单位(部门)驻站人员。车站日常运作以车站运输组织为核心,维修人员、商铺人员、公安人员等应以服务车站运输组织为前提开展工作。在重大节假日或大型活动前,车站应将有关运营服务信息及站内客运应急方案通报各单位。当发生特殊情况时,由值班站长负责指挥处理,可以调动站内的维修人员、商铺人员、公安人员协助处理。

▶▶▶即学即练

请学生点击云课堂——智慧职教 App，完成"**单元 1.3-任务四：认知城市轨道交通车站管理模式**"部分的测试。

请教师先在网页版或手机端职教云中完成该任务点的组题。

📖 技能训练

（1）通过网络或查阅资料等方式，查询某城市轨道交通车站的站务岗位设置情况，列图说明其岗位间的上下层级关系，每人至少列图说明两个城市的具体情况。

（2）请思考，如果你是一名城市轨道交通车站的客运服务人员，你的核心任务是什么？如何才能保证圆满完成任务？

📝 思考题

1. 地下车站、高架车站、地面车站在建筑构成上的必备部分有何区别？

2. 通常付费区和非付费区哪个面积更大？为什么？

3. 车站 IBP 盘通常设置在哪里？该房间还会设置哪些主要设备设施？

4. 车站通道设计的两个原则是什么？

5. 站厅的合理功能分区具体应注意哪些方面？

6. 在站厅付费区和非付费区分界线上应设置哪些设备？这些设备能给乘客提供什么服务？

7. 我国站台类型有哪几种？不同种类的站台在布置楼梯、自动扶梯和候车座椅时有何差异？

8. 城市轨道交通客运组织的概念是什么？

9. 城市轨道交通客运组织的宗旨是什么？

10. 车站常驻人员有哪些？其中站务运营人员通常如何设置？

模块 2 城市轨道交通车站设备设施使用

教学目标

1. 知识目标

（1）了解城市轨道交通车站导乘设备设施、升降设备、火灾报警设备、站台门、电话系统及视频监视系统、IBP 盘等的用途、种类和设置要求。

（2）掌握导乘设备设施、升降设备、火灾报警设备、站台门、电话系统及视频监视系统、IBP盘等的操作要点。

2. 能力目标

（1）能根据车站平面的不同布置合理布置车站设备设施的位置。

（2）能按照车站各项设备设施的操作标准正确规范操作相关设备。

（3）能在设备出现故障时做出正确、及时的处理。

3. 素质目标

培养学生规范、严谨的职业素养。

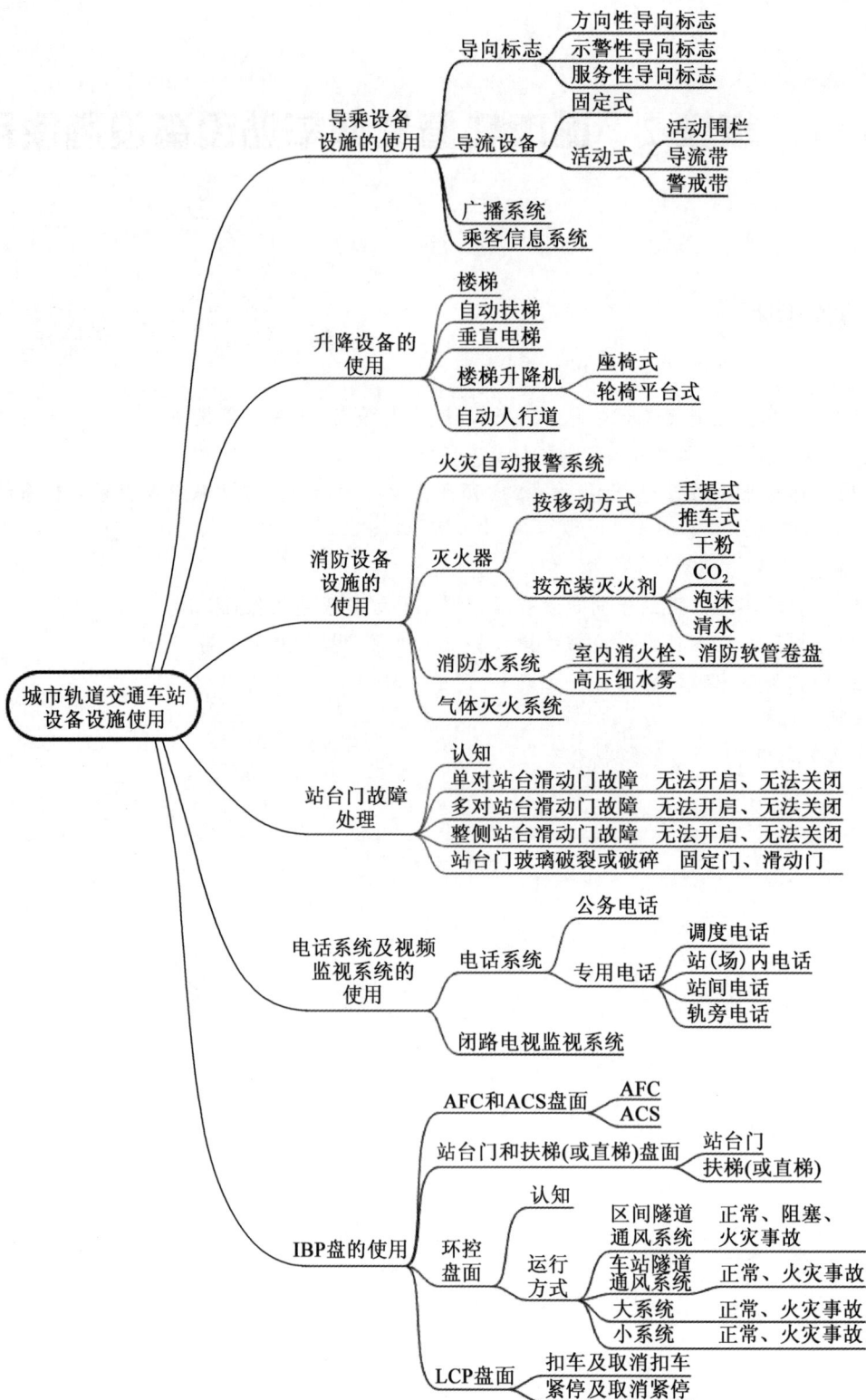

城市轨道交通车站设备设施使用

- 导乘设备设施的使用
  - 导向标志
    - 方向性导向标志
    - 示警性导向标志
    - 服务性导向标志
  - 导流设备
    - 固定式
    - 活动式
      - 活动围栏
      - 导流带
      - 警戒带
  - 广播系统
  - 乘客信息系统

- 升降设备的使用
  - 楼梯
  - 自动扶梯
  - 垂直电梯
  - 楼梯升降机
    - 座椅式
    - 轮椅平台式
  - 自动人行道

- 消防设备设施的使用
  - 火灾自动报警系统
  - 灭火器
    - 按移动方式
      - 手提式
      - 推车式
    - 按充装灭火剂
      - 干粉
      - CO_2
      - 泡沫
      - 清水
  - 消防水系统
    - 室内消火栓、消防软管卷盘
    - 高压细水雾
  - 气体灭火系统

- 站台门故障处理
  - 认知
  - 单对站台滑动门故障　无法开启、无法关闭
  - 多对站台滑动门故障　无法开启、无法关闭
  - 整侧站台滑动门故障　无法开启、无法关闭
  - 站台门玻璃破裂或破碎　固定门、滑动门

- 电话系统及视频监视系统的使用
  - 电话系统
    - 公务电话
    - 专用电话
      - 调度电话
      - 站(场)内电话
      - 站间电话
      - 轨旁电话
  - 闭路电视监视系统

- IBP盘的使用
  - AFC和ACS盘面
    - AFC
    - ACS
  - 站台门和扶梯(或直梯)盘面
    - 站台门
    - 扶梯(或直梯)
  - 环控盘面
    - 认知
    - 运行方式
      - 区间隧道通风系统　正常、阻塞、火灾事故
      - 车站隧道通风系统　正常、火灾事故
      - 大系统　正常、火灾事故
      - 小系统　正常、火灾事故
  - LCP盘面
    - 扣车及取消扣车
    - 紧停及取消紧停

单元 2.1 车站导乘设备设施的使用

学情检测

1. 下图中带字标牌属于哪种车站设备？（　　）

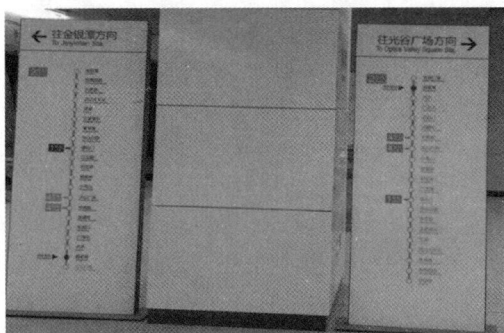

　　A.导流设备　　　　　　　B.导向标志　　　　　　　C.站台设备

2. 下图中所指属于哪种车站设备？（　　）

　　A.导流设备　　　　　　　B.导向标志　　　　　　　C.站厅设备

3. 禁止类标志多使用什么颜色？（　　）

　　A.蓝色　　　　　　　　　B.绿色　　　　　　　　　C.红色

4. PIS 是以下哪项设备的简称？（　　）

　　A.广播系统　　　　　　　B.调度系统　　　　　　　C.乘客信息系统

5. 在车站主要由谁负责播放广播？（　　）

　　A.站务员　　　　　　　　B.行车值班员　　　　　　C.客运值班员

知识学习

一、导向标志的设置

1. 导向标志的分类

城市轨道交通车站导向标志由反映特定服务信息内容的图形、文字、符

地铁车站导向标志

27

号、颜色、几何形状等元素组成。按照导向标志功能的不同,可分为方向性标志、示警性标志和服务性标志。

①方向性标志(图2-1)是指示目的地前进方向的标志。在地铁车站内,任何一处可能使乘客产生选择障碍的分岔处均要设置一种或多种明确的导向标志。此外,在电梯、出入口、售票处、检票处、卫生间等特殊用途的场所也需要设置指示标志。

图2-1 方向性标志

②示警性标志(图2-2)是提醒乘客有危险或禁止乘客不合理行为的标志。在有安全隐患的地方或需要禁止乘客某种行为时,均会设置一种或多种明确的示警性标志,如自动扶梯三角区的"小心碰头"及站台上的"禁止倚靠站台门""禁止吸烟""当心触电"等。

③服务性标志(图2-3)是指为乘客乘车活动提供辅助服务的标志。它主要包括地铁线路图、车站周围公共设施(如停车场、公交站点、商业设施等)的导向标志等。

图2-2 示警性标志

图2-3 服务性标志

2. 导向标志的设计要求

(1)导向标志的颜色

人们在视觉范围里,对色彩的辨别反应最快,在导向标志设置中,首先考虑对颜色的应用。一般来说,红色表示禁止、停止,多用于禁止标志(图2-4),如"严禁携带易燃易爆等危险品进站""禁止倚靠安全门""禁止吸烟"等;黄色表示警告和注意(图2-5),如"小心碰头""当心触电""小心夹手"等;蓝色表示指示和指令,多用于指令标志(图2-6),如"地铁/公交换乘指南""乘车""换乘提示"等;绿色表示安全通行(图2-7),如"紧急出口"等。

图 2-4　红色禁止标志

图 2-5　黄色警告标志

图 2-6　蓝色指示标志

图 2-7　绿色通行标志

（2）导向标志的符号

导向标志的符号应满足国家规范、标准以及国际惯用的符号，使人们易于理解和接受。

（3）导向标志的形状

城市轨道交通导向标志常用的形状有正等边三角形、圆形、方形等。一般来说，正等边三角形多用于表示警告类标志，圆形多用于表示禁止类标志，方形多用于表示指示类标志或服务类标志。

3.导向标志的设置原则

（1）位置适当

导向标志应当设置于容易看到的位置，方便乘客看见和做出抉择。常见的错误主要包括如下：

①导向标志的位置过低，地铁客流量高峰时，乘客很难看到导向标志。

②导向标志被地铁内其他设备遮挡，根本看不到导向标志。

③导向标志和广告、商业标志混放一起，乘客看不清导向标志。

（2）连续性原则

连续性原则是指连续地设置导向标志，加强人们的认知与记忆。地铁车站通道长、方向多，导向标志需要连续设置，指导人们到达目的地，其间不能出现标志视觉盲区。除此之外，各标志之间的距离要适当安排，过长则视觉缺乏连贯及序列感，过短会造成视觉过度紧张，可视性差。在无岔路的直通道，一般 20～30m 应重复设置一次，以免乘客产生"是否正确"的疑问。

导向标志设置
安装安全管理

这样对于不熟悉的乘客,就可以一直看到标志,明确自己的方向是否正确。

（3）一致性原则

一致性原则是指标志要尽量设置在相同位置上。例如,固定在天花板上的方向标志,不仅仅是同一个车站,而且一个城市所有的车站如无特殊情况都应设置在一致的位置,这样乘客就无须搜寻整个空间,而只需要注视部分固定的区域,即可省去寻找标志的麻烦。

（4）安全性原则

当车站发生火灾时,烟雾积聚会遮挡部分导向标志,所以在疏散通道应设置发光的疏散导向标志,这样能对安全疏散起到很好的辅助作用。

▶▶▶ **即学即练**

请学生点击云课堂——智慧职教 App,完成"**单元 2.1-任务一:导向标志的设置**"部分的测试。
请教师先在网页版或手机端职教云中完成该任务点的组题。

二、导流设备的使用

1. 导流设备的功能

当城市轨道交通车站客流较大时,可通过导流设备的布置,合理引导客流按既定路线有序通过。

2. 导流设备的分类

（1）固定式

固定围栏如图 2-8、图 2-9 所示。

图 2-8　出入口垂直电梯固定围栏

图 2-9　站厅固定围栏

（2）活动式

活动式导流设备包括铁马围栏（图 2-10）、水马围栏（图 2-11）、导流带（图 2-12）、警戒带（图 2-13）。

3. 导流设备的使用注意事项

①无论是固定围栏还是活动围栏,在使用中应重点关注围栏末端。由于围栏末端的拥挤状况通常较为严重,对围栏的冲击也会相应较大,容易给乘客造成伤害,因此需要特别关注围栏末端,组织乘客排队有序地通过围栏。

a)正在使用的铁马围栏   b)备用的铁马围栏

c)伸缩式铁马围栏

图2-10　铁马围栏

图2-11　水马围栏   图2-12　导流带

图2-13　警戒带

②当围栏长度明显不足时,可使用导流带或警戒带等延长导流围栏,使乘客能够在围栏内排队等候。此外,在导流通道拐角或变窄等位置,需要避免拥挤造成不良后果。

③合理使用导流围栏的疏散门至关重要。导流围栏长度通常较长,当围栏内出现特别拥挤等特殊状况时,应先稳定乘客情绪,并在第一时间打开疏散门,引导乘客有序疏散。

▶▶▶ 即学即练

请学生点击云课堂——智慧职教 App,完成"单元 2.1-任务二:导流设备的使用"部分的测试。请教师先在网页版或手机端职教云中完成该任务点的组题。

三、广播系统的使用

1. 广播系统的分类

根据广播对象的不同,广播系统可以划分为对乘客广播和对运营人员广播。

（1）对乘客广播

对乘客广播的主要作用是向乘客及时通报地铁运行信息(如列车到站、离站、线路换乘等)、播放音乐改善候车环境、紧急情况时组织、疏散和安抚乘客等。

（2）对运营人员广播

对运营人员广播的主要作用是发布有关通知、紧急召唤检修、抢修人员等。

2. 广播系统的控制和优先级

广播系统由控制中心和车站两级控制。正常情况下以车站广播为主,在事故抢险、组织指挥时以控制中心广播为主。

（1）控制中心广播

控制中心工作人员可以通过控制中心广播控制终端对全线任意一个车站或多个车站、任意车站的任一选区或多个选区进行话筒、语音、线路等形式的广播。

（2）车站广播

车站工作人员可以通过车站广播控制终端对本站所有管辖范围的全选区、多个选区或单个选区进行话筒、语音、线路广播和背景音乐广播。车站广播终端设备设置在车站控制室内。车站广播包括现场广播和预先录制广播。其中,预先录制广播包括紧急广播、末班车广播、服务中止广播、站台自动广播和背景音乐广播等。

3. 广播时的一般规定

①广播以及时、准确地引导乘客安全、快捷乘坐城市轨道交通为原则。

②严禁广播与运营服务无关的内容。车站广播由车站值班站长、行车值班员操作,或由值班站长、行车值班员指定专人广播;列车广播由当班司机操作或广播。

③广播内容必须根据实际需要,选择适当的时机进行。

④进行人工和录音广播时,车站控制室(驾驶室)工作人员应保持安静。

⑤在人工广播时,工作人员应用普通话。语调平稳圆润、音量适中、读音准确、声音清亮。

⑥进行广播时,严禁突然中断。

4.常用广播用语

在运营过程中遇到特殊情况时,需要工作人员进行现场人工广播来发布实时信息。常见的特殊情况有以下几种。

(1)运营延误

例如:"各位乘客请注意,开往××方向的列车因故延误,请耐心等候。赶时间的乘客,请改乘其他交通工具。需要退票的乘客请到客服中心办理退票手续。不便之处,敬请原谅。"

"各位乘客请注意,开往××方向的列车因故延误,由于站台的乘客较多,检票口暂时关闭,请您在站厅耐心等候,我们将尽快恢复服务,不便之处,敬请原谅。"

"各位乘客请注意,本趟开往××方向的列车因故在本站停车时间将会延长,请注意车站及列车广播。赶时间的乘客,请改乘其他交通工具。需要退票的乘客,请到客服中心办理退票手续,不便之处,敬请原谅。"

(2)列车退出服务,到站清客

例如:"各位乘客请注意,本趟开往××方向的列车因故需要退出服务,请耐心等候下一趟列车,赶时间的乘客,请改乘其他交通工具。不便之处,敬请原谅。"

(3)设备故障

例如:"各位乘客请注意,自动售票机因故暂停使用,请到客服中心购票,谢谢合作。"

"各位乘客请注意,现在是临时停电,请您站在原处不要随意移动,以免发生危险,我们将尽快恢复供电,不便之处,敬请原谅。"

(4)列车通过车站不停车

例如:"站台候车的乘客请注意,本趟开往××方向的列车因故在本站通过不停车,请大家注意安全,站在黄线以内,耐心等候下一趟列车。谢谢合作。"

"站台候车的乘客请注意,本趟开往××方向的列车因故在××站通过不停车,请到××站的乘客耐心等候下一趟列车,不便之处,敬请原谅。"

(5)封站

例如:"各位乘客请注意,本站因故即将停止服务,请大家尽快出站,不要在站内逗留。需要退票的乘客请到客服中心办理退票手续。不便之处,敬请原谅。"

(6)险情疏导

例如:"各位乘客请注意,因车站发生险情,可能危及您的人身安全,请听从工作人员的指引,尽快离开车站。谢谢合作。"

(7)当发现车站有乘客吸烟、吐痰和乱扔废弃物时

"各位乘客,您好!为了您和他人的健康,请不要在车站内吸烟、吐痰和乱扔废弃物,谢谢合作。"

(8)寻人广播

"××先生(女士、小朋友)您好,听到广播后请速到××处,××等您。"

(9)寻物广播

"各位乘客请注意,本站捡到××,丢失××的乘客听到广播后请速到××处认领。"

(10)意外伤害、服务纠纷等(选择适当的播放区域)

"各位乘客请注意,请配合车站工作人员的工作,不要聚集、围观,谢谢合作。"

(11)安全广播

"乘客您好,为了您的安全,请不要在天桥上逗留,谢谢合作。"

"站台候车的乘客请注意,列车马上退回站台,请您注意安全,站在黄线以内候车。谢谢合作。"

(12)车站临时施工

"各位乘客您好,欢迎光临××站乘坐轨道交通列车,因站内临时施工,给您带来不便,请您谅解。"

5. 车站广播操作台的使用

某型号车站广播操作台(图2-14)包括鹅颈话筒、线路输入插孔、MP3 语音合成及自动录音装置、监听扬声器、电平指示灯、状态指示灯、液晶显示屏、输出音量调节旋钮、直通广播按键以紧急广播按键以及其他操作按键等。它具有控制功能、故障显示功能、语音合成选择广播功能、话筒广播功能、背景音乐广播功能、监听功能、编组功能等。值班员可通过该控制盒控制车站的广播操作,对本站所有管辖范围作选区广播,多个选区同时广播或单个选区广播均可。

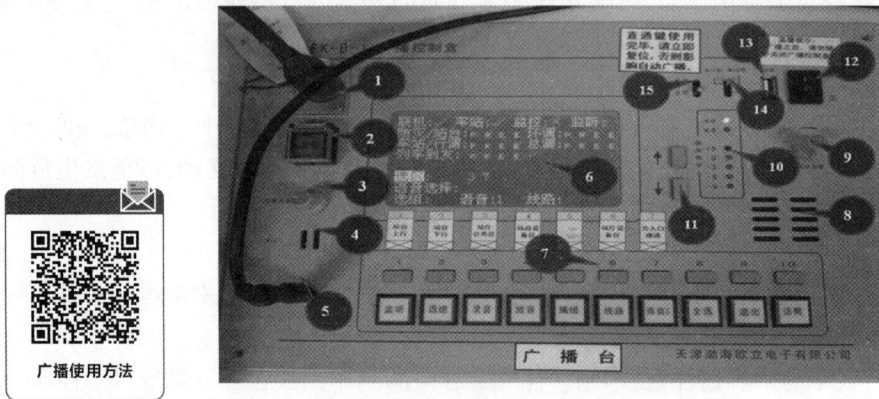

图 2-14　某型号车站广播操作台

1)某型号车站广播操作台的组成及功能(表 2-1)

FK-B-1 车站广播操作台组成及功能　　　　　　　　　　　表 2-1

编号	组　　成	功　　能
1	卡侬座	用于外接鹅颈话筒
2	紧急广播按钮	按下播放紧急疏散广播
3	线路音量调整电位器	用于调节线路音量的大小
4	内置话筒	当外部鹅颈话筒出现故障时,使用该话筒
5	线路输入口	用于输入外部线路音源
6	显示屏	用于显示操作盒的工作状态
7	按键	用于广播盒的选取操作
8	监听喇叭	用于监听播音内容
9	监听电位器	用于调节监听音量的大小
10	指示灯	用于指示电源,直通及输出音量的电平大小
11	上、下翻页键	用于广播盒的操作
12	电源开关	打开开关后,指示灯"电源"点亮
13	USB 接口	外接 USB 接口设备

编号	组　　成	功　　能
14	话筒选择开关	平时拨子处于"MIC"外,表示用的是鹅颈话筒,如果鹅颈话筒出现故障,可把拨子拨到"MIC内"上,使用内置话筒
15	正常、直通选择开关	正常情况下拨子处于"正常"上,此时可通过显示屏及按键来操作使用广播盒,当广播盒出现故障时,把拨子拨到"直通"上(此时指示灯"直通"亮,直接对准话筒说话即可)

2)车站广播操作台的操作方法

(1)话筒广播(图2-15)

①选区:通过"上、下翻页键"将屏幕上"选区"项选中,根据广播对象选择合适的数字按键(不同的数字按键对应不同的播放区域)。

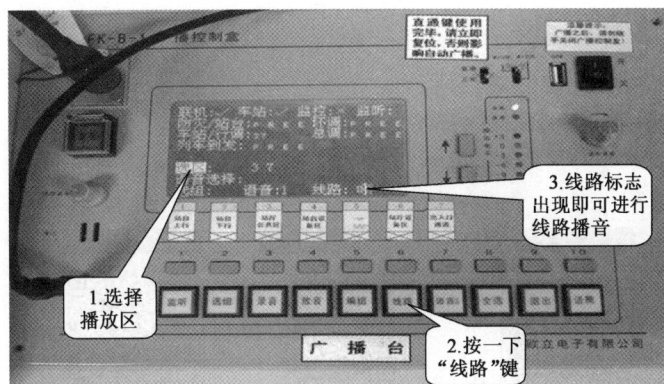

②按住"话筒"键,不松手。

③当屏幕右下角出现话筒标志时,表示可以进行话筒广播,此时对着鹅颈话筒即可进行话筒广播。

④如果需要结束话筒广播,抬起"话筒"键即可。

图2-15　话筒广播操作方法

(2)线路广播(图2-16)

①选区:通过"上、下翻页键"将屏幕上"选区"项选中,根据广播对象选择合适的数字按键(不同的数字按键对应不同的播放区域)。

图2-16　线路广播操作方法

②按下"线路"键,稍等片刻。

③当屏幕右下角出现线路标志时,表示已经进行线路广播,这时可通过车站控制室电脑上的播放器播放音频文件。

④如果需要结束线路广播,再按一次"线路"键即可。

（3）语音广播（图2-17）

①选区:通过"上、下翻页键"将屏幕上"选区"项选中,根据广播对象选择合适的数字按键（不同的数字按键对应不同的播放区域）。

②选语音段:通过"上、下翻页键"将屏幕上"语音选择"项选中,选择合适的数字键（每个数字键对应存储在控制盒内MP3板的一段音频文件）。一次最多可选择10段,语音播放时从选择的第一段语音顺序播放到最后一段,播放完毕后,自动关闭广播区。

③选择好语音段后,按一下"放音"键播放语音。

④如果需要结束语音广播,按"退出"键退出语音广播。

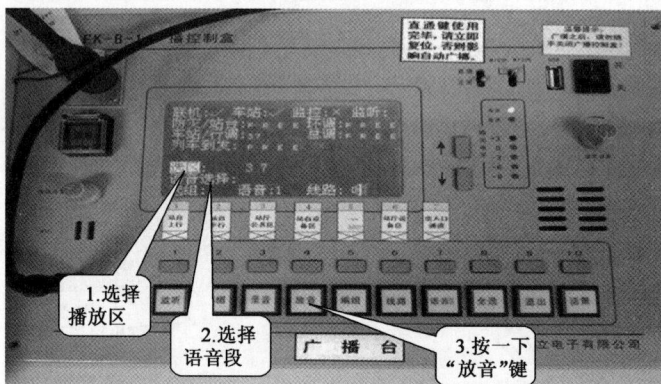

图2-17　语音广播操作方法

（4）监听

①按"监听"键进入监听选项。将屏幕上"监听"项选中,然后按数字键输入相应的广播区即可进行监听。

注意:每次监听只能监听一个广播区,若为话筒广播,须关闭广播区域的监听,以免引起啸叫。

②如果需要结束监听,则再次按下"监听"键即可。

📚 **知识拓展**

几种车站广播控制盒的使用

车站防灾广播控制盒

车站行车广播控制盒

车站客运广播控制盒

四、乘客信息系统的使用

1. 乘客信息系统的结构

乘客信息系统(PIS)是依托多媒体网络技术,以计算机系统为核心,通过车站和车载显示终端为媒介向乘客提供信息服务的系统。

PIS 通过控制中心、广告制作中心、车站控制等系统,对所需的信息实施编辑、制作和传递,并通过车站或列车上的显示器为乘客及工作人员提供以运营信息为主、商业广告为辅的多媒体综合信息显示。正常情况下,乘客信息系统主要播放实时列车运营信息(图 2-18)、出行信息、政府公告、公益广告、商业广告等多媒体资讯;在火灾等紧急情况下,可优先播放紧急疏散、防灾等文本和图像信息,告知和引导乘客,起到辅助防灾、救灾的作用。

乘客信息系统的使用

图 2-18　PIS 站台显示终端

PIS 从结构上可分为六个子系统,即控制中心子系统、车站子系统、车载子系统、网络子系统、广告制作子系统及备用中心。

（1）控制中心子系统

控制中心通过接口采集外部信息流,经编辑、处理后生成内部信息,按既定规则或版式播出,以达到向乘客传递信息的目的。控制中心负责视频流的转换及各类信息的播放,监控网络及终端设备的工作状态,并负责系统故障维修的集中管理,确保系统正常运营。

（2）车站子系统

车站子系统具体负责接收并下载控制中心下传命令、各类信息内容(连同节目列表)、系统参数(时钟信息等),并管理车站内的 PIS,集中监控本车站的 PIS 设备。此外,车站子系统还负责外部系统数据的导入、导出,控制站内 PIS 每一显示终端的信息发布和站务信息的编辑保存。在控制中心或网络子系统出现故障时,按照下载的节目列表和节目内容在本站显示终端上自动播放。

（3）车载子系统

车载子系统用 WLAN 接入技术,可以实现列车与地面之间的双向高速实时通信。车载设备通过接收无线传输的信息,经处理后实时在列车车厢 LCD 上进行音频、视频播放。系统兼有对乘客乘车情况的监视功能,能够通过监视器采集列车车厢内乘客的乘坐情况,并对视频信息进行记录、显示,并能实时上传控制中心。

（4）网络子系统

网络子系统是利用系统自身构建的以太网络给 PIS 提供网络通道,该通道用来传输从中心到各车站、车辆的各种数据信息、视频信息和控制信息。网络子系统包括有线网络、无线网络和车载局域网络三个部分。

（5）广告制作子系统

广告制作子系统主要用于广告节目的制作和播放,它提供直观方便的界面供业务人员与广告制作人员制作广告节目、编辑广告时间表、控制指定的显示屏或显示屏组播放节目,并将制作好的素材经审核后通过网络传输到控制中心和各车站进行播出。

（6）备用中心

备用中心设置在车辆段,当控制中心发生灾难性事故时,实现控制中心的主要功能,代行控制中心的职责。

2. 乘客信息系统的功能

（1）紧急疏散引导功能

PIS 可以预先设定多种紧急灾难告警模式（如火警、恐怖袭击等）,并设定每种模式的警示信息及各种警示发布参数,方便自动或人工触发进入告警模式。当指定的灾难发生时,PIS 就会进入紧急灾难告警模式,此时相应的终端将显示乘客警示信息以及客流疏散信息（图 2-19）。

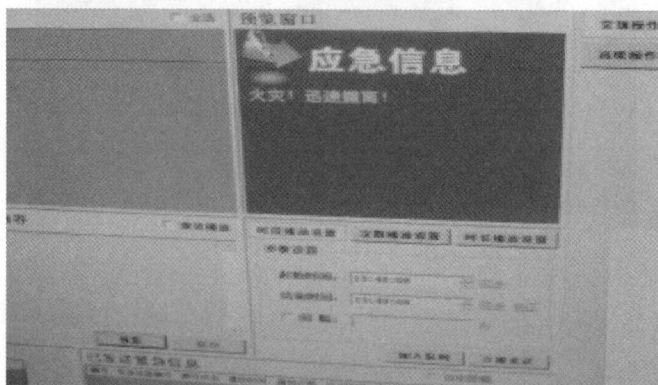

图 2-19　紧急情况下 PIS 的设置界面

（2）实时显示功能

屏幕上不同区域的信息可根据数据库信息的改变而随时更新。实时信息的更新可以采用自动方式或手动方式。实时信息包括数字电视、网上新闻、天气和通告等。工作人员不仅可以即时编辑指定的提示信息,并发布至指定的终端显示屏,提示乘客注意,还可以设定实时信息的发布形式,发布高优先级别的信息时可以打断原来正在播放的信息内容。

（3）时钟显示功能

PIS 可以读取时钟系统的时钟基准,并同步读取整个 PIS 所有设备的时钟,确保终端显示屏幕显示时钟的准确性和同步性。屏幕可以在播出各类信息的同时提供时间显示服务。在没有安装时钟的地方,通过播放时间列表,可以设置终端显示屏或指定的子窗口显示多媒体时钟。

（4）信息播出功能

PIS播出的信息主要包括：

①乘客引导信息、乘客须知、列车到达时间等。

②重要通知的发布和突发事件通知。

③各种广告信息和便民信息的提示。

④转播电视节目等。

（5）多种方式播出功能

PIS（图2-20）发送的信息类型通常包括预设信息及人工信息两类，信息发送的模式可分为正常模式及紧急模式两种，默认模式为正常模式。

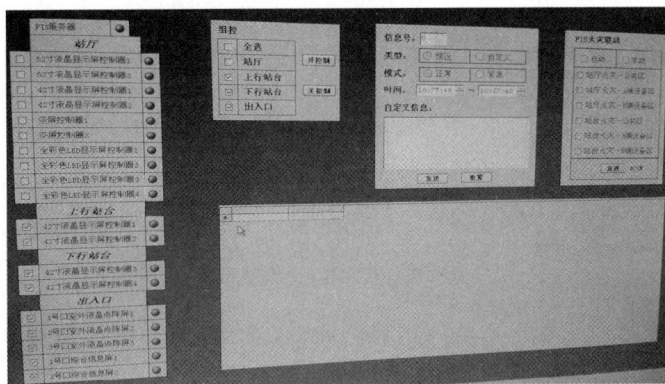

图2-20　PIS界面

当操作员选中预设信息的单选框后，便可以从发送预设信息列表中的选择预设的文本信息，并可以在信息内容中预览此预设信息的具体内容，此时信息内容是不可编辑的，如图2-21所示。当操作员选中自定义的单选框后，可以人工编辑文本信息后发送。

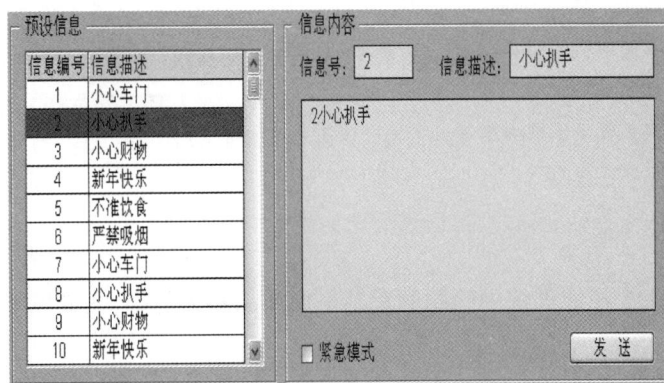

图2-21　预设信息界面

（6）多语言支持功能

PIS可以支持简体中文、繁体中文、英文，同时支持混合输入、保存、传输和显示。

（7）集中网管维护功能

为确保系统正常运行，PIS提供了完备的网管功能。控制中心设置的中心服务器可以实时监控各终端节点的状态，车站服务器管理各自车站的乘客显示终端。中心网管工作站动态显示系统各设备的工作状态,实时监控系统,实现智能声光报警,并能自动生成网络故障统计报表,智能分析故障,实现远程集中控制。

（8）权限管理功能

PIS 是一个面向公众的信息系统,系统分布范围广、节点众多,因此信息安全性十分重要,做好对操作员权限的管理工作至关重要。每个站点的操作员工作站均受 OCC 的操作员控制;OCC 的操作员可设定每一车站的操作员工作站及其信息录入的权限。

3. 信息显示的优先级

PIS 每天都给乘客提供大量的乘客信息,确保乘客安全、顺畅地到达目的地。根据各种信息的紧急情况,PIS 设置了信息显示的优先级,具体如下:

①紧急灾难信息的优先级最高,然后依次是列车服务信息、乘客引导信息、站务信息和公共信息,最后是商业信息(图 2-22)。

图 2-22　信息显示的优先级

②高优先级的信息可中断低优先级信息的播出;当高优先级信息被触发时,低优先级信息被中断而停止播出。

③如果出现紧急信息,自动进入紧急信息播出状态,其他信息播放终止,系统将以醒目方式提示乘客紧急疏散,直到警告解除为止。

④相同优先级的信息,按信息产生的先后顺序播放。

▶▶▶ **即学即练**

请学生点击云课堂——智慧职教 App,完成"**单元 2.1-任务四：乘客信息系统的使用**"部分的测试。

请教师先在网页版或手机端职教云中完成该任务点的组题。

技能训练

以模块 1 单元 1.2 技能训练中绘制的车站平面布局图为基础,完成以下任务。

1. 任务要求

（1）用 A1、A2、A3 等序号在站厅、站台平面布局图内需要设置导向标志的地点进行标注。

（2）在可能产生客流交叉或乘客拥挤的区域布置导流设备,用 B1、B2、B3 等序号标明导流设备的位置。

（3）用 C1、C2、C3 等序号在站厅、站台平面布局图内需要设置 PIS 终端设备的地点加以标注。

（4）由于图内空间有限,在图中用序号标明设备位置布置后,需用附录说明序号对应的图标全名和文字注释。

2.评价建议

(1)由教师和学生代表共同完成评价,教师评价占70%,学生评价占30%。

(2)评价指标:

序　号	评 价 标 准	权　重	得　分
1	按时按要求提交作业	10%	
2	导向标志设置齐全完备,图标清晰、文字说明精炼得体	30%	
3	导流设备设置齐全完备,文字说明精炼得体	30%	
4	PIS终端设备设置齐全完备,图标清晰、文字说明精炼得体	30%	
	总分	100	

单元2.2　升降设备的使用

学情检测

1.以下哪项设备的输送能力最大?(　　)

A.自动扶梯　　　　　　　B.垂直电梯　　　　　　　C.轮椅升降机

2.以下哪项设备不适合行动不便的老人使用?(　　)

A.自动扶梯　　　　　　　B.垂直电梯　　　　　　　C.轮椅升降机

3.以下哪项设备不设置"紧急停止"按钮?(　　)

A.自动扶梯　　　　　　　B.垂直电梯　　　　　　　C.自动人行道

4.以下哪种设备可用于距离长的通道,以减少乘客的步行量。(　　)

A.自动扶梯　　　　　　　B.垂直电梯　　　　　　　C.自动人行道

5.轮椅升降机能否调整运行方向?(　　)

A.能　　　　　　　　　　B.不能　　　　　　　　　C.视具体情况而定

知识学习

一、楼梯的使用

1.楼梯设计的基本要求

楼梯一般采取26°34′倾角,其宽度单向通行不小于1.8m,双向通行不小于2.4m。当宽度大于3.6m时,应设置中间扶手,每个梯段不宜少于3级且不宜超过18级,当台阶数量多时,在不同段应设置长度为1.2~1.8m的休息平台。楼梯宽度应符合车站人流量需要。

车站主要管理区内的站厅层与站台层之间,应设置内部楼梯。

2.楼梯使用注意事项

当车站发生紧急情况时,楼梯主要用于向外疏散乘客,所以车站楼梯平时应保持畅通,任何物品不得堆放在楼梯处,任何人员不得滞留在楼梯处。

▶▶▶ 即学即练

请学生点击云课堂——智慧职教 App，完成"单元 2.2-任务一：楼梯的使用"部分的测试。

请教师先在网页版或手机端职教云中完成该任务点的组题。

二、自动扶梯的使用

1. 自动扶梯概述

1）自动扶梯的定义及乘客乘梯须知

自动扶梯又称电扶梯，是指带有循环运动梯路向上或向下倾斜输送乘客的固定电力驱动设备。它由一台特种结构形式的链式输送机和两台特殊结构形式的胶带输送机组合而成，带有循环运动梯路，用以在建筑物的不同层间向上或向下倾斜输送乘客。它的用途主要是解决乘客的快速疏通，在列车到达后，大量的乘客乘电扶梯从站台向站厅流动，因此在使用中应特别关注乘客是否正确使用自动扶梯，乘客乘梯须知如图 2-23 所示。

图 2-23　乘客乘梯须知

2）自动扶梯的分类

（1）按扶手装饰分类

①全透明式（图 2-24）：其扶手护臂板为全透明玻璃（曲面玻璃、平面玻璃），装饰性强。

②不透明式（图 2-25）：其扶手护臂板为不透明材料，安全性优于全透明式。

③半透明式：其扶手护臂板为半透明材料。

（2）按梯级驱动方式分类

①链条式：驱动梯级的元件为链条，其结构简单、成本低，更为常见。

②齿条式：驱动梯级的元件为齿条。

（3）按提升高度分类

①小提升高度的自动扶梯：提升高度 3～10m。

②中提升高度的自动扶梯：提升高度 10～45m。

图 2-24 全透明式自动扶梯

图 2-25 不透明式自动扶梯

③大提升高度的自动扶梯:提升高度 45~65m。

(4)按驱动装置位置分类

①端部驱动自动扶梯:驱动装置位于扶梯头部,以链条为牵引构件。

②中间驱动自动扶梯:驱动装置位于扶梯中部,以齿条为牵引构件。

2.自动扶梯的基本结构

自动扶梯的基本结构如图 2-26 所示。它主要包括六个部分,即驱动系统、传动系统、润滑系统、安全保护系统、电气控制系统和支承系统。

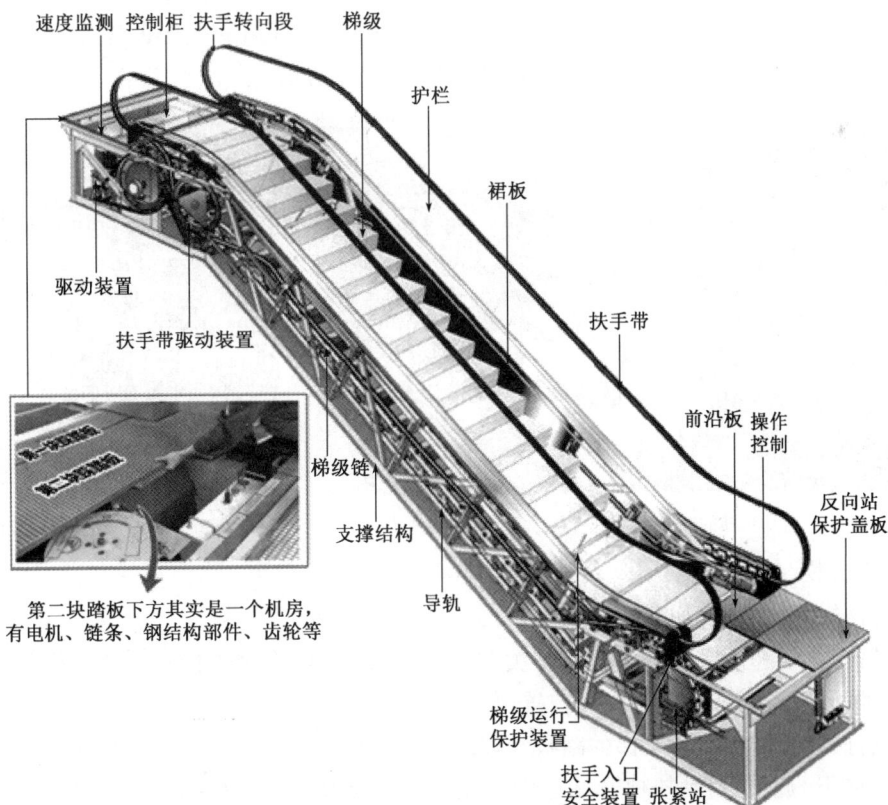

图 2-26 自动扶梯的基本结构图

3. 自动扶梯的日常操作

1）自动扶梯运行前的准备

自动扶梯运行前应检查安全设施标志、有无异物、紧急停止按钮等。其具体步骤如下：

①检查标志。确认扶梯周围的安全设施（三角区的护板、防止进入的围栏）有无破损等异状（图2-27、图2-28），年审合格证是否过期。

三角交叉处

图2-27　自动扶梯上方三角区的护板

图2-28　自动扶梯口防止进入的围栏

②检查异物。检查扶梯梯级踏板、扶手带、梳齿板和裙板及裙板与梯级间的间隙有无异物，并清除夹杂的碎纸、碎石和口香糖等异物如图2-29所示。

③检查紧急停止按钮。检查紧急停止按钮是否处于正常状态（图2-30）。需要注意的是，各品牌自动扶梯的紧急停止按钮和开关位置不一定相同，其开启和关闭的操作方式也可能不同。武汉地铁2号线某站自动扶梯的按钮开关如图2-30所示。

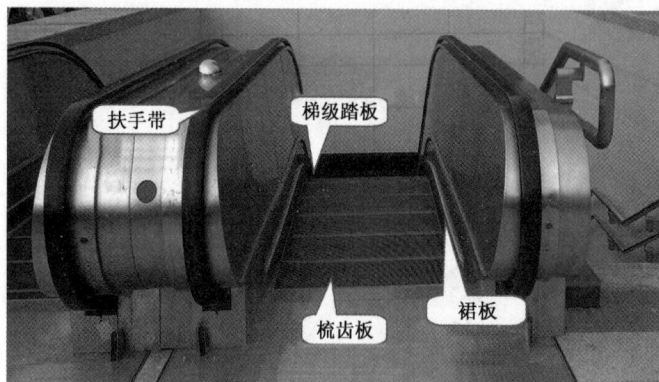

扶手带　梯级踏板

梳齿板　裙板

图2-29　自动扶梯的梯级踏板、扶手带、梳齿板和裙板

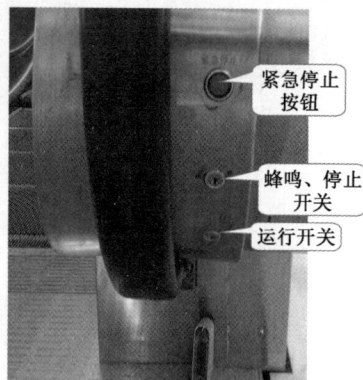

紧急停止按钮

蜂鸣、停止开关

运行开关

图2-30　某站自动扶梯的按钮开关

2）开启扶梯（图2-31）

开启扶梯的具体步骤如下：

①鸣笛。将钥匙插入"蜂鸣、停止开关"旋转至"蜂鸣器"位，鸣响警笛数秒，发出扶梯即将运行的信号，放手后钥匙将回到中央位置，将其拔出。

②开启扶梯。确认自动扶梯的踏板和梯级上没有乘客时，将钥匙插入运行开关后，向需运行方向（上或下）旋转，自动扶梯开始运作，待稳定运行后放手，钥匙自动回到中央位置，即可将其拔出。

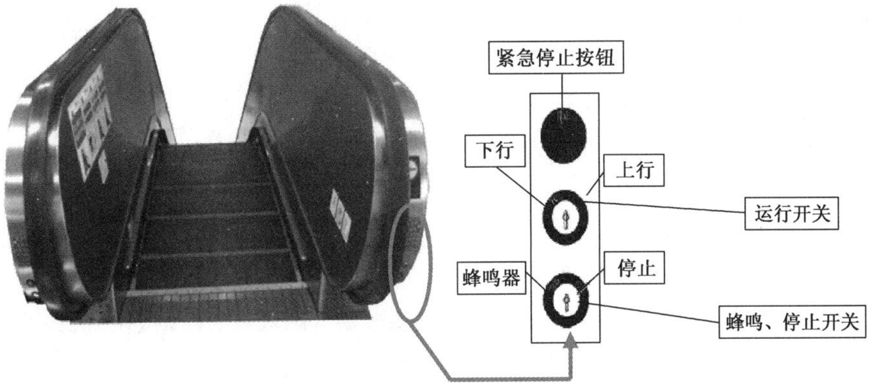

图 2-31 自动扶梯的开关示意图

注意：启动时一只手旋转钥匙，同时另一只手按在"紧急停止"按钮开关上，当出现异常时及时按动紧急停止开关。

③试运转。确认梯级和扶手带是否正常转动，如有异常声响或振动时，要立即按动"紧急停止"按钮，停住自动扶梯，同时通知维修人员。试运转确认正常运转后，再乘坐试用，检查有无其他异常情况。

④撤除护栏。试运转确认无异常后，撤掉防护栏，乘客方能正常使用。

如果试运转中按动"紧急停止"按钮，在问题处理完毕后，必须将红色罩复原。

3）关闭扶梯

关闭扶梯的具体步骤如下：

①观察外观。观察自动扶梯外观和运行情况，确认无异常。

②鸣笛、关闭扶梯。将钥匙插入"蜂鸣、停止开关"转至旋转至"蜂鸣器"位，鸣响警笛数秒，确认无人在自动扶梯上后，将钥匙转至"停止"位，使扶梯停止运行。

③放置护栏。关闭自动扶梯后，在扶梯两端放置隔离护栏，不允许乘客进入自动扶梯的梯口，如图 2-32 所示。

④检查清扫。一天的正常运行结束后须认真检查并清扫扶梯踏板、扶手带、梳齿板、裙板以及自动扶梯机房。

4）转换运行方向（图 2-31）

当车站客流发生异常变化，需要转换自动扶梯的运行方向时，应按以下操作步骤进行：

①观察外观。观察自动扶梯外观和运行情况，确认无异常。

②鸣笛、关闭扶梯。将钥匙插入"蜂鸣、停止开关"转至"蜂鸣器"位，鸣响警笛数秒，确认无人在自动扶梯上后，将钥匙转至"停止"位，使扶梯停止运行。

③转向。待扶梯完全停止后，将钥匙插入运行开关，向需运行方向（上或下）旋转。

④试运转。确认梯级和扶手带是否正常转动，确认正常运转后，再乘坐试用，检查无异常情况后方可离开。

图 2-32 自动扶梯的隔离护栏

45

5)"紧急停止"按钮的使用

在出现异常状况下,必须使用"紧急停止"按钮时,应大声通知乘客"紧急停止,请抓住扶手"后,再进行操作。

使用"紧急停止"按钮有两种操作方式:

①现场操作。自动扶梯两端的"紧急停止"按钮处于正常状态时,按钮红色罩呈向外膨胀凸出状。操作时,用手指按压,凸起状态变凹陷状态,扶梯紧急停止。

紧急情况解除后,用手指按压红色罩的周围,使其中部恢复正常状态,"紧急停止"按钮复原。

②车站控制室操作(图2-33)。操作时,敲破紧急按钮外的玻片、按压按钮,扶梯紧急停止。

紧急情况解除后,拔起按钮,"紧急停止"按钮复原。

图2-33 车站控制室的自动扶梯"紧急停止"按钮

6)人为按压"紧急停止"按钮后的处置

车站工作人员发现自动扶梯急停后,查看情况,根据自动扶梯设备上的停机代码,判断是否为人为按压"紧急停止"按钮的停机代码。对于人为按压"紧急停止"按钮导致的停梯且无其他异常情况时可由车站当场按开启自动扶梯的操作程序恢复扶梯运行,无须报修。

不同品牌不同型号的自动扶梯查看代码的方式不同,某地铁公司两种常见自动扶梯人为按压"紧急停止"按钮的停机代码(表2-2)及查看代码方法如下。

两种常见自动扶梯人为按压"紧急停止"按钮的停机代码 　　　　表2-2

扶梯品牌	代　码	解　释
蒂森	F10	上平台入口急停开关动作
	F21	下平台入口急停开关动作
	F36	中部急停开关动作
三菱	05	急停开关动作报警
	14	上平台入口左急停开关被按下
	15	上平台入口右急停开关被按下
	16	下平台入口左急停开关被按下
	17	下平台入口右急停开关被按下
	18	中部左急停开关被按下
	19	中部右急停开关被按下

(1)查看蒂森自动扶梯停机代码

查看自动扶梯上下平台入口内壁处的扶梯"控制面板"(DDU)(图2-34),按压控制面板上的按钮(表2-3)。

图2-34 蒂森自动扶梯控制面板

控制面板按键功能 表2-3

按 键 名	功 能	表 述
∧	菜单上翻	复用为数字键1
∨	菜单下翻	复用为数字键2
▣	菜单/取消键	复用为数字键3
↵	确定/进入键	复用为数字键4

DDU上查看代码操作方法如下:

①按数字键3"▣",提示输入密码(Password),输入密码"12343"(按顺序输入∧ ∨ ▣ ↵ ▣)。

②按数字键2 "∨"往下翻页至"故障日志(Fault Log)",按数字键4 "↵"进入。

③查看代码(图2-35)。

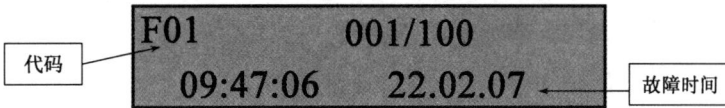

图2-35 蒂森扶梯代码显示界面

(2)查看三菱自动扶梯停机代码

查看自动扶梯上平台或下平台交通指示器,在上平台或下平台LED 7段码显示板上查看显示代码(图2-36)。

7)自动扶梯使用注意事项

①自动扶梯在试运行时或日常运行中发生异响、异常振动等情况时,都应阻止乘客搭乘,停止自动扶梯运行并通知维修人员。

②车站工作人员应引导乘客正确搭载自动扶梯,对乘客不正确使用自动扶梯的行为应及时制止,以免发生意外。

图 2-36　三菱自动扶梯查看停机代码

③各种灾害(如火灾、地震、爆炸等)警报解除后或自动扶梯排除积水后,应由专业维修人员进行全面检修,确认没有问题后,方可投入使用。

④不同品牌的自动扶梯开启、关闭的操作方式不同。

▶▶▶ 即学即练

请学生点击云课堂——智慧职教 App,完成"单元 2.2-任务二:自动扶梯的使用"部分的测试。
请教师先在网页版或手机端职教云中完成该任务点的组题。

三、垂直电梯的使用

1. 垂直电梯的设计要求与基本结构

(1)设计要求

①车站应设置垂直电梯,它是一种无障碍设施。

②垂直电梯门前等候区深度不宜小于 1.8m,当条件困难时,等候区梯门可正对轨道区,但门前等候区不得侵占站台计算长度内的侧站台宽度。

③垂直电梯井出地面部分应采取防淹措施。电梯平台与室外地面高差处应设置坡道。

④垂直电梯内部应安装视频监视装置。

⑤垂直电梯应能实现车站控制室、轿厢、控制柜或机房之间的三方通话功能。

(2)基本结构

垂直电梯由曳引系统、导向系统、轿厢、门系统、重量平衡系统、电力拖动系统、电气控制系统、安全保护系统八部分构成。其基本结构如图 2-37 所示。

2. 垂直电梯的常规操作

(1)轿厢内的按钮介绍

轿厢内的按钮有报警按钮、楼层选择按钮、开门按钮和关门按钮等,如图 2-38所示。

(2)电梯的开启

在垂直电梯厅门口,用钥匙插入运行开关,并转到"0"位置,图 2-39a)所示,然后将钥匙拔出,电梯即开启,观察电梯运行正常后方可离开。

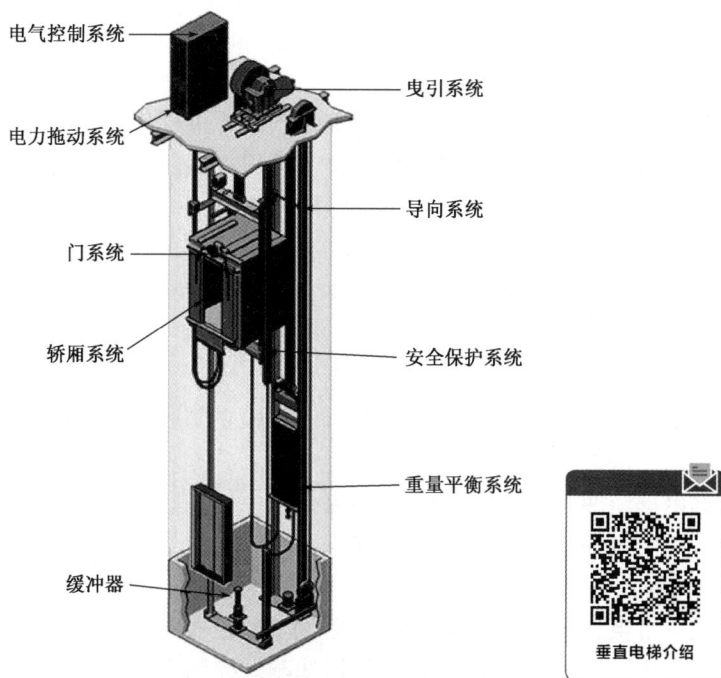

图 2-37　垂直电梯的基本结构

电气控制系统
电力拖动系统
门系统
轿厢系统
缓冲器
曳引系统
导向系统
安全保护系统
重量平衡系统

垂直电梯介绍

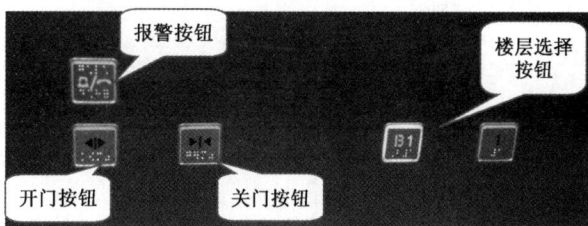

图 2-38　垂直电梯轿厢内的按钮

报警按钮
楼层选择按钮
开门按钮
关门按钮

（3）电梯的关闭

在垂直电梯厅门口,用钥匙插入运行开关,并转到"1"位置,如图 2-39b）所示,出现"暂停"字样后,电梯重新开关门一次,当电梯再次关好门后电梯关闭。最后拔出钥匙,操作完毕。

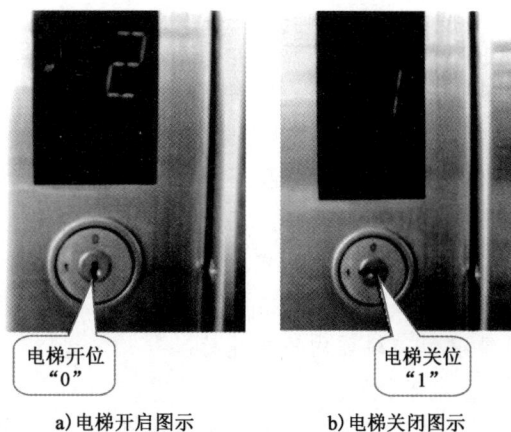

电梯开位
"0"

电梯关位
"1"

a）电梯开启图示

b）电梯关闭图示

图 2-39　垂直电梯开关图示

3.垂直电梯的故障应急处理

（1）电梯困人

①接报有乘客被困电梯后，电梯维护人员立即赶到故障电梯处。

②安抚被困人员，告知被困乘客不要惊慌、踹门、撬门或试图自行解救，以免发生伤害。

③电梯维护人员到达现场后，协助开展救助，打开轿门，解救被困人员。（每个层门可以通过三角形的专用钥匙从厅门上部的锁孔插入将门锁打开）

④电梯修复后，维修人员应确认电梯运行正常，方可投入使用。

⑤当发生客伤事件时，按"客伤事件应急处理预案"处理。

（2）水浸事故

①发现或接报发生水浸事故将会危及电梯运行时，应立刻通知车站控制室，通过轿厢对讲机通知乘客从最近的楼层离开受影响的电梯。

②将受影响的电梯轿厢升至最高处，并关闭电梯。

③拦住水浸楼层的电梯口，以防水浸入电梯井。

（3）巡查中发现垂直电梯异常

①巡查中发现垂直电梯运行异常，如钢缆有毛刺、断股，控制柜有异声、异味，轿厢升降异常等将危及电梯安全运行的现象发生时，应立即通知车站控制室。

②通过轿厢对讲机告知乘客从最近的楼层离开故障电梯。

③关闭故障电梯，立故障告示牌。

▶▶▶**即学即练**

请学生点击云课堂——智慧职教 App，完成**"单元 2.2-任务三：垂直电梯的使用"**部分的测试。

请教师先在网页版或手机端职教云中完成该任务点的组题。

知识链接

发生电梯困人事故时，电梯维护人员处理方法

当发生电梯困人事故时，电梯维护人员应按如下方法处理：

①断开电梯主电源，防止电梯意外启动，但须保证轿厢照明。

②确定电梯轿厢位置。

③当电梯停在距某平层位置约 ±60cm 范围时，电梯维护人员可以在该平层的厅门外使用专用的厅门机械钥匙打开厅门，并用手拉开轿厢门，然后协助乘客安全撤离电梯轿厢。

④当电梯未停在上述位置时，必须用机械方法移动轿厢后救人，步骤如下：

a.轿门应保持关闭，如轿门已被拉开，要求乘客把轿门手动关上，利用电梯内对讲电话，通知乘客轿厢将会移动，要求乘客静待轿厢内不要乱动。

b.在曳引电动机轴尾装上盘车装置。

c.两人把持盘车装置，防止电梯在机械松抱闸时过快移动，然后由另一人采用机械方法一松一紧抱闸，当抱闸松开时，另外两人用力绞动盘平装置，使轿厢向正确的方向移动。

d. 按正确方向使轿厢缓慢移动到平层 ±15cm 位置。

e. 使抱闸恢复正常后,在厅门对应轿门外机械打开轿厢,协助乘客撤离电梯轿厢。

⑤当按上述方法操作发现异常情况时,应立即停止救援并及时上报上级。

四、轮椅升降机的使用

1. 轮椅升降机的概念

轮椅升降机是一种较新颖的设备,是一种设置在楼梯旁用于运送行动不便的乘客或坐轮椅车的乘客上、下楼梯的设备。轮椅升降机一般设置在出入口或站厅至站台,专为行动不便者或坐轮椅的残疾人服务,属于车站无障碍设计的组成部分。

2. 轮椅升降机的类型

1) 座椅式升降机

座椅式升降机主要为行动不便者提供上、下楼梯的服务,一般由座椅、托架和导轨等组成。座椅设有座位、扶手、靠背和搁脚板。为了方便乘坐,座椅一般设计成能转动的。在不使用时,座椅和搁脚板能折叠起来,减少对空间的占用。托架除用以支承座椅外,将驱动装置也安装在其内,通过传动装置,使座椅沿导轨面运动。座椅式升降机的导轨一般直接安装在楼梯面上,座椅直接支承在导轨面上,结构和安装都比较简单。

2) 轮椅平台式升降机

轮椅平台式升降机主要为使用轮椅者提供上、下楼梯的服务,为了防止平台倾翻,通常设两根导轨。轮椅平台式升降机应具备乘客自行操作条件,并应设置与车站控制室的对讲装置。

(1) 轮椅平台式升降机的结构

目前,各轨道交通公司多设置轮椅平台式升降机,故以此为例介绍其结构。

轮椅平台式升降机的驱动装置可分为内部驱动和外部驱动。其中,内部驱动装置通常安装在轮椅平台内,平台面应采用防滑材料,平台四周应设护栏;外部驱动装置通常安装在楼梯的上部,如图 2-40 所示。

轮椅平台式升降机主要由轮椅平台(图 2-41)、驱动机、导轨、控制柜、充电装置、低电源蜂鸣器、安全装置等部分构成。

图 2-40 轮椅平台式升降机

图 2-41 轮椅升降机的轮椅平台

(2) 轮椅平台式升降机的控制方式

轮椅平台式升降机一般采用电脑控制方式,对升降平台的动作可实现各种自动控制,故障情况下也可采用手动控制。

①平台的收放。自动平台可通过操作外召唤盒的上、下按钮来控制平台的收放。在升降机到达端点位置时,只要持续按住上按钮或下按钮,底板便会自动向上折放。在平台折叠或者张开的过程中,如果遇到故障,可以通过手动方式完成。

②护栏的收放。当平台底板自动向上折放时,护栏会自动向下折放。护栏安装在支承架上,可由人工或自动收放,只有放下护栏,升降机才能启动运行。

③平台的召唤和返回。

自动平台可通过操作外召唤盒的召唤、返回按钮实现对平台的召唤和返回。

(3)轮椅平台式升降机的操作方式

①自助式操作。自助式操作是指由使用者自行操作、使用升降机。采用这种操作方式的升降机,在楼梯的上下端都设置有专用操作箱,使用者只需按下操作箱上的"使用开关",升降机运行至使用端,然后平台自动打开。升降平台上安装有"护栏开关"和"运行开关",使用者可自行操作护栏的收放和平台的运行。"运行开关"一般是点压式的,使用者只要一松手,平台就会停止运行。自助式操作方式的升降机,必须具备前述三种自动控制功能。

②他助式操作。他助式操作是指由他人协助操作使用升降机。采用这种操作方式的升降机,在楼梯的上、下端都设有专用操作箱。操作箱上设有对讲机,需要使用升降机时,先要通过对讲机与现场管理人员取得联系,由管理人员到现场打开升降平台,协助使用者在平台上就位,然后用外接式运行控制器控制平台的运行。这种操作方式的升降机,在升降平台上设有钥匙开关,由管理人员掌握钥匙,现场开停升降机。

上述两种操作方式相比较,他助式操作安全性好,设备易于管理。

▶▶▶即学即练

请学生点击云课堂——智慧职教 App,完成"**单元 2.2-任务四:轮椅升降机的使用**"部分的测试。

请教师先在网页版或手机端职教云中完成该任务点的组题。

五、自动人行道的使用

1. 自动人行道概述

(1)定义

自动人行道又称水平代步梯或电步梯,可用于距离长的通道,以减少乘客的步行量,适用于车站、码头、商场、机场、展览馆和体育馆等客流集中的地方。

(2)组成

自动人行道是带有循环运行走道,用于水平或倾斜角不大于 12°输送乘客的固定电力驱动设备。其结构与自动扶梯相似,主要由活动路面和扶手两部分组成,路面宽度不小于 1 m,其活动路面在倾斜情况下通常不形成阶梯状。

(3)结构形式

按结构形式可分为板式自动人行道(图 2-42)和带式自动人行道(图 2-43);按方向可分

为单线式自动人行道(图2-44)和双线式自动人行道(图2-45)。

图2-42　板式自动人行道

图2-43　带式自动人行道

图2-44　单线式自动人行道

图2-45　双线式自动人行道

为了达到与自动扶梯零部件通用和经济的目的,常采用相同的梯级结构和扶手结构。扶手应与活动路面同步运行,以确保乘客安全。自动人行道的运行速度、路面宽度和输送能力等均与自动扶梯相近。

2. 自动人行道使用注意事项

①面朝运行方向站立,双脚应站立在踏板的安全区域内。

②站稳并扶握扶手带。

③搭乘至出口处不要停留。

④儿童和老、弱、病、残人员应由有行为能力的成年人一手拉紧或挽扶搭乘,婴幼儿则应由上述成年人抱住搭乘。

⑤留心宽松衣物和拖鞋、软底鞋、鞋带等,以免被夹住。

⑥宠物应由主人抱住搭乘。

⑦依靠拐杖、助行架、轮椅等辅助器械行走的乘客不能使用。

▶▶▶**即学即练**

请学生点击云课堂——智慧职教 App,完成"**单元 2.2-任务五:自动人行道的使用**"部分的测试。

请教师先在网页版或手机端职教云中完成该任务点的组题。

分小组、分角色完成以下桌面演练内容。

1. 演练角色

主要角色包括车站控制室的行车值班员、站厅站务员、站台站务员、电梯维护员、乘客、场景解说员等。

2. 演练背景

城市轨道交通某车站某日升降设备使用情况见表2-4,打"√"的为相应事件参与岗位人员。

某站某日升降设备使用情况表   表2-4

序号	时　间	事　件	行车值班员	站厅站务员	站台站务员	电梯维护员	乘　客
1	5:30—5:40	开启自动扶梯	√	√			
2	5:40—5:50	开启垂直电梯	√		√		
3	7:10—8:00	大客流需调整自动扶梯方向	√	√	√		
4	8:00—8:20	发现A出入口下行自动扶梯上有乘客摔倒	√	√			√
5	8:30—9:00	大客流结束,恢复自动扶梯方向	√	√	√		
6	10:00—10:15	B出入口有乘客呼叫需使用轮椅平台式升降机	√				√
7	15:00—15:30	站厅岗巡视发现垂直电梯运行异常	√	√		√	√
8	20:30—21:00	站台垂直电梯困人	√			√	√
9	23:00—23:10	运营结束,关闭自动扶梯	√	√			
10	23:10—23:20	运营结束,关闭垂直电梯	√		√		

3. 演练要求

按以上演练背景所示情况,分小组、分角色完成桌面演练,具体要求如下:

(1)每组6人,组长负责协调本组成员分工,演练前须上交演练脚本,脚本中应包含小组成员分工、场景设定、角色台词等,表2-4中未明确的内容可自行设定。

(2)在桌面演练过程中,角色扮演者应通过口述方式模拟当时现场口令及操作。

(3)每组应在限定时间内完成全部演练内容。

4. 评价建议

(1)由教师和学生代表共同完成评价,教师评价占70%,学生评价占30%。

(2)评价指标:

序　号	评价标准	权　重	得　分
1	按时按要求提交演练脚本	5%	
2	事件1完成规范有序	5%	
3	事件2完成规范有序	5%	

序　号	评价标准	权　重	得　分
4	事件3完成规范有序	10%	
5	事件4完成规范有序	15%	
6	事件5完成规范有序	5%	
7	事件6完成规范有序	10%	
8	事件7完成规范有序	15%	
9	事件8完成规范有序	15%	
10	事件9完成规范有序	5%	
11	事件10完成规范有序	5%	
12	在规定时间内完成全部演练内容,衔接自然	5%	
	总分	100	

单元2.3　车站消防设备设施的使用

学情检测

1. 不属于地铁车站常见的消防设备的是(　　　)。
   A. 灭火器　　　　　　B. 消火栓　　　　　　C. 手动报警按钮　　　D. 紧急停车按钮
2. 当地铁车站发生火灾时,附近乘客或工作人员可使用(　　　)报火警。
   A. 灭火器　　　　　　B. 消火栓　　　　　　C. 手动报警按钮　　　D. 消防软管卷盘
3. 以下哪项缩略语是火灾自动报警系统的缩略语。(　　　)
   A. IBP　　　　　　　B. BAS　　　　　　　C. FAS　　　　　　　D. CCTV
4. 地铁车站可用于探测火灾信息的设备有(　　　)。(多选)
   A. 感烟探测器　　　B. 感温探测器　　　C. 感温电缆　　　　D. 警铃

知识学习

一、火灾自动报警系统的使用

火灾自动报警系统(FAS)是探测火灾早期特征、发出火灾报警信号,为人员疏散、防止火灾蔓延和启动自动灭火设备提供控制与指示的消防系统。

通常,城市轨道交通每一条线的FAS以环网方式将各车站的报警控制器构成一个整体网络,在控制中心能对全线报警系统实行监控管理,随时掌握全线动态情况,在其所管辖范围内,对火灾状况进行监测报警和实施有关消防操作。FAS主要实现火灾监测的报警、其他系统消防设备的监视及控制、系统故障报警、消防电话通信等重要功能。

1. FAS 的工作原理

FAS 是由触发器件、火灾警报装置以及具有其他辅助功能的装置组成的火灾自动报警系统。它能够在火灾初期，将燃烧产生的烟雾、热量和光辐射等物理量，通过感温、感烟和感光等火灾探测器变成电信号，传输到火灾报警控制器，并同时显示出火灾发生的部位，记录火灾发生的时间。一般 FAS 和自动喷水灭火系统、室内消火栓系统、防排烟系统、通风系统、空调系统、防火门、防火卷帘、挡烟垂壁等相关设备联动，自动或手动发出指令，启动相应的防火灭火装置。

知识链接

FAS 的互联系统

1. 气体灭火系统

FAS 主机和气灭主机之间采用光纤跳线连接于主机的网卡上，气灭向 FAS 发送系统内故障及报警状态，FAS 负责将气灭系统的故障及报警信息发送到 FAS 图形工作站，利用图形软件显示出来，方便值班人员及维护人员查看。

2. ACS

当车站确认火灾发生时，FAS 将通过模块控制 ACS 打开全站所有门禁，方便火灾时人员逃生疏散。FAS 与 ACS 的接口在 IBP 盘上接线端子处，且盘面有联动与非联动转换开关，方便检修作业。

3. AFC（自动售检票）系统

当车站确认火灾发生时，FAS 将通过模块控制 AFC 系统打开全站所有闸机，方便火灾时人员逃生疏散。FAS 与 AFC 系统的接口在 IBP 盘上接线端子处，且盘面有联动与非联动转换开关，方便检修作业。

4. 垂直电梯

当车站确认火灾发生时，乘客禁止乘坐垂直电梯，FAS 将通过模块控制车站所有垂直电梯归于首层，且处于开门状态。

5. 卷帘门

车站卷帘门可分为两种：一种是用于疏散通道的卷帘门；另一种是用于防火隔断的卷帘门。

（1）安装在疏散通道上的防火卷帘，其控制要求是：当烟感报警后，防火卷帘下降至距地 1.8m；当温感报警后，防火卷帘下降到底。

（2）仅作为防火隔断的防火卷帘，在烟感报警后，防火卷帘应一次下降到底。

6. 非消防电源

当车站确认火灾发生时，FAS 将通过模块控制车站所有非消防电源切断，防止电气火灾的发生。

2. FAS 的设备分布（图 2-46）

FAS 主要由在各地铁车站、区间隧道、控制中心大楼、车辆段、停车场、主变电站等与地铁运营有关建筑与设施的 FAS 设备以及相关的网络设备和通信接口组成。

图 2-46 FAS 的结构图

FAS 可分为中央级、车站级和现场级三个级别。

（1）中央级

中央级设备设置在控制中心，作为地铁消防的指挥和控制中心，用于监视地铁全线下属所有区域的火灾报警、消防联动和故障情况。中央级在 OCC 配备防灾报警主机，FAS 主机由两套火灾报警控制器和 OCC 两台互为热备用的 FAS 监控总站（操作员工作站）组成。FAS 主机通过 FAS 专网与各防灾报警分机保持通信。

（2）车站级

车站级设备包括车站 FAS 主机（图 2-47）、车站 FAS操作员工作站、打印机等。

（3）现场级

现场外部设备（图 2-48）包括感烟探测器、感温探测器、感温电缆、手动报警按钮、消火栓按钮、消防电话、消防电话插孔等。

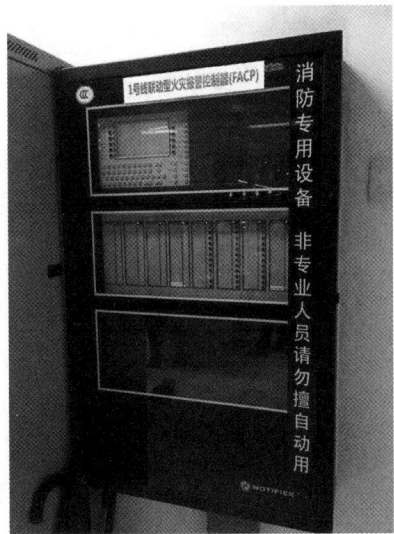

图 2-47 车站 FAS 主机

烟感更换

手动报警按钮

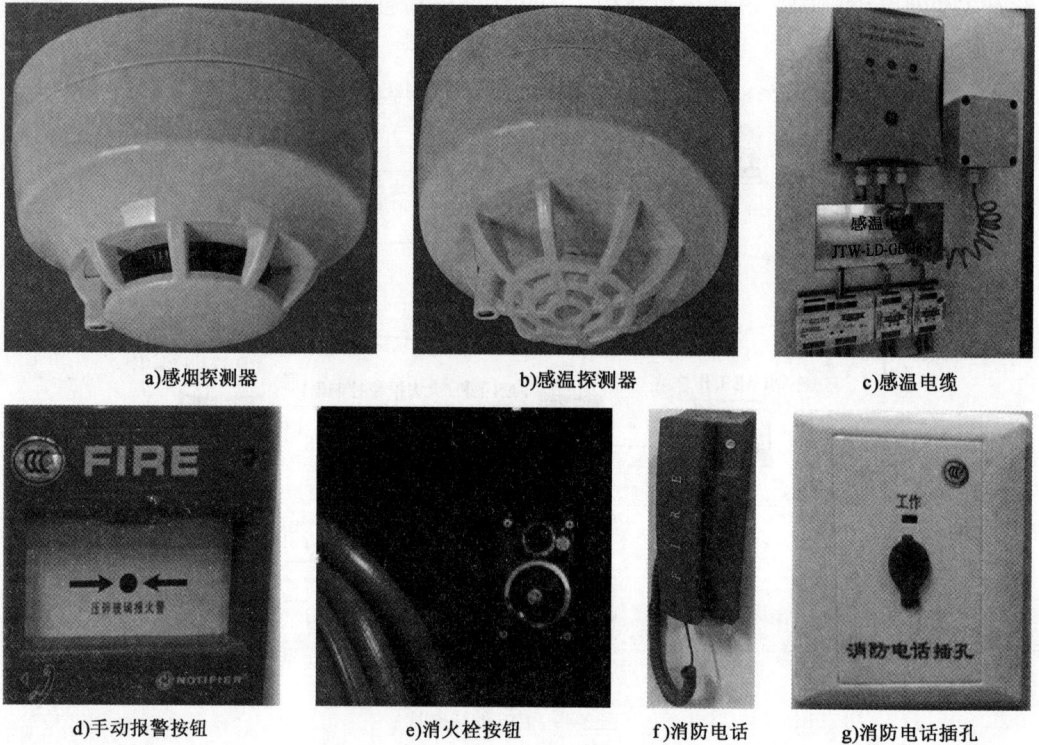

a)感烟探测器　　　　b)感温探测器　　　　c)感温电缆

d)手动报警按钮　　e)消火栓按钮　　f)消防电话　　g)消防电话插孔

图2-48　FAS现场外部设备

3. FAS 的功能

①火灾报警功能(图2-49)。FAS通过现场火灾探测器监测到火灾情况时,控制盘便产生火灾报警信号。

②消防设备的监视功能。对其他系统设备,如防火阀、气体灭火系统、消防水泵等进行监视,当设备动作或异常时便产生监视报警,如防火阀关闭、气体灭火系统启动手动、气体灭火系统报一级火警等。

③系统故障报警功能。当FAS本身存在故障时,车站级控制盘及中央级计算机进行故障报警,如烟感器"极脏"等。

④消防设备的控制功能。当发生火灾需要对某些消防设备进行控制时,FAS可以通过控制模块(辅助继电器)对其他系统的某些消防设备进行强行启动,如关闭防火阀、启动消防水泵、降下防火卷帘门等。

⑤消防通信功能通过电话插孔、挂箱电话使现场与车控室进行直接通话。

4. FAS 火灾模式的启动

火灾模式就是在确认(包括自动确认和人工确认)火灾灾情的情况下,火灾自动报警控制盘所执行的一系列操作。火灾模式的启动有自动启动、手动启动(半自动启动)和人工启动三种方式。

（1）自动启动方式

当车站FAS主机处于自动状态,同一防火分区的任意两个火灾探测器都产生火灾报警时,FAS主机将认为现场发生火灾的可能性较大,自动启动火灾模式。

火灾自动报警
监视和操作

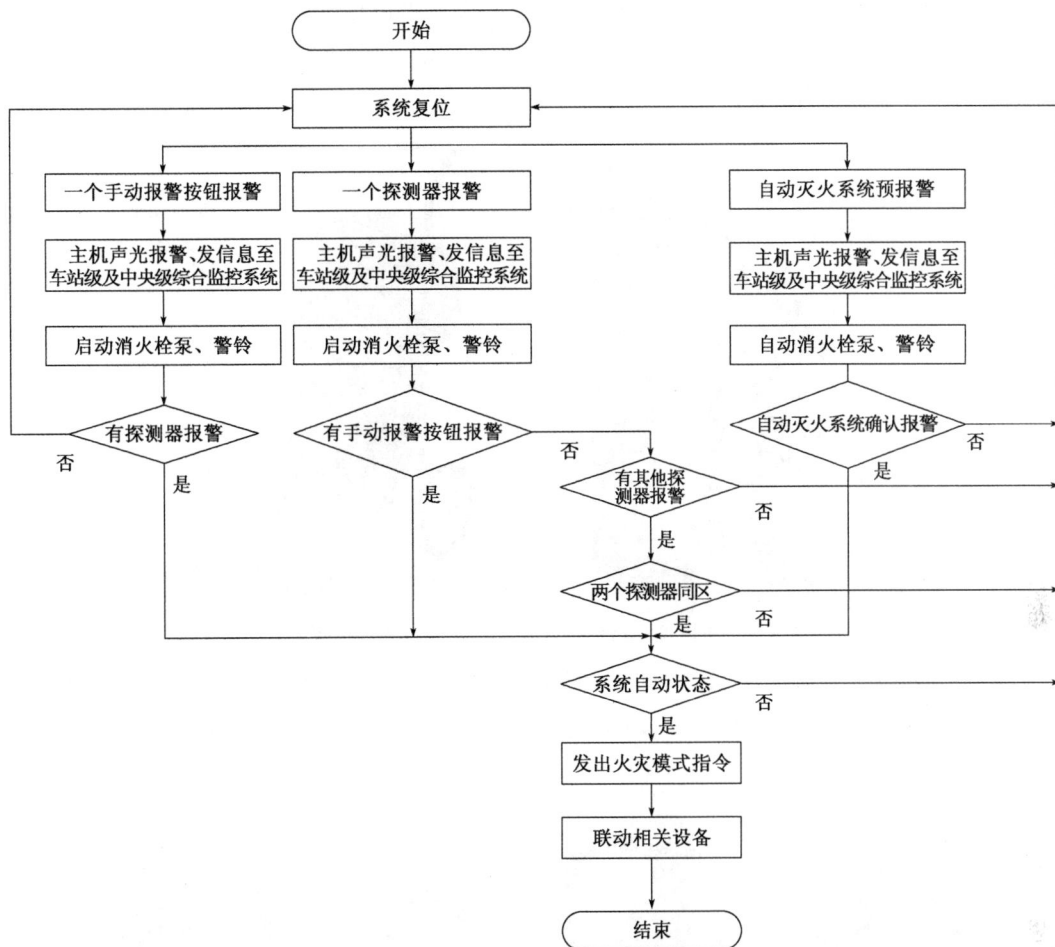

图 2-49　火灾自动报警流程图

（2）手动启动方式（半自动启动方式）

当车站 FAS 主机处于自动状态，防火分区的任一火灾探测器产生火灾报警时，值班人员到现场确认火灾情况。如果现场真的发生火灾，值班人员可触发设置在现场的任一手动报警器进行确认。FAS 主机接收到报警信息后，将自动启动火灾模式。

（3）人工启动方式

当现场人员发现发生火灾时，利用通讯工具通知车控室。车控室值班员可在 IBP 盘上和图形命令中心上直接人工启动火灾模式。

二、车站灭火器的使用

1. 灭火器的分类

灭火器是一种可携带灭火工具，具有灭火速度快、轻便灵活、实用性强等特点。灭火器的分类方法很多，这里主要介绍两种分类方式。

灭火器的基本
结构及功能

①按移动方式不同划分,可分为手提式灭火器(图2-50)和推车式灭火器(图2-51)。手提式灭火器,是指能在其内部压力作用下,将所装的灭火剂喷出以扑救火灾,并可手提移动的灭火器具。推车式灭火器,是指装有轮子,可由一人推(或拉)至火场,并能在其内部压力作用下,将灭火剂喷出以扑救火灾的灭火器具。

图2-50 手提式灭火器　　　　图2-51 推车式灭火器

②按充装的灭火剂不同划分,常见的灭火器(图2-52)有干粉灭火器、二氧化碳灭火器、泡沫灭火器和清水灭火器等。清水灭火器只有手提式,没有推车式。其他几种灭火器既有手提式,又有推车式。

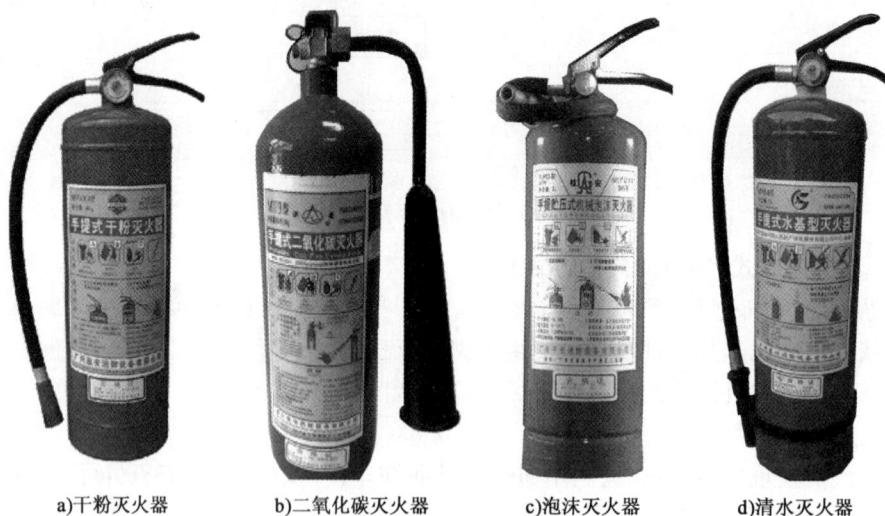

a)干粉灭火器　　　b)二氧化碳灭火器　　　c)泡沫灭火器　　　d)清水灭火器

图2-52 常见灭火器

a. 干粉灭火器是以高压CO_2或高压N_2作为驱动压力,将干粉从喷嘴内喷出,形成一股雾状粉流,喷射向燃烧物质灭火。干粉灭火器是目前使用最普遍的灭火器,干粉灭火器有两种类型:一种是碳酸氢钠干粉灭火器,又称BC类干粉灭火器,用于扑灭液体、气体火灾;另一种是磷酸铵盐干粉灭火器,又称ABC干粉灭火器,用于扑灭固体、液体、气体火灾。

b. 二氧化碳灭火器是利用二氧化碳灭火剂自身作动力喷射,喷射二氧化碳进行灭火的一种灭火器具。二氧化碳灭火器具有操作方便、安全可靠、易于保存、轻便美观等特点。二氧化碳灭火器适用于扑灭图书、档案、贵重设备、精密仪器、600V以下电气设备及油类的初起火灾。

c.泡沫灭火器内部充装的是水和泡沫灭火剂。通常适用于扑救A类火灾，B类火灾中的石油制品、油脂类引起的火灾，如汽油、煤油、柴油等的初起火灾，但不能扑救B类火灾中的水溶性可燃、易燃液体火灾，如醇、酮、醚等物质火灾。

d.清水灭火器内部充装的灭火剂是清洁的水，为了提高灭火性能，在清水中加入适量添加剂，如抗冻剂、润湿剂、增黏剂等。清水灭火器适用于扑灭A类火灾。

知识链接

火 灾 分 类

按照国家标准《火灾分类》（GB/T 4968—2008）的规定，火灾根据可燃物的类型和燃烧特性，可分为A、B、C、D、E、F六类（表2-5）。

火 灾 分 类 表2-5

火灾分类	可燃物的类型	燃烧特性
A类火灾	固体物质火灾	这种物质通常具有有机物质属性，一般在燃烧时能产生灼热的余烬，如木材、煤、棉、毛、麻、纸张等火灾
B类火灾	液体火灾或可熔化固体物质火灾	如汽油、煤油、柴油、原油、甲醇、乙醇、沥青、石蜡等燃烧的火灾
C类火灾	气体火灾	如煤气、天然气、甲烷、乙烷、丙烷、氢气等燃烧的火灾
D类火灾	金属火灾	如钾、钠、镁、钛、锆、锂、铝镁合金等燃烧的火灾
E类火灾	带电火灾、物体带电燃烧的火灾	如发电机房、变压器室、配电间等在燃烧时不能及时或不宜断电的电气设备带电燃烧的火灾
F类火灾	烹饪器具内的烹饪物火灾	烹饪器具内的烹饪物（如动植物油脂）火灾

2.常见灭火器的使用

（1）手提式干粉灭火器的使用（图2-53）

①摇。使用前，先将灭火器上下颠倒几次，使干粉预先松动，便于喷射。用手握住灭火器提把，平稳、快捷地提往火场。如果在室外，人应站在上风方向。

②拔。拔掉压把根部的铅封，拔出保险销。

③握。一只手握把手，另一只手握喷管根部。

④压。按压把手，对准火焰根部喷射，由近及远，向前平推，左右横扫，不让火焰蹿回，使灭火剂横扫整个着火区。保持灭火器正立状态，不可横卧或颠倒使用。在扑救液体火灾时，因干粉灭火器具有较大的冲击力，不可将干粉直接冲击液面，以防止燃烧的液体溅出，扩大火势。

灭火器的使用

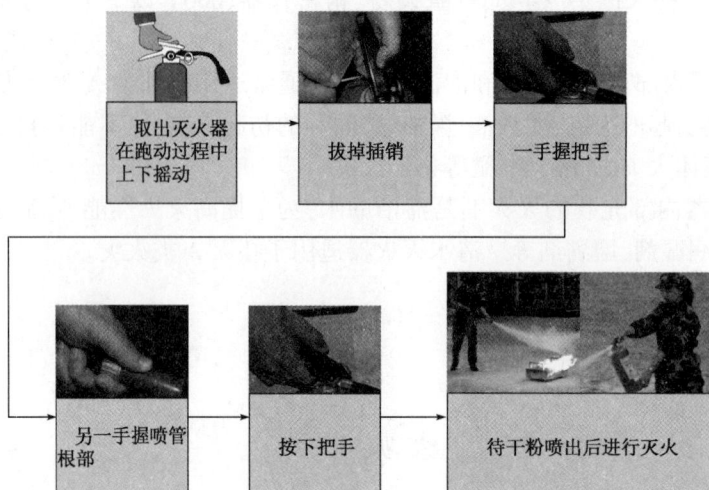

图 2-53　手提式干粉灭火器的使用方法

（2）手提式二氧化碳灭火器的使用（图 2-54）

在使用手提式二氧化碳时，应首先将灭火器提到起火地点，放下灭火器，拔出保险销，一只手握住喇叭筒根部的手柄，另一只手紧握启闭阀的压把，将喷嘴对准火源，压下把手，二氧化碳即从喷嘴喷出。对没有喷射软管的二氧化碳灭火器，应把喇叭筒往上扳 70°～90°。使用时，不能直接用手抓住喇叭筒外壁或金属连接管，防止手被冻伤。使用时，灭火器不能横卧或倒置使用。在室外使用时，应选择上风方向喷射，防止二氧化碳气体被风吹散。在室内窄小空间使用时，灭火后操作者应迅速离开，以防窒息。

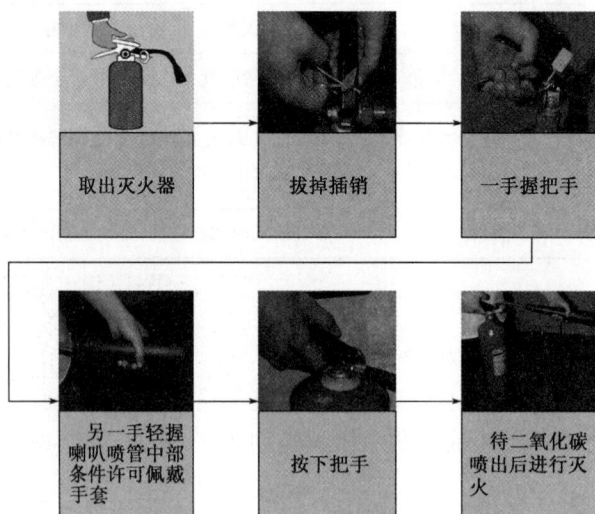

图 2-54　手提式二氧化碳灭火器的使用方法

（3）推车式干粉灭火器的使用（图 2-55）

推车式干粉灭火器的使用方法如下：

①把推车式干粉灭火器拉或推到着火地点。

②右手抓着喷粉枪，左手顺势展开喷粉胶管，直至平直，不能弯折或打圈。

③拔掉铅封,拔出保险销。

④向上扳动启动把手。

⑤一手持喷粉枪管托,一手把持枪把,用手扳动喷粉开关,对准火焰喷射,由近及远,向前平推,左右横扫,使灭火剂横扫整个着火区,直至把火扑灭为止。

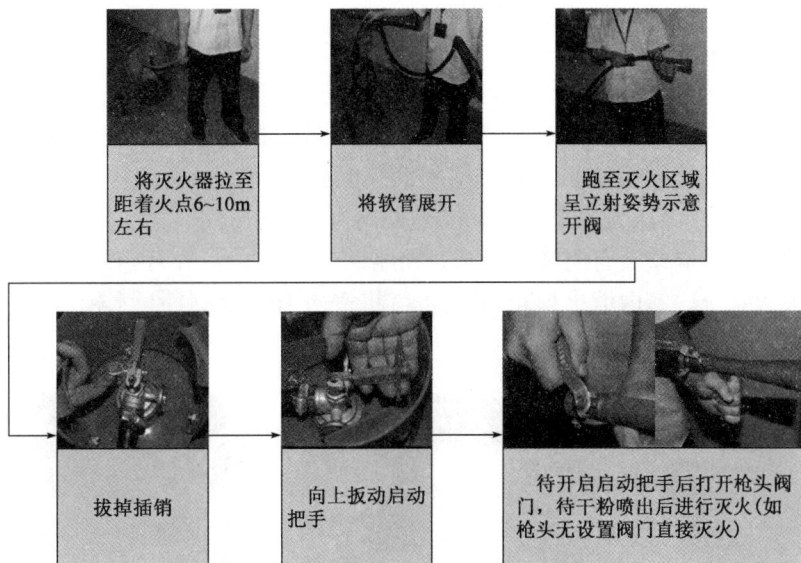

图2-55　推车式干粉灭火器的使用方法

知识链接

某地铁公司灭火器的日常管理规定

车站公共区、设备区和地铁列车(含电客车和工程车)内所设置的灭火器实行周检。

(1)检查灭火器的方法如下:

①外观检查。检查灭火器罐体是否变形、生锈;检查铭牌是否完好;插销、铅封是否完好;检查软管是否开裂。

②压力检查。压力表指针指向绿色区域,说明灭火器处于正常状态;压力表指针指向红色区域,表示压力不够,说明需要补充驱动气体;压力表指针指向黄色区域,说明罐体内压力偏高,应进行维护,但不影响使用。

③有效期检查。

(2)任何期间发现灭火器处于失效状态应立即对其进行更换。

(3)车站公共区灭火器检查完毕后在箱体外粘贴灭火器检查标签;设备区灭火器使用灭火器状态卡进行登记。

(4)车站公共区灭火器箱体检查标签破损或丢失,应对箱内灭火器检查后更换标签。

(5)车站公共区与室内消火栓共用箱体的灭火器采取周检的形式进行,检查完毕后粘贴消火栓检查标签。

三、消防水灭火系统设备的使用

《消防给水及消火栓系统技术规范》(GB 50974—2014)中规定消防水灭火系统主要包括市政消火栓、室外消火栓、室内消火栓、自动喷水灭火系统、泡沫灭火系统、水喷雾灭火系统、固定消防炮灭火系统等。下面将介绍地铁车站两种较常见的消防水灭火系统设备的使用方法，分别是需手动灭火的室内消火栓和可自动灭火的高压细水雾系统。

1.室内消火栓的使用

消火栓是一种固定式消防设施，主要作用是控制可燃物、隔绝助燃物、消除着火源。地铁站消火栓主要有室外消火栓(图2-56)和室内消火栓(图2-57)。消火栓是消防供水设施的终端，可在灭火时提供较高压力的水源供直接灭火或为消防车供水。室内消火栓箱一般都设置在建筑物公共部位的墙壁上有明显的标志。在地铁车站的站台、站厅、设备区、区间隧道内，均设有消火栓灭火系统。室内消火栓箱(图2-58)将室内消火栓、水带、水枪、消防卷盘、消防栓按钮等附件集装于其中。

图2-56 室外消火栓　　　　　　图2-57 室内消火栓　　　　　　图2-58 消火栓箱

消火栓系统在城市轨道交通地面站、地下站、高架站都是主要的消防灭火设备，消火栓以水作为灭火介质，是一种既及时又有效的灭火工具。

（1）室内消火栓的使用(图2-59)

室内消火栓的使用需双人完成，具体使用方式如下：

①抛水带。甲右手成虎口形握住水带的两个接头，拇指第一关节扣压水带内圈，其他四指扣压水带外圈。同时，左手拇指和四指分别插入水带两头接口内，并握紧两个水带头，两手协力托住水带，用力向正前方抛出，左手握住水带头向上抽拉，使水带向正前方摊开。

②接水带。甲右手将水带接头与消火栓接头对接，并顺时针转动至卡紧为止。

③接水枪。乙迅速拿起另一水带接头，一手拿着水枪朝向着火部位冲去，将水枪头接上水带接口。

④乙握紧水枪，甲需缓慢打开消火栓，在完全打开消火栓后立即跑至水枪处把持水枪。

⑤甲观察水枪出口压力情况（正常射程为25m左右）。如果压力满足不了灭火要求，按下消防栓按钮启动电动蝶阀确保水压足够。

⑥射水时,采取包围灭火战术阻止火势、烟雾,防止其向四周扩散,以便有效地控制火灾。

⑦灭火完毕后应晾干水带,然后卷好放回原处。

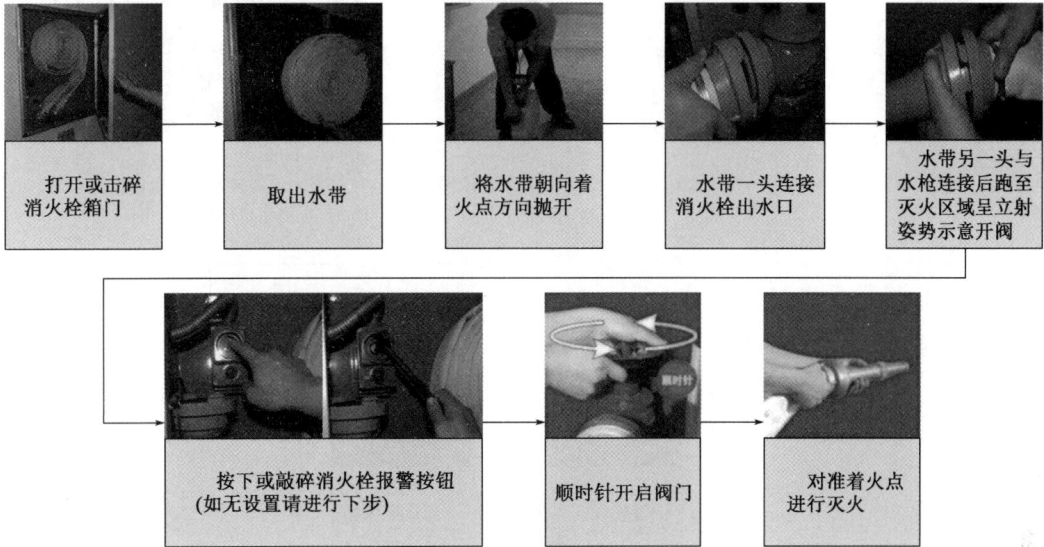

| 打开或击碎消火栓箱门 | 取出水带 | 将水带朝向着火点方向抛开 | 水带一头连接消火栓出水口 | 水带另一头与水枪连接后跑至灭火区域呈立射姿势示意开阀 |

| 按下或敲碎消火栓报警按钮(如无设置请进行下步) | 顺时针开启阀门 | 对准着火点进行灭火 |

图 2-59　室内消火栓的使用方法

(2)消防软管卷盘的使用

消防软管卷盘(图 2-60)是指由阀门、输入管路、卷盘、软管及喷枪等组成,并能在迅速展开软管的过程中喷射灭火剂的灭火器具。消防软管卷盘为直径 25mm 的小口径自救式消火栓设备,用于扑救车站初起火灾。

图 2-60　消防软管卷盘

消防软管卷盘的操作方式如图 2-61 所示。

①打开消防箱箱门。

②将软管卷盘转到 90°的位置,拉出软管至着火地点。

③甲打开消防软管上的水枪阀门,准备就绪后通知守候在消防箱边的乙。

④乙打开卷盘上的控制阀门进行供水,同时询问甲水量、水压是否足够。

⑤如果水压不够,乙应该按下消防栓按钮启动电动蝶阀确保水压足够。

⑥灭火完毕,应将供水控制阀门关闭,将软管内的余水排净。

⑦按照打开的逆序将软管绕到卷盘上。

⑧灭火完毕,应通知机电车间人员进行检修。

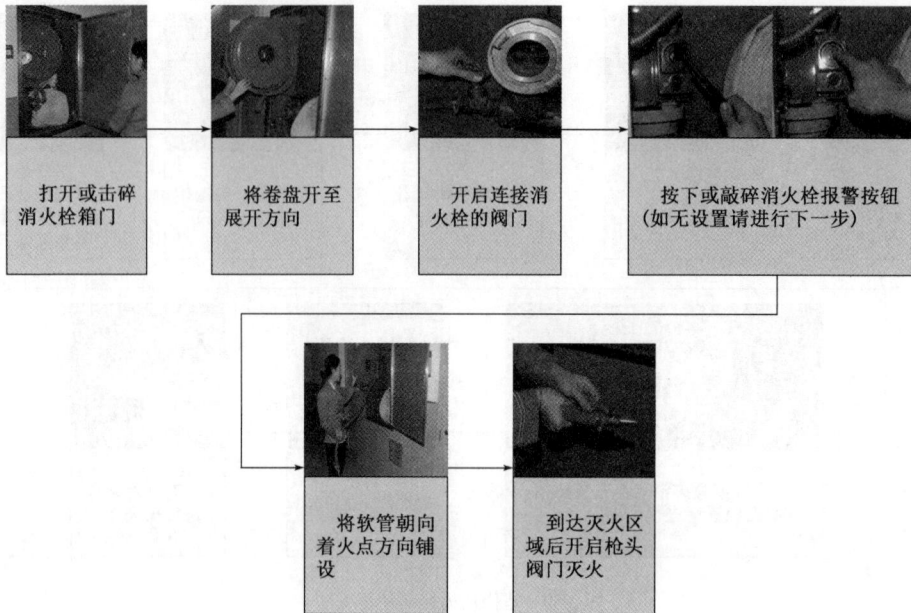

图 2-61　消防软管卷盘的使用方法

知识链接

某地铁公司室内消火栓的日常管理规定

(1)车站、主变电所室内消火栓以月度为周期实行检查,发现问题应立即向相关设备管辖部门报告。

(2)设备维保部门每年度对室内消火栓压力进行不少于一次测试。

(3)设备维保部门每年度对消火栓报警按钮进行不少于一次系统联动测试。

(4)日常巡查室内消火栓时注意事项:

①检查室内消火栓外观是否完好,有无生锈和漏水现象,箱门是否损坏,门锁是否开启灵活。

②检查卷盘、水枪、水带、卡扣、接头(含垫圈)、报警按钮(含小铁锤)等是否完整好用。

③水带是否整理整洁(按盘卷方式接头相差不应超过10cm),有无发霉和被绳索等物品缠绕、捆绑。

④水枪应悬挂在卡位上,不得随意放置。

⑤消防卷盘转动是否完好、灵活,软管是否有序缠绕,有无开裂、扭曲、折卷,是否长期处于充水状态。

⑥箱内消火栓报警按钮等其他设备是否异常。

(5)车站室内消火栓检查完毕后在箱体外粘贴消火栓检查标签。车站室内消火栓检查标签破损或丢失,应对箱内器材检查后更换标签。

(6)严禁任何部门、人员擅自使用消防水源用于非消防用途,如因特殊原因需使用,须征求维修工程部意见。按照"谁使用、谁恢复、谁负责"的原则,由该项作业施工负责人对所使用设施恢复情况进行确认,车站在"车站施工登记本"做好相关登记。

(7)各设备维保部门对车站提报的消火栓故障,当场有条件解决的应立即解决;当场没有条件解决的,应在24h内解决;需要由供应商或者厂家解决,不影响系统正常工作的应在7个工作日内解决,影响系统正常工作的应在3个工作日内解决,并将维修情况回复车站;对不能立即解决,需停用消防设施设备的,并做好临时防护措施。

(8)站内消火栓的清洁工作由车站统一安排,车站公共区、设备区消火栓清洁周期为每月一次,端门外消火栓清洁周期为两周一次。

(9)室内消火栓箱内水带经使用或发现受潮后,必须将带内积水排净并晾干后方可收卷放入箱体。

2.高压细水雾灭火系统的使用

1)高压细水雾灭火系统的优点

高压细水雾灭火系统(图2-62)是指通过细水雾喷头在适宜的工作压力范围内将水分散成细水雾,在发生火灾时向保护对象或空间喷放进行扑灭、抑制或控制火灾的自动灭火系统。高压细水雾灭火系统管网工作压力大于或等于3.5MPa;中压细水雾灭火系统管网工作压力大于等于1.2MPa,小于3.5MPa;低压细水雾灭火系统管网工作压力小于1.2MPa。高压细水雾雾滴直径很小,比表面积大,火场的火焰和高温将它迅速气化,体积可膨胀1700倍以上,使空间的氧气含量降低。雾滴气化时吸收大量热量,使燃烧物体及周围的温度下降,达到迅速灭火的目的。

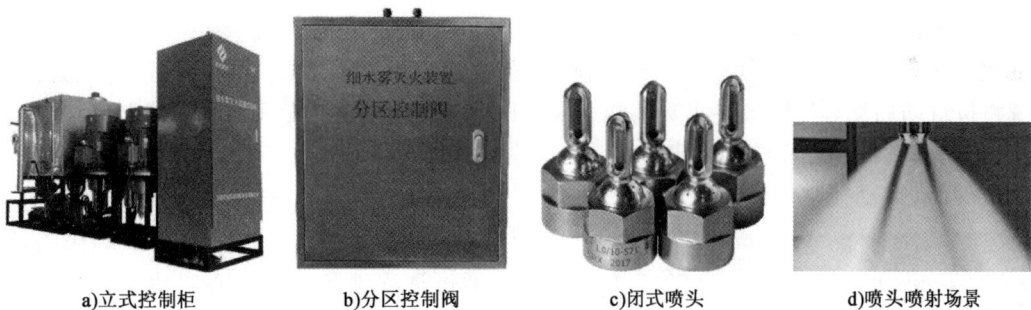

| a)立式控制柜 | b)分区控制阀 | c)闭式喷头 | d)喷头喷射场景 |

图2-62 高压细水雾系统

高压细水雾灭火系统是目前国际上应用非常广泛的一种高效节水、绿色环保的灭火系统。高压细水雾灭火装置可与自动报警系统进行联动。具有自动、手动的控制方式,当电气控制失灵时还可使用应急机械操作。可实现远距离、超高层建筑直接输送,性能稳定,工作可靠,系统响应时间短,性价比高。

目前,我国大部分地铁公司仍然在使用七氟丙烷或者惰性气体灭火系统保护车站控制室、通信信号机械室、变配电室等重要电气设备房间。但气体灭火剂价格昂贵,容易泄露,工程建设投资和运营费用较高。另外,系统误喷后也会对人员和环境产生不利影响。高压细水雾灭火系统是一项预防扑救火灾的新技术,在国内地铁部分线路得到广泛应用。不同灭火技术的比较见表2-6。

性　　能	高压细水雾	低压细水雾	水　喷　淋	干　粉	气　体
冷却作用	最强	较强	一般	一般	无
窒息作用	仅在火源处	有限	无	一般	充满整个房间
对人体影响	安全	安全	安全	刺激呼吸道	造成人员窒息
对环境污染	无	无	用水量大	化学污染	造成温室效应
预警时间	不需要	不需要	不需要	需要	必需
对电器元件影响	小	大	大	大	小
区域隔离要求	不需要	不需要	不需要	不需要	必需
二次充装费用	不需要	不需要	不需要	高	高
维护费用	极低	低	低	高	高
爆炸危险性	无	无	无	有	有
水渍损失	极小	大	大	无	无
使用寿命	60 年	10～15 年	10～15 年	2～3 年	2～3 年
占用空间	小	大	大	小	大
腐蚀性	无	无	无	大	大

2）高压细水雾灭火系统的使用

泵组式高压细水雾灭火系统操作方法与步骤如下。

（1）自动启动控制操作

将火灾报警灭火控制器上的控制方式选择为"自动"，水泵控制柜的控制方式选择为"自动"，则系统处于自动控制状态。一般情况，系统默认此种控制方式。当防护区发生火情时，系统将按自动启动程序喷放细水雾实施灭火。确认火灾扑灭后，按下火灾报警灭火控制器上的"复位"按钮，即可停止喷放细水雾。

（2）手动启动控制操作

图 2-63　机械应急启动

当车站发生火灾，火灾探测器尚未动作的情况下，可以通过远程消防控制中心启动相应区域的区域控制阀组或就地打开区域控制阀组，按下相应的"启动"按钮，即可启动系统实施灭火。

（3）机械应急启动控制操作

在无论何种原因致使高压细水雾系统无法采用自动和手动控制方式启动时，操作人员可以采用机械应急启动控制方式启动灭火系统。在 FAS 失灵时，切断区域控制阀的供电电源后，再手动操作区域控制阀上的手柄，打开区域阀组，启动系统。电动阀的左侧有手摇开关，在远程控制失效的情况下，可以揭开电动阀左侧的盖子，插入手柄，按照电动阀上悬挂的说明书，通过手摇开关打开区域阀（图 2-63）。

四、气体灭火系统设备的使用

气体灭火系统由管网部分和控制系统部分组成。其中,管网部分包括气瓶、单向阀、瓶头阀、气体管道、氮气启动瓶等;控制系统部分包括气体灭火控制器、模块箱、防火阀控制箱、电磁阀、警铃、声光报警器、放气指示灯、手动状态指示灯等设备(图2-64)。

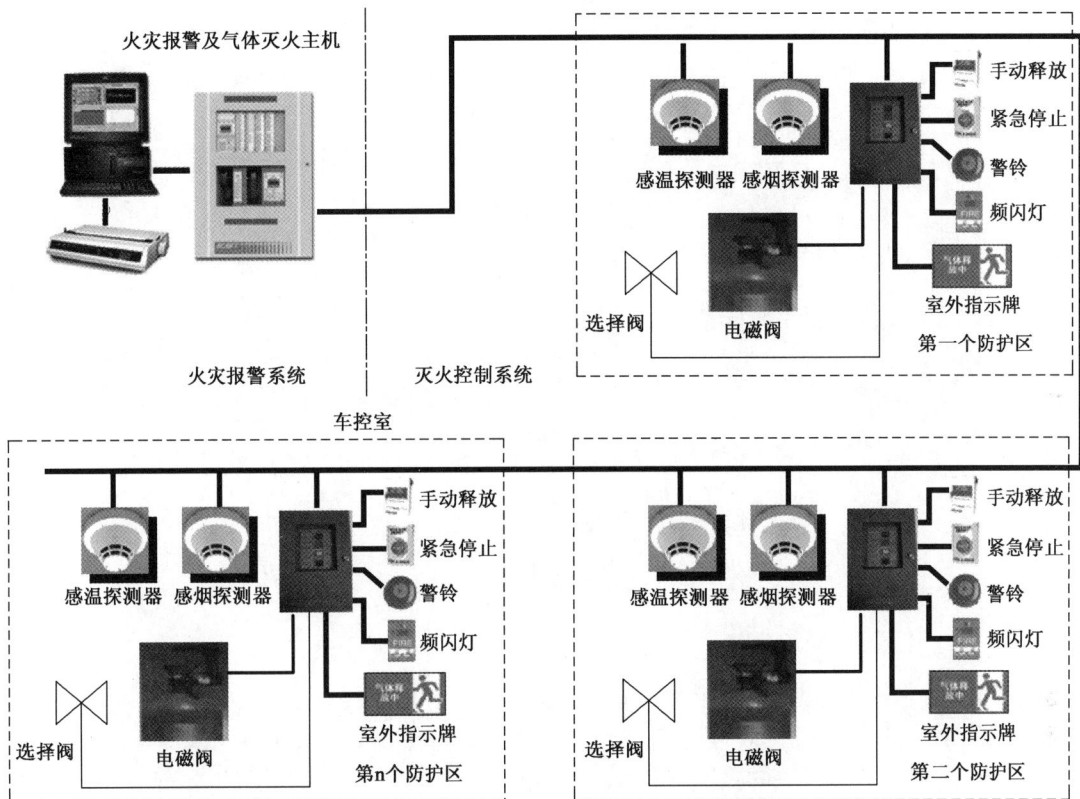

图2-64 气体灭火系统结构图

1. 气体灭火系统控制部分设备

(1)警铃(图2-65)

每一个保护区出入口的内侧设有警铃,它是一种可以发出高分贝声音报警的装置,当气体灭火系统监测到一路探测器的火警信息时,首先启动警铃报警。

(2)声光报警器(图2-66)

每一个保护区出入口的内外侧设有声光报警器,当保护区域中的烟感和温感同时触发报警时,系统启动声光报警器,此时保护区内的人员应紧急撤离。

(3)放气指示灯(图2-67)

每一个保护区出入口外侧的正上方有一个放气指示灯,当放气指示灯点亮时说明此房间正在释放气体进行灭火,警告外面的人员不许进入此房间。

(4)气体灭火控制器(SIGA-REL-C)(图2-68)

通常每个气体防护区设置一个气体灭火控制器,用于控制该防护区内的气体释放。气体灭火控制器包含紧急启动按钮、紧急停止按钮、自动/手动转换开关等。

图 2-65 警铃　　　　图 2-66 声光报警器　　　　图 2-67 放气指示灯

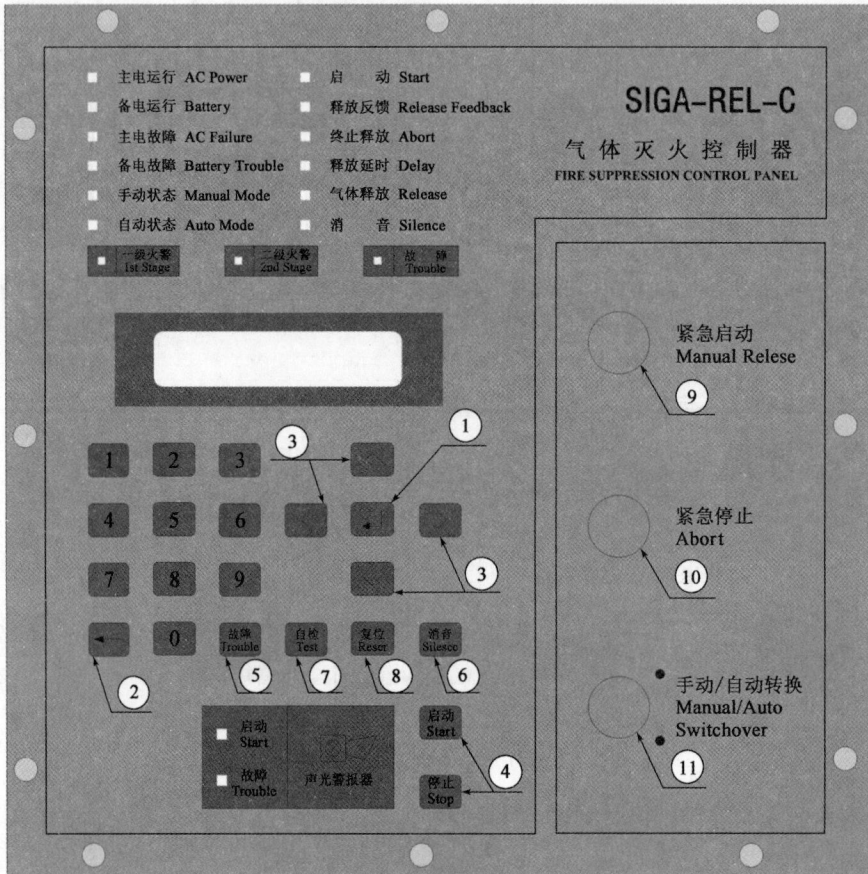

①回车键，进入功能菜单(需密码)、保存设置。
②取消、退出当前菜单。
③方向键。
④启动或停止声光警报器。
⑤进入当前故障查询菜单。
⑥消除报警和故障声响。
⑦检测灭火盘上两个蜂鸣器、所有灯和液晶(需密码)。
⑧复位灭火盘，清除部分继电器输出，该操作需密码。如需彻底复位，在复位灭火盘的同时要对EST3主机进行复位操作。
⑨启动气体释放倒计时，按下按键并持续1s。
⑩中止气体释放倒计时，按下按键并持续1s。
⑪设置灭火盘手动或自动状态。"手动"状态时启动条件为：按下"紧急启动"键，若检测到火警只能启动警铃，不会启动释放设备；"自动"状态启动条件为：发生二次火警或按下"紧急启动"键，面板上的手自动指示灯反应当前手自动状态。

图 2-68　气体灭火控制器

（5）按钮集中控制箱

当防护区有两个以上门时，有的地铁公司还会在不设置气体灭火控制器的门附近设置按钮集中控制箱（图2-69）。

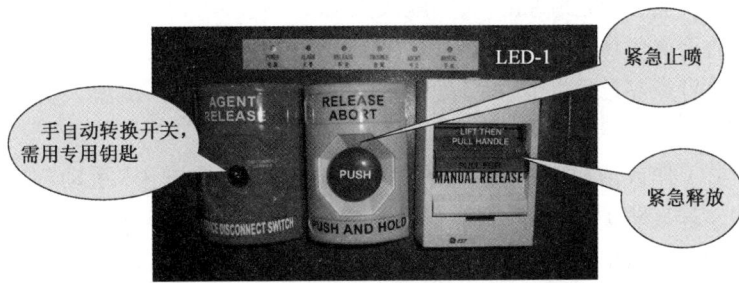

图 2-69　按钮集中控制箱

2. 气体灭火系统的控制方式

气体灭火系统对其覆盖的各个防护区可以独立实现三种控制方式,即自动控制方式、手动控制方式和机械应急控制方式。

每个气体防护区设置有两路不同类型的火灾探测器。当安装于防护区内的任意一路火灾探测器探测到火险信号时,该探测回路即将信号传送气体灭火控制器,灭火控制器对应该回路的火灾信号灯点亮,发出火灾预警信号,同时联动启动安装于该防护区内的警铃动作,向防护区内的人员发出火灾预警。这是系统具备的火灾自动探测与报警功能。这种功能无论系统处于何种操作控制方式或状态下都是独立存在的。

（1）自动控制

正常情况下,气体灭火控制器的控制方式选择在"自动"位置,灭火系统处于自动控制状态。

①当灭火控制器接收到同一防护区两路火灾探测器(通常为感烟和感温探测器)同时探测到火警信号时,即进入以下灭火控制程序立即启动设于对应防护区内外的警铃及声光报警器(图 2-70),向防护区内外的人员发出火灾报警。

模拟气灭保护区联动　　模拟气灭作业安全措施　　a)警铃鸣响　　b)声光报警器闪光且鸣叫

图 2-70　火警信号

②按照预先的设置进入气体喷放前的延时 30s 喷气阶段。

③按照设计的要求,联动关闭该防护区所有影响灭火效果的设备或装置。例如,关闭泄压口外的开口,关闭有关防火阀,关闭空调和通风设备等。

④向 FAS 或综合监控系统发出反馈信号。

⑤延时阶段一结束,立即向灭火系统中对应该防护区电磁启动装置发出灭火指令。

⑥电磁启动装置的动作导致气体自动灭火系统启动气体存储容器中的启动气体(N_2)释放,启动气体沿启动管路先后进入,依次打开相应的选择阀和预先确定数量的灭火气体储瓶容器阀。

⑦预先确定数量的储瓶内的灭火剂被释放出,经过集流管、已被打开的选择阀、该防护区

71

的气体输送管道和喷嘴,喷放到防护区,实施灭火。

⑧在管道内的灭火气体作用下,压力讯号器动作并将动作信号反馈至灭火控制器。控制器同时发出联动信号点亮该防护区入口处设置的气体释放指示灯,提醒人员禁止入内。

（2）手动控制

防护区有人员工作或值班时,气体灭火控制器控制方式应置于"手动"位置,灭火系统处于手动控制状态。若某防护区发生火情,在确认人员已经全部撤离的情况下,可按下气体灭火控制器面板上的"紧急启动"按钮;或拉下该区门口按钮控制箱设置的"紧急释放"装置,同时通知车控室人员启动 IBP 盘上相应设备房间火灾模式,释放灭火剂实施灭火。

（3）机械应急控制

无论何种原因致使灭火系统无法采用自动和手动控制方式启动情况下,操作人员都可以采用机械应急控制方式启动灭火系统。其具体步骤如下:

①确认发生火灾的防护区的名称。

②确认防护区内的人员已撤出并有效防止人员误入。

③确认影响灭火效果的设备或装置以及门窗已经关闭。

④尽快到达该防护区对应的灭火系统气瓶间（图 2-71）。

⑤按照标牌指示,找到对应该防护区的启动气体存储装置。

⑥拉出该存储装置上电磁启动装置旁机械应急启动手柄下的保险销,按下气体释放按钮即可释放启动气体（图 2-72）,从而启动气体自动灭火系统,释放灭火剂,实施灭火。

图 2-71　气瓶间

a)拉出保险销　　　b)按下氮气释放按钮

图 2-72　气瓶间释放气体

▶▶▶**即学即练**

请学生点击云课堂——智慧职教 App,完成**"单元 2.3-任务四:消防及控制设备的使用"**部分的测试。

请教师先在网页版或手机端职教云中完成该任务点的组题。

📚 **技能训练**

1. 训练目的

通过模拟演练,帮助学生进一步掌握常见消防设备的操作方法。

2.训练要求

使用手提式干粉灭火器、手提式二氧化碳灭火器、手提式干粉灭火器、室内消火栓、消防软管卷盘进行模拟操作演练,前3项由单人完成,后2项两人一组完成。

3.评价建议

(1)由教师和学生代表共同完成评价,教师评价占70%,学生评价占30%。

(2)评价指标:

序　号	评 价 标 准	权　　重	得　　分
1	手提式干粉灭火器的使用正确	20%	
2	手提式二氧化碳灭火器的使用正确	20%	
3	手提式干粉灭火器的使用正确	20%	
4	室内消火栓的使用正确	20%	
5	消防软管卷盘的使用正确	20%	
总分		100	

单元2.4　站台门故障处理

学情检测

1. 以下哪项站台门门本体不能打开(　　)。
   　A.滑动门　　　　　　　　　　　　B.固定门
   　C.应急门　　　　　　　　　　　　D.端门

2. 站台门就地控制盘(PSL)可以实现的操作有(　　)。
   　A.开启单挡滑动门　　　　　　　　B.开启单挡应急门
   　C.开启整侧滑动门　　　　　　　　D.开启整侧应急门

3. 站台门就地控制盘(PSL)不可以实现的操作有(　　)。
   　A.开启整侧滑动门　　　　　　　　B.关闭单个滑动门
   　C.互锁解除接车　　　　　　　　　D.互锁解除发车

4. 封闭式站台门也叫(　　)。
   　A.屏蔽门　　　　　　　　　　　　B.安全门
   　C.全高站台门　　　　　　　　　　D.半高站台门

知识学习

一、认知站台门

1. 站台门结构

站台门系统一般由机械和电气两大部分构成(图2-73)。其中,机械部分

包括门机系统、门体结构,电气部分包括电源系统、监视系统、控制系统。

图 2-73 站台门结构

2. 站台门的控制方法

站台门控制系统一般有系统级控制、站台级控制、手动级控制三级五种控制运行方法(图 2-74)。按照优先级由低到高的顺序依次为系统级控制(SIG 控制)、PSL 控制、IBP 控制、LCB(就地)控制、手动控制。

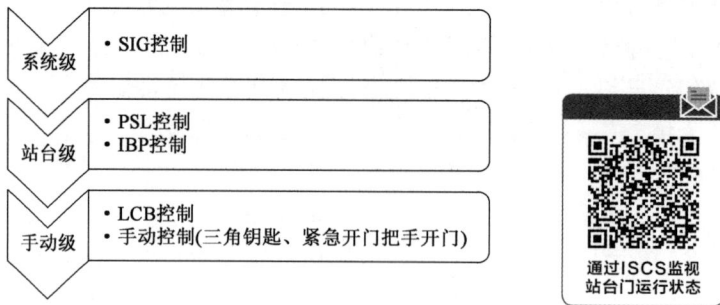

图 2-74 站台门控制方式

(1)系统级控制(SIG 控制)

系统级控制是指在正常运行模式下由信号系统直接对站台门进行控制的方式。在系统级控制方式下,列车到站并停在允许的误差范围内时,信号系统向站台门发送开/关门命令,控制命令经信号系统(SIG)发送至站台门中央接口盘(PSC)(图 2-75),中央接口盘通过门控单元(Door Control Unit,DCU)对滑动门(ASD)开/关进行实时控制,实现站台门的系统级控制。

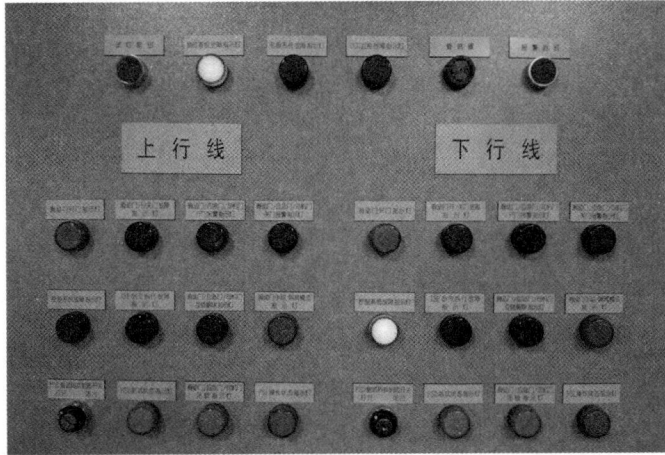

图 2-75　PSC 中央接口盘

（2）PSL 控制

PSL（图 2-76）控制是由列车司机或站务人员在站台 PSL 上对站台门进行开/关门的控制方式。当系统级控制不能正常实现时，如 SIG 故障、中央接口盘对 DCU 控制失败等故障状态下，列车司机或站务人员可在 PSL 上进行开/关门操作，实现站台门的站台级控制操作。

全部门关闭
紧锁指示灯

PSL操作
无效位 有效位

关门按钮

互锁解除开关

IBP操作指示灯

开门到位
指示灯

PSL允许
指示灯

开门按钮

互锁解除
指示灯

PST操作指示灯

灯测试按钮

图 2-76　站台门就地控制盘 PSL

就地控制盘PSL
介绍

通过PSL控制盘手动
开启整列滑动门

（3）IBP 控制

IBP 盘的控制（图 2-77）模式设计以每侧站台为独立的控制对象。在紧急情况下，当车站控制室操作 IBP 盘上的钥匙开关打到开门位时，打开站台门系统滑动门，滑动门完全打开后，PSC 面板、PSL 盘、IBP 盘上的开门指示灯亮。本命令属于紧急状态下的紧急开门命令。IBP 盘站台门盘面通常不能用于紧急关门。

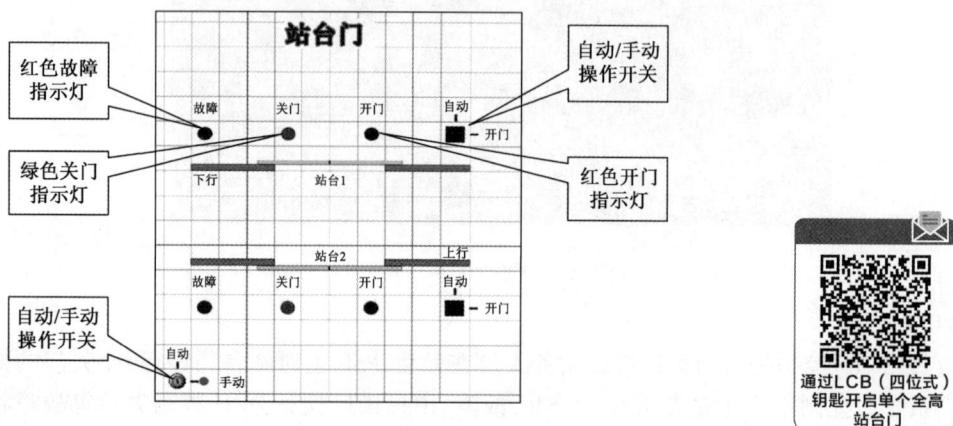

图 2-77　IBP 站台门盘面

（4）LCB 控制

当滑动门因故障无法正常开关时，站务人员可将该道滑动门关闭锁紧后，使用专用钥匙打到隔离位，并做好安全防护措施，在维修测试情况下，由维保人员使用 LCB 进行单道滑动门的操作。

LCB 通常有"自动/隔离/手动"三位式开关（图 2-78）及"隔离/自动/手动关/手动开"四位式开关（图 2-79），方便站台侧工作人员通过钥匙进行模式转换，且钥匙通常只有在自动位、隔离位时，方能取出。

图 2-78　三位式 LCB

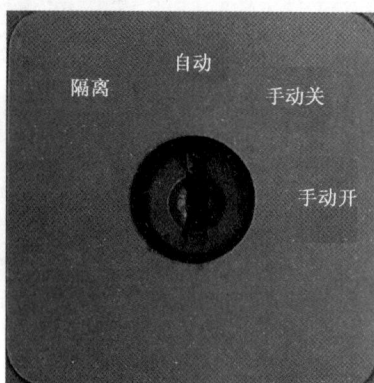

图 2-79　四位式 LCB

四位式 LCB 各挡位的作用如下：

① "隔离"位。单个滑动门单元与系统隔离，切断本单元的电力供应，不影响整个系统的正常工作，便于维修。在此模式下，此道滑动门的安全回路不被旁路，当该滑动门未关闭且锁紧时，列车无法正常到发。

②"自动"位。可由 SIG、PSL、IBP 控制滑动门开/关门。

③"手动关"位。可使该滑动门执行关门动作。在此模式下,该道滑动门的开关门状态安全回路被旁路,无论滑动门关闭锁紧与否,都不影响列车正常到发。

④"手动开"位。可使该滑动门执行开门动作。在此模式下,该道滑动门的开关门状态安全回路被旁路,无论滑动门关闭锁紧与否,都不影响列车正常到发。

（5）手动控制

手动控制是由站务人员或乘客对站台门进行的操作。当控制系统电源故障、个别站台门操作机构发生故障或发生其他突发情况时,车站工作人员可在站台侧(图2-80)用钥匙或乘客在轨道侧(图2-81)通过开门把手手动打开滑动门、应急门(EED)、端门(MSD/PED)。这一机械操作开门过程的优先级高于所有电气控制方式,但滑动门与应急门轨道侧手动解锁装置仅限于应急时刻使用。

图 2-80　滑动门站台侧锁孔

图 2-81　滑动门轨道侧开门把手

站台门机械锁介绍

应急门手动操作

3.站台门故障处理要点

站台门故障影响列车运行及乘客乘降。当发生站台门故障时,应坚持"先通后复"的原则,如果无法及时处理,应先发车后处理。车站人员处理好后,应及时向司机显示"好了"信号,司机在确保安全的情况下按时刻表的要求行车,确保列车车准点运行。

当运营期间站台门发生异常情况时,司机、车站人员要及时进行处理,在合理组织行车的同时做好乘客广播、引导等客运组织工作。

▶▶▶**即学即练**

请学生点击云课堂——智慧职教 App,完成"**单元 2.4-任务一:认知站台门结构**"部分的测试。
请教师先在网页版或手机端职教云中完成该任务点的组题。

二、单对站台滑动门无法正常开启或关闭故障处理

1. 单对站台滑动门无法正常开启故障处理程序(表2-7)

单对站台滑动门无法正常开启故障处理程序　　　　表2-7

序号	作业程序	作业内容
1	发现故障	(1)站务员手指:上行××号门门头灯。 (2)站务员口呼:"上行××号门门头灯不亮,开门故障"
2	现场处置	(1)站务员用对讲机汇报行车值班员:"值班员,上行××号门开门故障,使用LCB开启站台门。" (2)行车值班员回复:"收到。" (3)站务员用LCB(图2-82)打开××号故障门:用LCB钥匙将故障门(××号门)的LCB转至"手动开"位置。 (4)站台门打开后,口呼:"请有序下车。" (5)站务员用LCB关闭××号故障门:停站时间到,乘客乘降完毕后,用LCB钥匙将故障门(××号门)的LCB转至"手动关"位置。 (6)站务员口呼:"故障门处置完毕。" (7)列车出清站台后,站务员用LCB钥匙将故障门(××号门)的LCB转至"自动"位置,取出钥匙。 (8)站务员用对讲机汇报行车值班员:"值班员,上行××号门故障已处理完毕。" (9)行车值班员回复:"收到"

2. 单对站台滑动门无法正常关闭故障处理(表2-8)

单对站台滑动门无法正常关闭故障处理程序　　　　表2-8

序号	作业程序	作业内容
1	发现故障	(1)站务员手指:上行××号门门头灯。 (2)站务员口呼:"上行××号门门头灯亮,关门故障"
2	现场处置	(1)站务员用对讲机汇报行车值班员:"值班员,上行××号门关门故障,使用LCB关闭站台门。" (2)行车值班员回复:"收到。" (3)站务员用LCB钥匙将故障门(××号门)的LCB转至"手动关"位置。 (4)站务员确认故障门关闭。站务员手指:上行××号门门头灯和上行××号站台门。 (5)站务员口呼:"门头灯熄灭,关门成功。" (6)站务员口呼:"故障门处置完毕。" (7)列车出清站台后,站务员用LCB钥匙将故障门(××号门)的LCB转至"自动"位置,取出钥匙。 (8)站务员用对讲机汇报行车值班员:"值班员,上行××号门故障已处理完毕。" (9)值班员回复:"收到"

单对全高站台门
关不上处理流程（1）

单对全高站台门
关不上处理流程(2)

单对半高站台门
关不上处理流程

三、多对站台滑动门无法正常开启或关闭故障处理

1. 多对站台滑动门无法正常开启故障处理(表2-9)

多对站台滑动门无法正常开启故障处理程序　　　　　　表2-9

序号	作业程序	作业内容
1	发现故障	(1)站务员手指:上行××号、××号门门头灯。 (2)站务员口呼:"多门开门故障"
2	现场处置	(1)站务员用对讲机汇报行车值班员:"值班员,上行××号、××号门开门故障。" (2)行车值班员回复:"收到。" (3)站务员用对讲机汇报值班站长:"值班站长,上行××号、××号门开门故障,组织乘客由××号、××号门(故障门旁边两档滑动门)乘降。" (4)值班站长回复:"收到。" (5)值班站长通知站务员:"乘客乘降完毕。" (6)站务员回复:"收到。" (7)站台门关闭后,行车值班员通知站务员:"上行列车未收到站台门关闭锁紧信息,请处置。" (8)站务员回复:"收到。" (9)站务员使用互锁解除发车:将上行 PSL 互锁解除钥匙开关旋转至互锁解除位,互锁解除指示灯点亮,并保持互锁解除位。 (10)站务员确认列车车尾超过安全门端门,口呼:"列车已发出。" (11)站务员松开上行 PSL 互锁解除开关钥匙,并取出钥匙,互锁解除指示灯熄灭。 (12)站务员接到维修人员现场故障修复,即系统自动播放"故障门已修复"。 (13)站务员口呼:"故障门处置完毕。" (14)站务员用对讲机汇报行车值班员、值班站长:"值班员、值班站长,上行多门故障已处理完毕。" (15)行车值班员回复:"收到。" (16)值班站长回复:"收到"

2. 多对站台滑动门无法正常关闭故障处理(表2-10)

多对站台滑动门无法正常关闭故障处理程序　　　　　　表2-10

序号	作业程序	作业内容
1	发现故障	(1)站务员手指:上行××号、××号门门头灯。 (2)站务员口呼:"多门关门故障"
2	现场处置	(1)站务员用对讲机汇报行车值班员:"值班员,上行多门关门故障,操作 PSL 互锁解除发车。" (2)行车值班员回复:"收到。" (3)站务员用对讲机汇报值班站长:"值班站长,上行多门关门故障,请派人看护故障站台门。" (4)值班站长回复:"收到。" (5)站务员使用互锁解除发车:将上行 PSL 互锁解除开关钥匙旋转至互锁解除位,互锁解除指示灯点亮,并保持互锁解除位。

序号	作业程序	作 业 内 容
2	现场处置	(6)站务员确认列车车尾超过站台安全门端门。口呼:"列车已发出。" (7)站务员松开上行 PSL 互锁解除开关钥匙,并取出钥匙,互锁解除指示灯熄灭。 (8)站务员用两套 LCB 钥匙分别将××号、××号故障门 LCB 转至"手动关"位置。 (9)站务员确认故障门关闭。口呼:"关门成功。" (10)系统提示"维修人员通知现场故障已修复"。 (11)站务员口呼:"故障门处置完毕。" (12)站务员用 LCB 钥匙将××号故障门(其中一档故障门)LCB 转至"自动"位置,并取出钥匙。 (13)站务员用 LCB 钥匙将××号故障门(另一档故障门)LCB 转至"自动"位置,并取出钥匙。 (14)站务员用对讲机汇报行车值班员、值班站长:"值班员、值班站长,上行多门故障已处理完毕。" (15)行车值班员回复:"收到。" (16)值班站长回复:"收到"

▶▶▶ **即学即练**

　　请学生点击云课堂——智慧职教 App,完成**"单元 2.4-任务三:多对站台滑动门无法正常开启或关闭故障处理"**部分的测试。

　　请教师先在网页版或手机端职教云中完成该任务点的组题。

多个全高站台门
关不上处理流程

四、整侧站台滑动门无法正常开启或关闭故障处理

1. 整侧站台滑动门无法正常开启故障处理(表2-11)

整侧站台滑动门无法正常开启故障处理程序　　　　表 2-11

序号	作业程序	作 业 内 容
1	发现故障	(1)站务员手指:上行整列故障门门头灯灭,列车已开门。 (2)站务员口呼:"上行整列站台门故障,每节车厢手动开启 1 个站台门,供乘客乘降"
2	现场处置	(1)站务员用对讲机汇报值班站长:"值班站长,上行整列站台门故障,请求支援。" (2)值班站长回复:"收到。" (3)站务员用手动解锁钥匙开启任意一个故障门。(模拟设备只含一节车厢) (4)站台门打开后,站务员口呼:"请您抓紧在此门上下车。" (5)站务员通知司机:"司机,上行乘客全部乘降完毕,请关门。"

序号	作业程序	作业内容
2	现场处置	(6)司机回复:"收到。" (7)站务员使用互锁解除发车:将上行PSL互锁解除开关钥匙旋转至互锁解除位,互锁解除指示灯点亮,并保持互锁解除位。 (8)站务员确认列车车尾超过站台安全门端门。口呼:"列车已发出。" (9)站务员松开上行PSL互锁解除开关钥匙,并取出钥匙,互锁解除指示灯熄灭。 (10)站务员口呼:"乘客您好,此站台门故障,请您远离此门,注意安全。" (11)站务员手动将站台门逐个关闭。 (12)站务员口呼:"故障门处置完毕。" (13)站务员用对讲机汇报值班员、值班站长:"值班站长、值班员,上行整列故障门已处理完毕。" (14)行车值班员、值班站长回复:"收到"

整侧全高站台门无法
与列车车门联动时
处理流程

整列全高站台门
打不开处理流程

2.整侧站台滑动门无法正常关闭故障处理(表2-12)

整侧站台滑动门无法正常关闭故障处理程序　　　　表2-12

序号	作业程序	作业内容
1	发现故障	(1)站务员手指:上行整列故障门门头灯亮,列车已关门。 (2)站务员口呼:"上行整列关门故障,列车已关门"
2	现场处置	(1)站务员用对讲机汇报行车值班员:"值班员,上行整列站台门关门故障,操作PSL互锁解除,使列车尽快发出。" (2)值班员回复:"收到。" (3)站务员用对讲机汇报值班站长:"值班站长,上行整列站台门关门故障,请派人看护故障门。" (4)值班站长回复:"收到。" (5)站务员使用互锁解除发车:将上行PSL互锁解除钥匙开关旋转至互锁解除位,互锁解除指示灯点亮,并保持互锁解除位。 (6)站务员确认列车车尾超过站台安全门端门后,口呼:"列车已发出。" (7)站务员松开互锁解除钥匙开关,互锁解除指示灯熄灭。 (8)故障未能修复,站务员口呼:"故障未修复,使用互锁解除接入进站列车。" (9)站务员继续在PSL处。站务员口呼:"列车即将进站。" (10)站务员使用互锁解除接车:将上行PSL互锁解除钥匙开关旋转至互锁解除位,互锁解除指示灯点亮,并保持互锁解除位。 (11)站务员确认列车停稳后,口呼:"整列列车进站停稳。" (12)站务员松开上行PSL互锁解除开关钥匙,并取出钥匙,互锁解除指示灯熄灭。 (13)整列故障门恢复正常,系统提示"整列故障门恢复正常"。 (14)站务员口呼:"故障门处置完毕。" (15)列车正常发出,站务员用对讲机汇报值班员、值班站长:"值班员、值班站长,上行整列故障门已处理完毕。" (16)值班员、值班站长回复:"收到"

整侧站台门无法正常
关闭故障处理流程

整列半高站台门
关不上处理流程

▶▶▶ **即学即练**

请学生点击云课堂——智慧职教 App,完成"**单元 2.4-任务四:整侧站台滑动门无法正常开启或关闭故障处理**"部分的测试。

请教师先在网页版或手机端职教云中完成该任务点的组题。

五、站台门玻璃破裂的处理

1. 固定门玻璃破裂的处理(表2-13)

固定门玻璃破裂的处理程序   表2-13

序号	作业程序	作业内容
1	发现故障	(1)站务员发现站台固定门玻璃破裂,对讲机报告行车值班员、值班站长:"值班员、值班站长,上行(下行)××处固定门玻璃破裂。" (2)行车值班员、值班站长回复:"收到"
2	现场处置	(1)值班站长、站务员将玻璃破裂的固定门左右相邻两档滑动门 LCB 置于"手动开"位后,打开两档滑动门对隧道活塞风进行泄压,并对两档滑动门设置隔离带进行安全防护。 (2)值班站长、站务员利用行车间隔用黄色胶带对破裂的固定门进行"米"字形粘贴加固(可根据现场情况增加胶带粘贴的数量),防止玻璃破碎后掉入轨行区。 (3)值班站长、站务员对破裂固定门设置隔离带进行安全防护,并张贴故障告示

2. 滑动门玻璃破裂的处理(表2-14)

滑动门玻璃破裂的处理程序   表2-14

序号	作业程序	作业内容
1	发现故障	(1)站务员发现滑动门玻璃破裂,对讲机报告行车值班员、值班站长:"值班员、值班站长,上行(下行)××挡滑动门玻璃破裂。" (2)行车值班员、值班站长回复:"收到"
2	现场处置	(1)值班站长、站务员将玻璃破裂的滑动门左右相邻两档滑动门 LCB 置于"手动开"位后,打开两档滑动门对隧道活塞风进行泄压,并对两档滑动门设置隔离带进行安全防护。 (2)值班站长、站务员利用行车间隔用黄色胶带对破裂的滑动门进行"米"字形粘贴加固(可根据现场情况增加胶带粘贴的数量),防止玻璃破碎后掉入轨行区。 (3)值班站长、站务员将破裂的滑动门 LCB 置于"手动开"位,设置隔离带进行安全防护,并张贴故障告示。 (4)值班站长、站务员将开启的两对正常滑动门 LCB 置于"自动"位,滑动门关闭,撤除防护

固定门爆裂应急处理

滑动门爆裂应急处理

▶▶▶ **即学即练**

请学生点击云课堂——智慧职教 App,完成"**单元 2.4-任务五:站台门玻璃破裂的处理**"部分的测试。

请教师先在网页版或手机端职教云中完成该任务点的组题。

📖 技能训练

1.训练目的

通过分组、分角色模拟演练,帮助学生进一步掌握站台门故障处理的方法。

2.训练要求

分小组(每组 2 人)完成站台门故障的模拟演练,包括行车值班员、站台站务员。

每组应在规定时间内完成以下 8 个场景的模拟演练展示。所需备品:PSL 就地控制盘实物、PSL 开关门钥匙、PSL 互锁解除钥匙、LCB 实物、LCB 钥匙、对讲机、黄色胶带、故障告示、隔离带。

(1)单对站台滑动门无法正常开启。

(2)单对站台滑动门无法正常关闭。

(3)多对站台滑动门无法正常开启。

(4)多对站台滑动门无法正常关闭。

(5)整侧站台滑动门无法正常开启。

(6)整侧站台滑动门无法正常关闭。

(7)固定门玻璃破裂。

(8)滑动门玻璃破裂。

3.评价建议

(1)由教师和学生代表共同完成评价,教师评价占 70%,学生评价占 30%。

(2)评价指标:

序 号	评 价 标 准	权 重	得 分
1	所需备品齐全,对讲机提前调频、调音量	10%	
2	场景 1 完成规范有序	10%	
3	场景 2 完成规范有序	10%	
4	场景 3 完成规范有序	10%	
5	场景 4 完成规范有序	10%	

序　号	评 价 标 准	权　重	得　分
6	场景5完成规范有序	10%	
7	场景6完成规范有序	10%	
8	场景7完成规范有序	10%	
9	场景8完成规范有序	10%	
10	在规定时间内完成全部演练内容,衔接自然	10%	
总分		100	

单元2.5　电话系统及视频监视系统的使用

学情检测

1. 以下哪种电话可用于乘客与车站之间进行通话(　　)。
   A. 调度电话　　　　　　　　　　　　B. 站间电话
   C. 招援电话　　　　　　　　　　　　D. 轨旁电话
2. 以下哪种电话可用于隧道维修人员与车站之间进行通话(　　)。
   A. 调度电话　　　　　　　　　　　　B. 站间电话
   C. 招援电话　　　　　　　　　　　　D. 轨旁电话
3. 以下哪种电话专用于车站与调度员之间进行通话(　　)。
   A. 调度电话　　　　　　　　　　　　B. 站间电话
   C. 招援电话　　　　　　　　　　　　D. 轨旁电话
4. 以下哪种电话专用于车站与车站之间进行通话(　　)。
   A. 调度电话　　　　　　　　　　　　B. 站间电话
   C. 招援电话　　　　　　　　　　　　D. 轨旁电话
5. 站台头端的闭路电视监视器用于供(　　)查看站台乘客情况。
   A. 行车调度员　　　　　　　　　　　B. 站台站务员
   C. 行车值班员　　　　　　　　　　　D. 司机

知识学习

一、电话系统的使用

1. 认知电话系统

城市轨道交通电话系统由公务电话系统和专用电话系统构成。

(1)公务电话系统

公务电话系统为城市轨道交通运营提供办公电话、传真等业务,同时在控制中心、车站、段厂等也设置公务电话,既可作为办公电话使用,也可以作为有线调度电话的备份,一旦调度电话故障,临时应急使用。

（2）专用电话系统

专用电话系统主要为城市轨道交通运营及维修服务,是为列车运营、电力供应、日常维修、防灾救护提供指挥手段的专用有线通信系统。专用电话系统包括调度电话、站（厂）内电话、站间电话、轨旁电话等。

①调度电话通常包括行车调度、维修调度、电力调度、环境调度等调度电话。调度电话采用以各调度子系统的调度员为中心的一点对多点的通信方式。调度员可按个别呼叫、组呼或全呼等方式呼叫调度辖区范围内相关的所属用户并通话,以及接受所属用户的呼叫通话。

②站内电话供车站控制室与本站内运营业务有关人员进行通话联系。车站内在公共区设置紧急电话（招援电话）,特定地点设普通直通电话,均可直接呼叫车控室的值班员,无须拨号。厂内电话主要是解决车辆段、停车厂内行车指挥、乘务运转、段内调度指挥和车辆检修人员之间的专用通信。

③站间电话是指相邻两个车站值班员之间进行通话联络的点对点通信方式。

④轨旁电话,是供司机、区间维修人员与邻站值班员及相关部门联系通话。

2.调度电话的使用

1）调度电话的组成（图2-82）及功能键说明（表2-15）

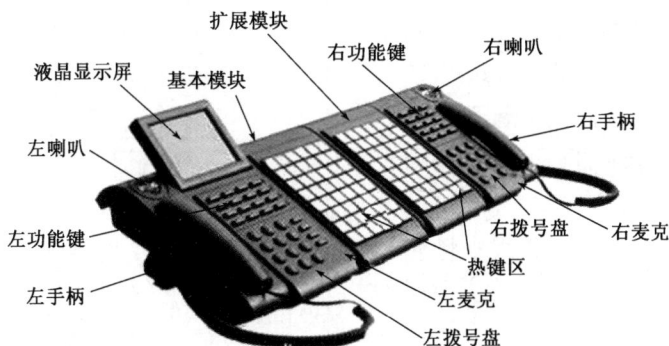

图2-82 JETWAY系列调度台组成

调度台部分功能键说明 表2-15

序号	作业程序	作 业 内 容
1	强插	调度台呼叫调度分机遇忙,按强插键;如果调度分机正在通话中,调度台可以插入通话,形成三方通话;如果调度分机不在通话中,如只是摘机,正在振铃等,则无法插入
2	强拆	调度台呼叫调度分机遇忙,按强拆键,如果调度分机正在通话中,调度台可以强拆与其通话的一方,改为与调度台通话
3	保持	调度台与调度分机通话时,按保持键,可以保持通话,调度台听拨号音,可以进行其他操作,如拨打其他调度分机或应答来话等。如果要返回原先的呼叫,再按保持键。按保持键可以反复切换当前通话和被保持通话
4	转移	调度台保持一方,然后拨打另一方,听回铃或接通后,按转移键,即可将被保持的一方,转移到另一方
5	重播	按重拨键,可以重新呼叫调度台最后一次拨打的号码
6	取消	按取消键可以取消最近的操作

序号	作业程序	作业内容
7	静音	调度台通话时,可以使用静音功能。按静音键,对方将听不到调度台的讲话,而调度台可以听到对方的讲话。取消静音,再按静音键。静音功能对于左右手机相互独立
8	查阅	调度台可以对通话记录进行查询。按查阅键,液晶显示屏显示一个可选菜单,选择"通话记录查询",液晶显示屏将显示最近一个通话记录,按音量"＋"和音量"－"键进行前后浏览。结束浏览按取消键。可以按重拨键,拨打当前记录显示中的号码。调度台只记录自上次加电启动以来的通话记录,关机不再保留,而且记录条数是有限制的,超出后将循环覆盖
9	键权	通过按键权,可以实现键权在左右手机之间来回切换

左右手机都分别对应一套手柄、一套免提,空闲时,任何一个手柄、免提、话机都可以摘机发起呼叫。一个调度台同时最多只能有两个处于通话或处于呼出状态的呼叫,并且两个呼叫分别属于左右手机。左免提和左手机可以使用调度台上的左拨号盘进行拨号,使用左功能键调用某个功能。右免提和右手机可以使用调度台上的右拨号盘进行拨号,使用右功能键调用某个功能。有呼叫时,任何一个都可以摘机应答。JETWAY 系列调度台盘面布局图(不含热键区)如图 2-83 所示。

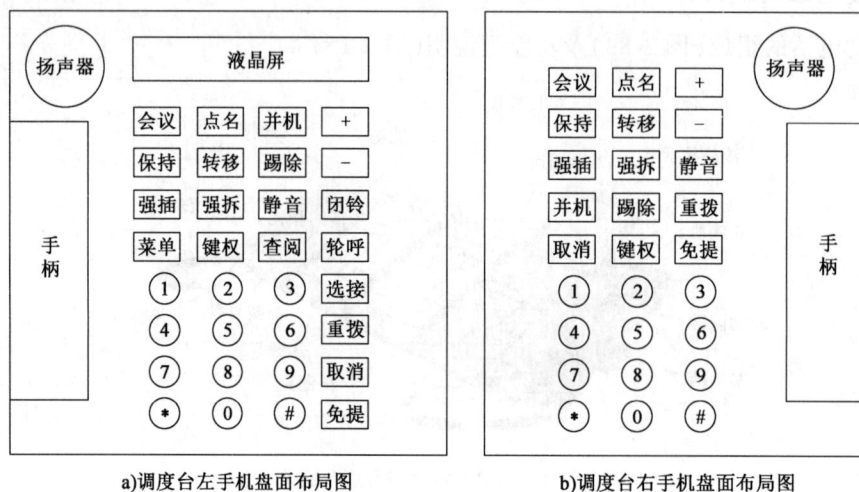

a)调度台左手机盘面布局图　　　　b)调度台右手机盘面布局图

图 2-83　JETWAY 系列调度台盘面布局图(不含热键区)

2)调度电话的使用方法

(1)呼出

调度台呼出有两种方式,即摘机拨号和无摘机拨号。其中,摘机拨号需要先摘机,再拨号;无摘机拨号则可以在不摘机的情况下拨号,话音自动接通免提。调度台拨号有两种方式,即按热键和按拨号盘。其中,按热键,呼叫该热键代表的调度分机;按拨号盘,可拨打任意号码。

(2)呼入及接听

①来话显示。调度用户拨打调度台组号码或紧急号码呼入,同组所有调度台振铃,液晶显示屏上显示主叫名字及号码,对应热键以相应的状态提示。紧急呼入与普通呼入可采用不同的铃声及热键状态加以区分,其中紧急呼入具有高优先级。

②应答来话。调度台有自动应答和手动应答两种应答来话的方式。

自动应答:摘机(包括手柄、免提和外接话机),自动应答振铃时间最长的呼叫;不摘机,按正处于振铃状态的热键,则应答该键上的来话;话音接通到免提。

手动应答:摘机,按正处于振铃状态的热键,应答该键上的来话;当调度台上有多个来话时,优先应答手柄呼叫,其次应答紧急呼叫,最后应答普通呼叫。

(3)会议功能

①召开预置会议。调度台拨会议调用码即可呼出会议中全部成员。

②召开灵活会议。摘机,听拨号音,按会议键,然后依次按要加入会议的调度用户热键,按会议键结束,交换机开始呼叫每个成员,成员接通后进入会议。

③召开三方会议。

方式一:调度台与一方通话时,按保持键(或会议键),保持当前通话,拨通另一方,再按会议键,进入三方会议状态。

方式二:调度台与一方通话时,按空闲热键,呼出热键上第一个号码(此时不影响当前通话),若该号码接通后,形成三方会议。

方式三:调度台与一方通话时,按当前正在振铃的热键,形成三方会议。

④结束会议 。调度台挂机后会议结束。

(4)音量调节

调度台空闲或正在振铃时,按上下键(音量"+""-"键),调节振铃音量。振铃音量最小可调到无声,但手柄呼叫的铃声无法调到无声。

免提打开时,按上下键(音量"+""-"键),调节免提音量。

左右手机摘机时,按上下键(音量"+""-"键),调节手柄音量(调节当前拥有键权的手柄)。

3.站内直通电话和紧急(招援)电话的使用

(1)站内直通电话(图2-84)的使用方法

站内电话为立即热线模式,站内电话无须拨号,摘机既可与站内值班人员进行通话,值班操作台上会有灯光及声音醒目提示。值班员接听后即可通话。通话完毕,放下手柄即可。

(2)紧急(招援)电话(图2-85、图2-86)的使用方法

按一下"摘机/挂机"键,键灯点亮,立即连线到站内值班操作台,值班操作台上会有灯光及声音醒目提示。值班员接听后即可对着话筒说话。通话完毕,再按一下"摘机/挂机"键,使"通话指示"灯熄灭后,值班操作台恢复。

图2-84　直通电话　　　　图2-85　紧急电话　　　　图2-86　招援电话

4.站间电话的使用

站间电话是指相邻车站值班员之间的站间行车业务电话。下面以 OPTIC 40 操作台为例,讲解站间电话的使用方法。OPTIC 40 操作台支持同时呼入 16 个电话,由操作台选择接听。

1)OPTIC 40 站间电话的组成

OPTIC 40 站间电话(图 2-87)由主模块和 40 键的扩展模块组成。

OPTIC 40 操作台由液晶显示屏、功能键区、右扩展键区和手柄等部分组成。

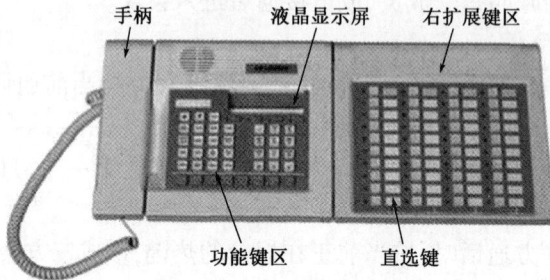

图 2-87　OPTIC 40 站间电话

①液晶显示屏。OPTIC 40 操作台液晶显示屏有两行,每行 20 个字符。用户分机呼叫操作台的时候,液晶屏显示用户分机姓名和号码;操作台呼出时,显示被叫用户的姓名;进入通话后,显示通话时长。

②功能键区包括会议、保持、转移、强插、静音、菜单、重拨、免提、取消、音量调节等功能键和拨号盘。

③右扩展键区有 40 个热键,可以一键呼出和一键接听。

2)OPTIC 40 站间电话的使用方法

(1)呼出

按直选键,呼叫该按键代表的用户分机。

(2)呼入及接听

①来话显示。来话显示可分为普通来话显示和紧急来话显示两种,通过不同颜色的指示灯闪烁和不同铃声来加以区别。液晶显示屏显示来话信息(如号码和名字)。

②应答来话。操作台有自动应答和选择应答两种应答来话的方式。自动应答:摘机(包括手柄和免提),自动应答振铃时间最长的呼叫;手动应答:按正在闪烁的直选键,应答该键上的来话。

(3)会议功能

①召集一个会议。正与一方通话,按 CONF,请对方等待;拨第三方分机号码,等待应答;按 CONF。

②在会议上增加第四方。按 CONF;拨新的分机号码,等待应答;按 CONF。

③退出会议:挂机或按 CANCEL。

(4)重拨

按 REDIAL 键,可以重新呼叫操作台最后一次拨打的号码,最后一次拨打的号码,包括直选按键呼出和拨号盘呼出。

(5)取消

取消最近的操作。

(6)音量调节

操作台在通话或正在振铃时,按▼▲键,调节音量。

（7）扬声器方式

从手柄方式改成扬声器方式：按 SPKR，放下手柄或按 CANCL 挂机（拆线）；从扬声器方式改为手柄方式：拿起手柄。

（8）强插

拿起手柄，拨分机号，听到忙音后按 GHI/4 听到强插音，5s 后，就会进入到正在通话的双方之中，建立了一个三方会议。

（9）组呼

按下配置为会议的直选按键，定义在该会议的所有成员都振铃，同时成员对应的直选键指示灯为琥珀色闪亮，并且该会议直选键的状态指示灯也为琥珀色闪烁。如果会议成员摘机，成员对应的状态指示灯变为绿长亮，同时这个会议直选键的状态指示灯也为绿长亮，表示会议建立；如果会议成员在确定的振铃时间内没有应答，那么直选键指示灯在振铃超时后熄灭。在会的用户如果中途挂机，其状态指示灯熄灭，表示它目前不在会议中。

①会议状态显示：操作台进入组呼会议后，液晶屏显示"CONFERENCE"，会议结束后清除。

②会议结束：操作台手柄挂机后，会议结束。组呼按键和成员按键全部熄灭。

5. 轨旁电话的使用

轨旁电话如图 2-88 所示。

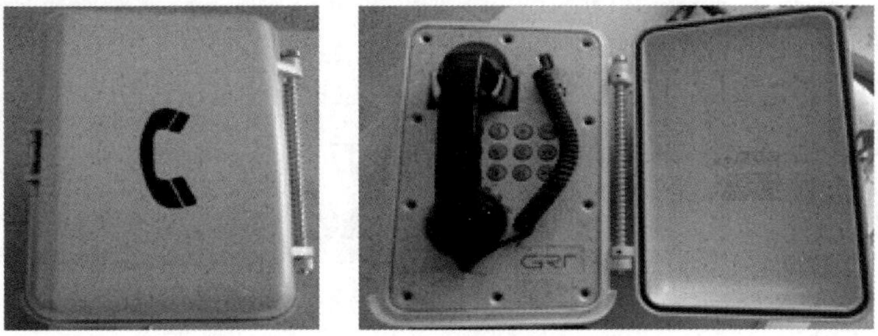

图 2-88　轨旁电话

轨旁电话的使用方法如下。

（1）摘/挂机

摘/挂机方式为手柄控制方式，摘机为接通，挂机为断开。

（2）接听电话

当有来电时，电话机响铃，取下手柄，即可和对方通话，通话完毕后挂回手柄。

（3）拨打电话（表 2-16）

轨旁电话拨打电话方法　　　　　　　　　　　　　　　表 2-16

序　号	功　　能	使用方法
1	拨打本站值班台	摘机 3s 后自动呼叫
2	拨打邻站值班台	摘机 3s 内按"＊"号键
3	拨打公司内部电话	摘机 3s 内拨打内部分机号码
4	拨打外线电话	摘机 3s 内按"9"加外线号码
5	紧急呼叫本站值班台	摘机 3s 内按"#"号键

（4）使用时注意事项

①使用本设备时，使用者应面向列车行驶方向。

②使用设备后，请确定分线盒的开关拨在公务电话（上方）处。

③使用设备后,请用力压紧上盖,让锁扣片扣到位,保证话机使用寿命及行车安全。

▶▶▶▶ 即学即练

请学生点击云课堂——智慧职教 App,完成"单元 2.5-任务一:电话系统的使用"部分的测试。
请教师先在网页版或手机端职教云中完成该任务点的组题。

二、闭路电视监视系统的使用

闭路电视监视系统(CCTV)能够为控制中心的调度员、各车站值班员、列车司机等提供有关列车运行、防灾救灾、乘客疏导以及社会治安等方面的视觉信息。闭路电视监视系统由中心控制设备(图 2-89)、车站/车辆段控制设备、图像摄取设备、图像显示设备、图像录制设备、图像存储设备及视频信号传输设备等组成。

CCTV设备认知

图 2-89　控制中心 CCTV 监控界面

某地铁车站 CCTV 主界面(图 2-90)包括工具栏、菜单栏(图 2-91)、视频窗口区及视频列表区。

图 2-90　车站 CCTV 监控界面

90

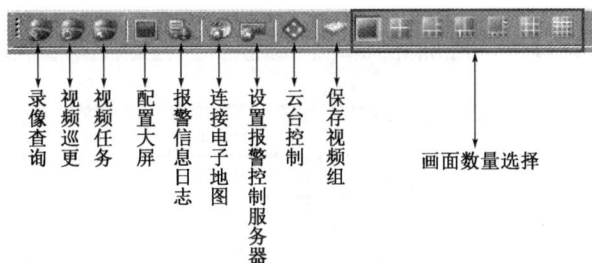

录像查询　视频巡更　视频任务　配置大屏　报警信息日志　连接电子地图　设置报警控制服务器　云台控制　保存视频组　画面数量选择

图 2-91　菜单栏

车站站务值班人员对电视监视子系统的操作主要有:查看即时监控图像、录像查询及播放、视频巡更、保存视频组。

1. 查看即时监控画面(图 2-92)

选择视频窗口区内需要同时监视多少幅监控画面,分别有一幅、四幅、六幅、八幅、九幅、十六幅可供选择,展开窗体右边视频列表区中的视频列表,长按鼠标左键将视频列表内的视频编号拖入视频窗口区中(一个视频编号代表一幅监控画面)。

2. 录像查询及播放

选择菜单栏"视频(E)"中的"录像查询"(图 2-93)选项,打开"录像查询"对话框。

图 2-92　查看即时监控画面

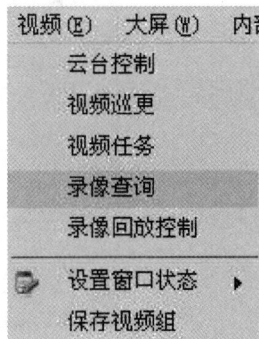

视频(E)　大屏(W)　内部
云台控制
视频巡更
视频任务
录像查询
录像回放控制
设置窗口状态 ▶
保存视频组

图 2-93　选择录像查询

①勾选"时间日期"选项,选择具体的时间段。

②勾选"录像设备"选项,选择"编号",在"编号"右边的下拉菜单中选择需要查询的录像编号名称。

③点击"查找"后自动列出符合条件的查找结果。

④鼠标左键双击录像列表中的查询结果,播放所需要查询的录像。(图 2-94)

3. 视频巡更

选择菜单栏中"视频(E)"中的"视频巡更"(图 2-95)选项,打开"视频巡更"界面。

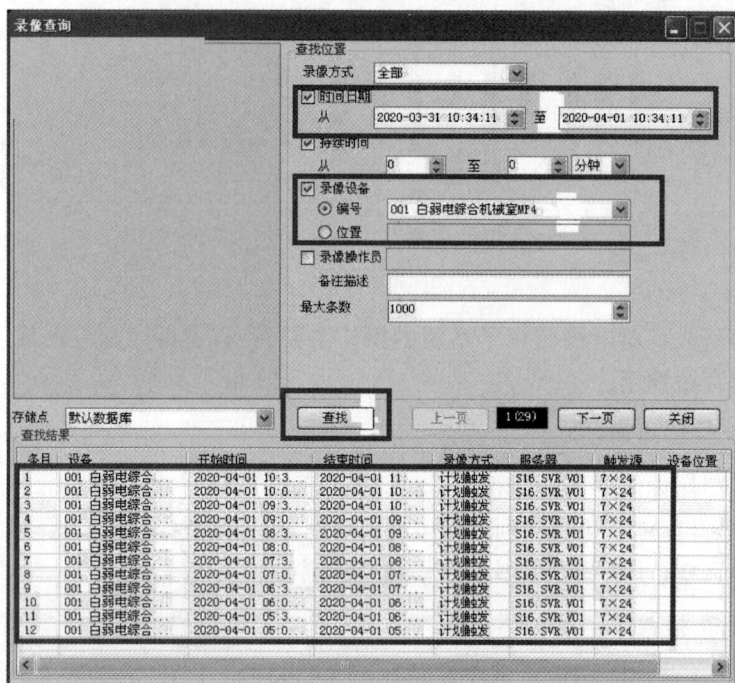

图 2-94　录像查询的方法

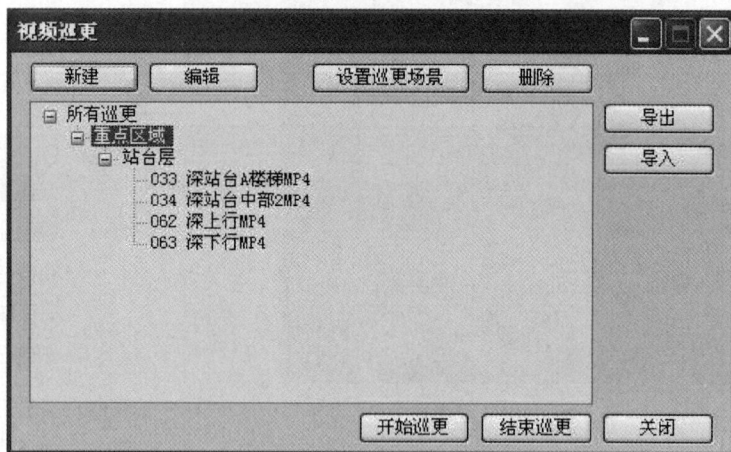

图 2-95　视频巡更

若已经设置好了巡更场景,鼠标单击需要巡更的巡更名称,鼠标单击"开始巡更"实现视频巡更功能,鼠标单击"结束巡更"按钮结束视频巡更。

若没有设置巡更场景,则需先新建巡更、设置巡更场景后保存场景。

4. 保存视频组

①选择视频窗口区内需要监视多少幅监控画面,一共有一幅、四幅、六幅、八幅、九幅、十六幅可选择,展开视频列表区中的视频列表,将视频列表内的视频编号拖入视频窗口区中。

②选择菜单栏"视频（E）"中的"保存视频组"选项，打开"保存视频组"的对话框界面，选择"用户定义"后"保存"，输入文件夹名称，保存成功。

③以上操作步骤完毕后，此视频组会显示在视频列表区中，鼠标右键单击此文件夹名称选择播放视频即可查看保存过的视频组。

▶▶▶ **即学即练**

请学生点击云课堂——智慧职教 App，完成**"单元 2.5-任务二：闭路电视监视系统的使用"**部分的测试。

请教师先在网页版或手机端职教云中完成该任务点的组题。

CCTV设备报修

技能训练

1. 训练目的

通过模拟演练，帮助学生进一步掌握 CCTV 的操作方法。

2. 训练要求

使用车站 CCTV 监控设备查看车站各区域的监控画面。

3. 评价建议

（1）由教师和学生代表共同完成评价，教师评价占 70%，学生评价占 30%。

（2）评价指标：

序　号	评 价 标 准	权　　重	得　分
1	进行单画面、四画面、九画面的切换迅速准确	8%	
2	查看站厅 A 端闸机迅速准确	8%	
3	查看站厅 B 端闸机迅速准确	8%	
4	查看上行站台 A 端迅速准确	8%	
5	查看下行站台 B 端迅速准确	8%	
6	查看站厅 A 端某设备房迅速准确	8%	
7	查看站厅 B 端某设备房迅速准确	8%	
8	查看某扶梯迅速准确	8%	
9	查看某出入口迅速准确	8%	
10	查看某通道迅速准确	8%	
11	设置车站重点监视部位视频巡更	10%	
12	保存某时间段某地点的监视视频	10%	
	总分	100	

单元2.6　车站IBP盘的使用

学情检测

1. 以下哪项缩略语是综合后备盘的缩略语(　　)。
   A. IBP 　　　　　 B. BAS 　　　　　 C. FAS 　　　　　 D. CCTV
2. 综合后备盘上可以实现的操作有(　　)。(多选)
   A. 释放闸机 　　 B. 释放门禁 　　 C. 开启滑动门 　　 D. 关停自动扶梯
3. 综合后备盘上可以实现的操作有(　　)。(多选)
   A. 紧急停车 　　 B. 扣车 　　 C. 跳停 　　 D. 取消紧急停车
4. 当车站站厅发生火灾,需紧急疏散乘客时,综合后备盘上可进行的操作有(　　)。(多选)
   A. 释放闸机 　　 B. 释放门禁 　　 C. 开启滑动门 　　 D. 扣车

知识学习

IBP盘又称综合后备盘(或紧急控制盘)(图2-96),设在地铁车站控制室内。它的主要功能有:车站值班人员在发现车站设备服务器或人机界面出现故障时,可通过IBP盘对本车站进行应急管理;或在紧急情况下直接操作IBP盘上按钮、钥匙开关等,采用人工介入方式进行运行模式操作和某些设备的远程单动操作。通过IBP盘在本站进行应急管理,可以为故障处理或抢险争取时间。

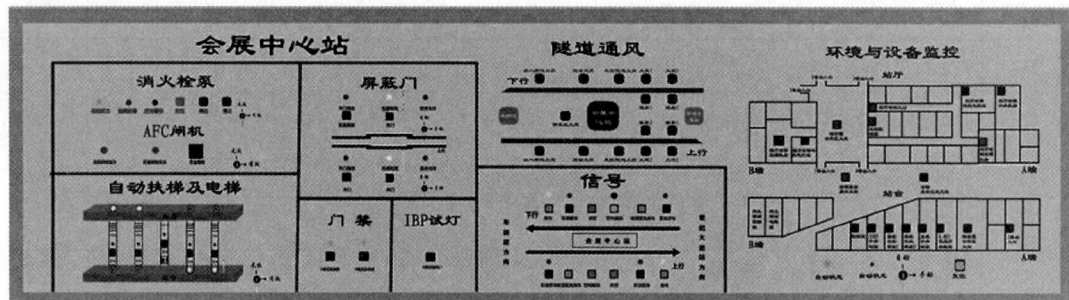

图2-96　IBP盘

不同城市轨道交通的IBP盘盘面模块划分有所不同,操作方式及指示灯的显示也各不相同。本单元将对IBP盘的AFC盘面、ACS盘面、站台门盘面、扶梯和直梯盘面、隧道通风盘面、车站环控盘面、信号系统车站就地控制盘面(LCP)进行介绍。

一、AFC和ACS盘面应急操作

1. AFC设备应急操作

1)认知AFC系统

AFC系统是基于计算机、通信、网络、自动控制等技术,实现城市轨道交通售票、检票、计费、收费、统计、清分、管理等全过程的自动化系统。目前,国内城市轨道交通 AFC 系统一般具有五层架构,即第一层,城市轨道交通清分系统;第二层,线路中央计算机系统组成的线路中央层;第三层,车站计算机系统组成的车站层;第四层,由车站终端设备组成;第五层,由车票组成。

2)IBP 盘上 AFC 设备应急操作

当车站发生火灾,FAS 未联动释放闸机,或当车站出现其他需要紧急疏散乘客的情况时,车站人员须立即通过车站控制室内的紧急按钮(图 2-97)或车站计算机设置紧急放行模式,由于紧急按钮的操作时间更短,所以优先选用紧急按钮操作设置;若紧急按钮设置无效,再通过车站计算机设置紧急放行模式。在紧急放行模式下,车站内所有闸机将不对车票进行处理,同时闸机的阻挡装置全部打开,方便乘客紧急疏散,乘客不需使用车票,可直接快速离开车站。

图 2-97 中 IBP 上设置紧急放行模式的方法如下:将钥匙插入锁孔,转至"有效"位,"有效"位绿灯常亮。按下"紧急释放"按钮,车站所有闸机扇门应全部打开(如为三杆式闸机,则闸机中间挡杆掉下),"紧急释放"按钮灯及"紧急释放状态"均红灯常亮。紧急情况解除,需恢复为正常运行状态时,须现场确认无人员在闸机通道处,再按压"紧急释放"按钮进行复位,车站所有闸机阻挡装置应关闭且恢复正常状态,"紧急释放"按钮及"紧急释放状态"均灭灯。将钥匙插入锁孔,转至"无效"位,"有效"位绿灯熄灭。

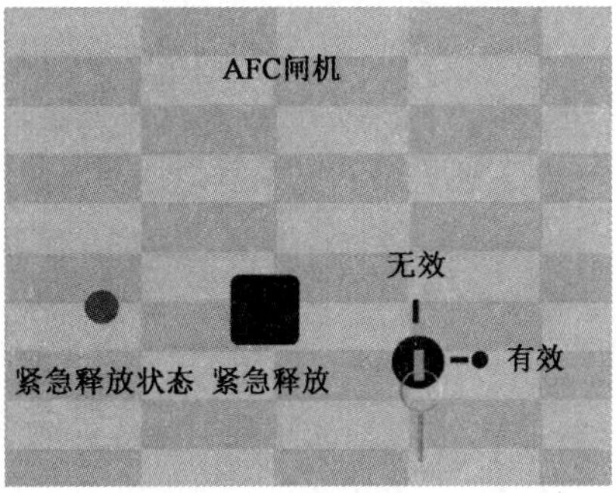

图 2-97　AFC 闸机盘面

2. ACS 设备应急操作

1)认识 ACS

ACS 是对地铁车站设备管理区通道、办公室、设备管理用房等进行统一监控和管理的系统,同时可用于地铁人员的考勤自动化管理,提高运营管理水平。ACS 采用集中管理分散控制模式,主要分为中央级、车站级、就地级三级。

①中央级 ACS 设在控制中心,对各区域 ACS 进行管理,实现 ACS 全线设备的控制和所有区域的数据采集、统计功能及中央级管理、授权等功能。其主要设备包括门禁中央服务器、授权工作站、管理工作站等。

②车站级 ACS 设在各车站、控制中心大楼、车辆段等 ACS 管理区,进行本地区域内的门禁设备的数据对比、运算处理、采集保存,完成车站级 ACS 控制等功能。其主要设备包括监控工作站、门禁主控制器,各车站控制室内配置 IBP 盘,IBP 盘上设有 ACS 紧急解锁按钮。

③就地级 ACS 设备设于门禁点现场,实现 ACS 的基本功能。它主要包括门禁就地控制器、读卡器、锁具、出门开关、紧急开门按钮等。

2)ACS 的运行模式

ACS 运行模式有在线、离线、故障和灾害运行 4 种模式。

(1)在线模式

在线模式为系统的常规运行模式。系统在线情况下,所有的进出记录和报警时间记录全部由门禁主控制器和监控工作站、中央级管理数据库记录。

(2)离线模式

门禁主控制器与门禁就地控制器连接,具有对整个站点进行门禁管理和安防的功能。主控制器与监控工作站连接,接受工作站发出的指令。当与工作站通信的网络故障时,主控制器自动转入离线模式,并能识别门禁卡,实现所有的门禁功能。在网络通信恢复后,自动上传信息给监控工作站。

一个门禁就地控制器支持多个门禁点的控制,当门禁就地控制器与主控制器联网通信中断时,门禁就地控制器启动离线独立工作模式,即只要刷卡人信息符合准入条件就允许进入,一旦通信恢复,系统自动进入正常工作状态并上传离线期间的事件记录。

(3)故障模式

当门禁就地控制器出现故障时,用户可通过"破玻"按钮切断电磁锁电源,手动开门。

(4)灾害模式

当发生火灾时,由 FAS 将区域火灾报警信息传递给门禁主控制器,门禁主控制器接收信息,执行相应区域的门禁打开。

现场门禁点留有紧急破玻按钮,控制每一门锁电源的通断,紧急时打碎玻璃,可使门锁断电后手动开启。

IBP 盘上设有紧急解锁按钮,可用于切断门禁电磁锁总电源。在紧急情况下,可手动切断电控锁总电源,打开所有门,便于紧急疏散。

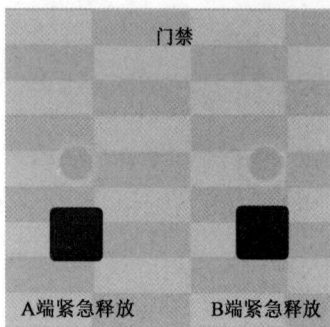

图 2-98　门禁盘面

3)IBP 盘上门禁设备应急操作

当车站发生火灾,FAS 未联动释放门禁或当车站出现其他需要紧急疏散乘客的突发事件时,车站控制室内行车值班员可直接在 IBP 盘上按压紧急释放按钮。如图 2-98 所示,当门禁有效时,按钮上方绿灯常亮。按压"A 端紧急释放"按钮可释放 A 端门禁,按压"B 端紧急释放"按钮可释放 B 端门禁。释放门禁后,按钮上方红灯常亮。若紧急情况解除,需要恢复门禁常规运行模式,则再次按压"A 端紧急释放""B 端紧急释放"按钮,按钮上方绿灯常亮,门禁启用成功。

▶▶▶即学即练

请学生点击云课堂——智慧职教 App,完成**"单元 2.6-任务一:AFC 和 ACS 盘面应急操作"**部分的测试。

请教师先在网页版或手机端职教云中完成该任务点的组题。

二、站台门和扶梯(或直梯)盘面应急操作

1.站台门设备应急操作

IBP盘站台门系统应急操作

使用闭式站台门(也称屏蔽门)的车站,在紧急情况下,如车站站台公共区发生火灾,需要开启整侧屏蔽门排烟时,车站值班员可通过 IBP 盘设置的紧急钥匙及按钮(图 2-99),实现整侧屏蔽门的开门控制功能,并通过指示灯显示屏蔽门的开/关状态。

1)开启站台门操作方式

①将钥匙插入相应侧屏蔽门锁孔,转至"有效"位;即操作允许指示灯

红色常亮。

②按下相应站台侧"开门"按钮，屏蔽门开门到位后"开门到位"黄灯常亮，"关闭锁紧"绿灯熄灭。

③使用IBP盘操作屏蔽门开启后，屏蔽门会保持整侧开门的状态。由于站台门控制优先级由低到高依次为系统级控制（SIG控制）、PSL控制、IBP控制、LCB控制、手动控制，而LCB及手动控制方式只能控制单挡门，所以使用IBP开启整侧站台门后，其他开启整侧屏蔽门的方式都无效。

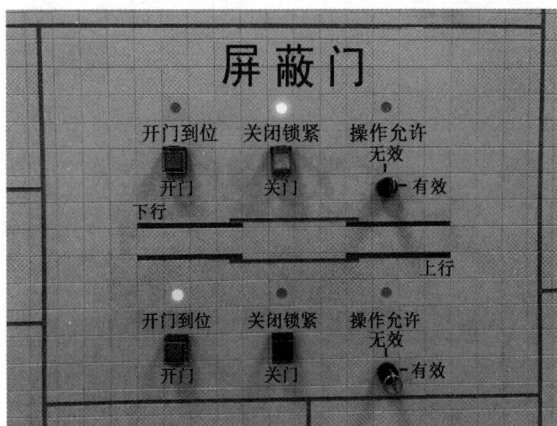

图2-99　站台门盘面

2）紧急情况解除，站台门需恢复正常时，操作方式

①在操作允许有效位状态下，按下相应侧"关门"按钮，屏蔽门关门锁闭后"关闭锁紧"绿灯常亮，"开门到位"指示灯熄灭。

②将屏蔽门操作钥匙转至"无效"位，即操作允许指示灯熄灭。

③当屏蔽门系统正常，屏蔽门开门到位时，IBP盘上"开门到位"指示灯常亮黄灯，IBP盘上"关闭锁紧"指示灯灭灯；屏蔽门关闭锁紧时，IBP盘上"开门到位"指示灯灭灯，IBP盘上"关闭锁紧"指示灯常亮绿灯；屏蔽门开关过程中时，IBP上"开门到位"及"关闭锁紧"指示灯均不亮。

2. 自动扶梯/垂直电梯设备应急操作

当车站发生火灾，自动扶梯/垂直电梯未联动停梯，或车站发生其他紧急情况，需要紧急关停扶梯或直梯时，车站值班员可在IBP盘上关停自动扶梯/垂直电梯。由于无法现场确认扶梯上是否有乘客，因此禁止在非紧急情况下使用"停梯"按钮。在正常运营情况下，自动扶梯及电梯均采用就地控制方式。

图2-100中自动扶梯停梯按钮上下方各有一个三角指示灯，当自动扶梯运行方向为上行方向时，向上的绿色指示灯点亮；当自动扶梯运行方向为下行方向时，向下的绿色指示灯点亮；当自动扶梯停梯时，三角指示灯均不亮。紧急情况下，车站值班员需在IBP盘上关停自动扶梯或垂直电梯时，操作方法如下：

①激活IBP盘。将自动扶梯/垂直电梯模块钥匙插进锁孔，旋转至"有效"位置时，"有效"旁的灯亮起作。

②停梯操作。按下自动扶梯/垂直电梯的停梯按钮。

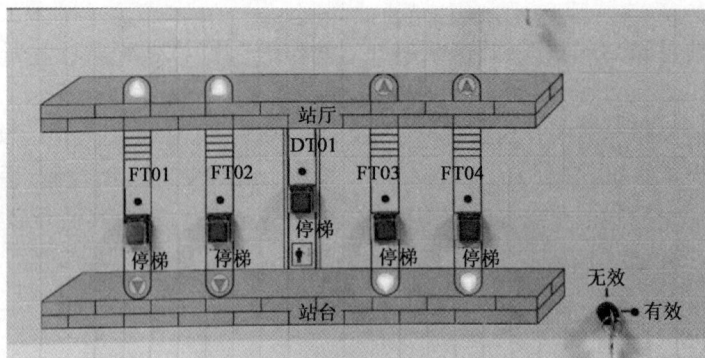

图 2-100　自动扶梯/垂直电梯盘面

▶▶▶**即学即练**

请学生点击云课堂——智慧职教 App,完成"**单元 2.6-任务二:站台门和扶梯设备应急操作**"部分的测试。

请教师先在网页版或手机端职教云中完成该任务点的组题。

三、环控盘面应急操作

地铁环控系统是地铁工程中的一个重要组成部分,环控系统的作用是对地铁的环境空气进行处理,在正常运行期间为地铁乘客提供一个舒适良好的乘车环境,当地铁内发生火灾、爆炸等紧急情况时,环控系统能提供新鲜空气,及时排除有害气体,为人员撤离事故现场创造条件。

1. 车站环控系统

我国的车站环控系统多采用屏蔽门式系统。以屏蔽门式系统为例,可将车站环控系统分为隧道通风系统和车站通风空调系统。其中,车站通风空调系统又分为公共区通风空调系统、设备管理用房通风空调系统、空调水系统。具体包括以下组成部分:

①对地下车站两端区间隧道或站台轨道进行通风和排烟的系统简称为隧道通风系统。其主要设备包括车站轨道排风机、隧道风机、推力风机、射流风机及各类风阀、风道等。

②地下车站公共区通风空调和防排烟系统简称为大系统。其主要设备包括组合空调机、回排风机、排烟风机、新风机、多联式空调机及各类风阀、风管。

③车站管理及设备用房的通风空调和防排烟系统简称为小系统。其主要设备包括各类吊式、座式空调机、回排风机、新风机、风冷机及各类风阀、风管等。

④利用水作为介质为车站公共区和设备区提供冷源的制冷系统简称为水系统。其主要设备包括冷水机组、冷冻水泵、冷却水泵、冷却塔、集/分水器、补水箱、水处理器及各类水阀、水管等。

2. 环控系统的运行方式

1)区间隧道通风系统的运行方式

区间隧道通风系统的运行方式有正常运行、阻塞运行和火灾事故三种运行模式。

(1)正常模式

①早间运行。早间运营前30min,隧道风机(TVF)进行纵向推挽式机械通风(相邻车站两

端 TVF 一排一送），使隧道内充盈新鲜空气。

②正常运行。TVF 停止，打开旁通风阀，利用列车的活塞作用进行通风换气，排除隧道余热余湿。

③夜间运行。夜间收车后 30min，TVF 进行纵向推挽式机械通风，完毕后打开所有风阀，使隧道内充盈新鲜空气。

（2）阻塞模式

当列车故障或前方车站不允许进站，列车停留在区间超过 2min（各城市轨道交通运营公司规定时间不同）时，TVF 通常按行车方向通风，保障人员及列车空调器的安全。列车在区间发生阻塞情况时的气流组织原理图如图 2-101 所示。

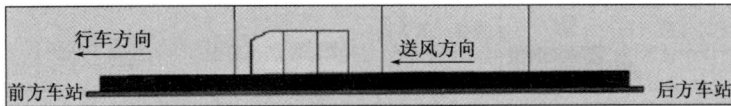

图 2-101　列车在区间发生阻塞情况时的气流组织原理

当列车发生阻塞情况停在区间时超过 2min，车站人员先将 IBP 盘环控打到本地（图 2-102），再在 IBP 盘的隧道通风盘面（图 2-103）上，根据列车阻塞在区间的位置，听从控制中心调度员的命令，按下相应的阻塞按钮，启动相应的风机和风阀。

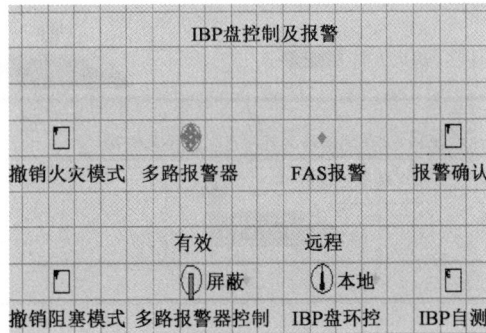

图 2-102　IBP 盘控制及报警盘面

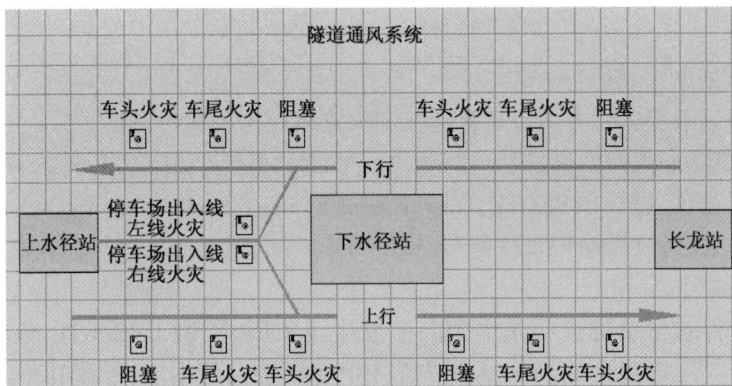

图 2-103　隧道通风盘面

（3）火灾事故模式

根据列车着火点（车头、中部或车尾）、停车位置不同的火灾情况，启动相应的火灾控制模式。在图 2-103 中,当列车在区间隧道着火时,车站人员在 IBP 盘的隧道通风盘面上,根据区间发生火灾位置的不同,听从控制中心调度员的命令,按下相应的火灾按钮,启动相应的风机和风阀。某地铁公司隧道内发生火灾事故的 6 种情况及隧道通风系统气流组织原则如图 2-104 所示。

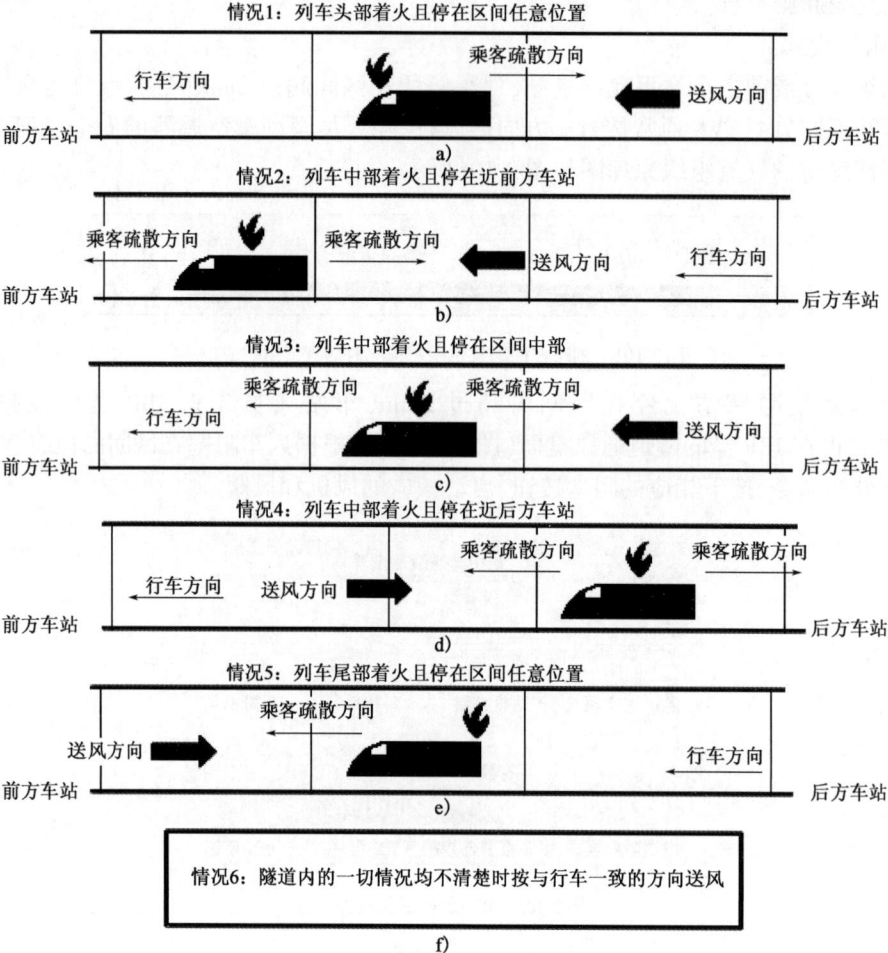

图 2-104　隧道通风系统气流组织原则

2)车站隧道通风系统运行方式

车站隧道通风系统运行方式有正常运行和火灾事故两种运行模式。

(1)正常模式

轨顶和轨旁排热风机(UPE/OTE,Over Tunnel Exhaust/Under Platform Exhaust)低速运转,旁通风阀关闭,机械通风排除列车驻留车站时,列车底部、顶部排出的热风及废气。

(2)火灾事故模式

列车着火并停在车站隧道或站台公共区发生火灾时,控制 UPE/OTE 高速运转,排出烟雾。当列车在车站隧道着火时,车站人员先将 IBP 盘环控打到本地,再在 IBP 盘的车站环控系统—公共区盘面上(图 2-105),按压"上行站线/下行站线"按钮。

3)大系统的运行方式

大系统的运行方式有正常运行和火灾事故两种运行模式。

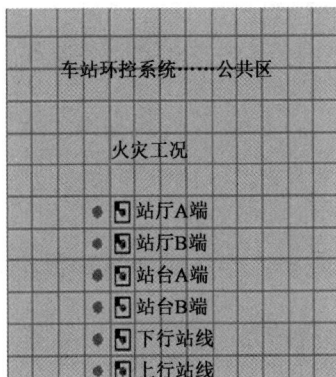
图 2-105　车站环控系统—公共区盘面

（1）正常模式

正常运行时分空调季节和通风季节两种运行方式。其中，空调季节又可根据新风、送风的干/湿球温度有多种运行方式。选择模式时应根据气候变化及车站舒适度情况，结合运营需求及设备状态，合理、灵活地使用通风空调设备。

（2）火灾事故模式

①站台层火灾。

控制风管相关风阀的开/闭，向站厅层送风，停止向站台层送风，站台层进入排烟状态（高速排烟），使得站台层对站厅层形成负气压，阻止了烟雾向站厅层蔓延，并形成了楼梯（扶梯）通道的逃生气流通道。（图 2-106）

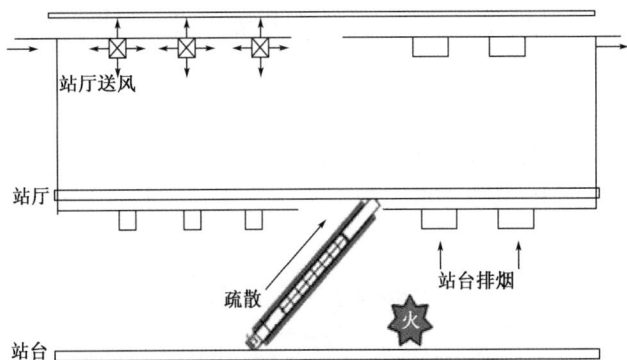
图 2-106　站台层火灾送风排烟原理

当站台公共区发生火灾时，车站人员先将 IBP 盘环控打到本地，再在 IBP 盘的车站环控系统—公共区盘面上，根据火灾发生位置按压"站台 A/B 端"火灾按钮。

②站厅层火灾。

控制风管的相关风阀开/闭，向站台层送风，停止向站厅层送风，站厅层进入排烟状态。使得站厅层对地面、站台层形成负气压，阻止了烟雾向站台层蔓延，并形成了地面楼梯通道的逃生气流通道（图 2-107）。

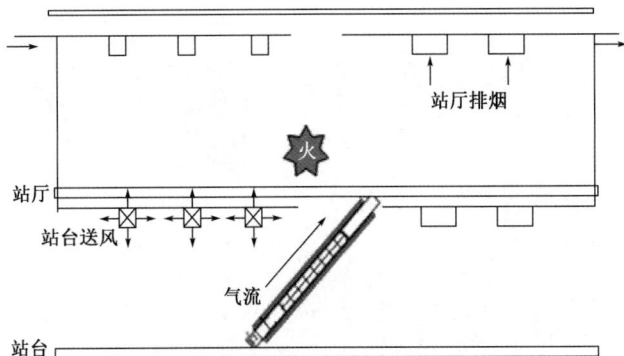
图 2-107　站厅层火灾送风排烟原理

当站厅公共区发生火灾时，车站人员先将 IBP 盘环控打到本地，再在 IBP 盘的车站环控系统——公共区盘面上,根据火灾发生位置按压"站厅 A/B 端"火灾按钮。

若火灾模式按钮按错,则可按压撤销火灾模式按钮,用于撤销车站环控系统和隧道系统已经执行的火灾模式命令。

4)小系统的运行方式

小系统的运行方式有正常运行和火灾事故两种运行模式。

(1)正常模式

小系统与大系统的正常模式类似,选择哪种设备工况应根据设备运行要求、设备和管理用房需求及当地气候情况而定。

(2)火灾事故模式

①有气体和高压细水雾灭火系统的房间,当火灾发生时,应关闭该用房送风防火阀和排烟防火阀以及相应送风机、排风机和房门,以便喷洒灭火气体灭火。在确认火已经被扑灭后,打开上述风阀,先开启排风机排除室内气体,再开送风机,气体排出后,恢复原状态运行。没有气体和高压细水雾灭火系统的房间,当火灾发生时,该用房停止送风,进行排烟,防止烟雾蔓延。

②当设备房发生火灾时,车站人员先将 IBP 盘环控打到本地,再在 IBP 盘的车站环控系统——设备管理用房盘面上(图 2-108),根据火灾发生位置按压相应房间的火灾按钮。

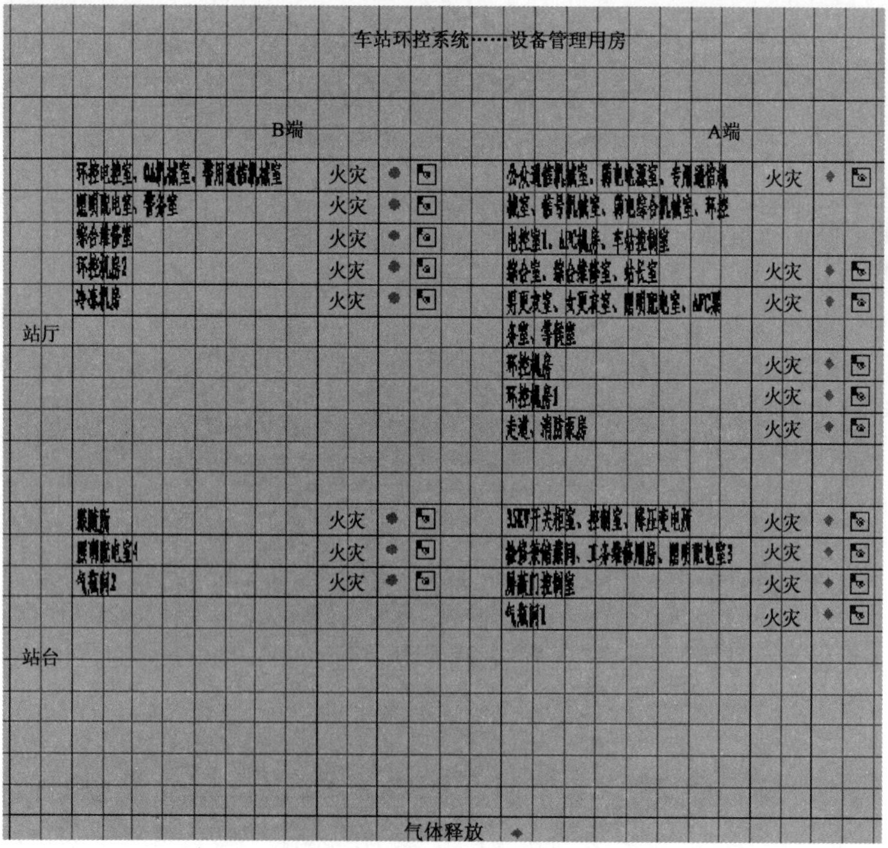

图 2-108　车站环控系统——设备管理用房盘面

102

四、LCP 盘面应急操作

IBP 盘上的信号盘面(图 2-109)又称 LCP 盘(Local Control Panel,信号系统车站就地控制盘),可以实现扣车、放行列车、紧急停车、取消紧急停车等操作。

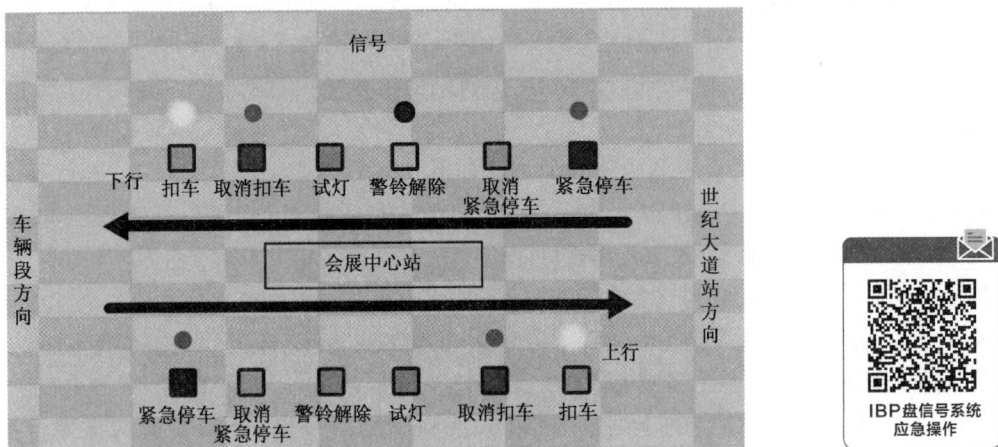

图 2-109　LCP 盘

1.扣车及取消扣车

(1)扣车

因运营调整、前方车站按压紧停未发车、前方区间堵塞或列车救援等需要时,行调或车站值班员应及时采取扣车措施,将列车扣停,列车将进入车站并被扣停在本站,不能发车。操作扣车及扣车取消,一般遵循"谁扣谁放"的原则。

车站人员需在 IBP 盘上进行扣车时,在"扣车"按钮上方黄灯处于常亮状态下,按下相应侧"扣车"按钮,扣车生效后"取消扣车"按钮上方的指示灯红灯闪烁,"扣车"按钮上方黄灯熄灭。此时,在中央列车自动监控系统(Central-Automatic Train Supervision,C-ATS)工作站、车站列车自动监控系统(Local-Automatic Train Supervision,L-ATS)工作站及发车表示器(Train Departure Timer,TDT)上均有相应显示,通常显示"H"。在基于通信的列车控制(Communication-Based Tain Control,CBTC)模式下,CBTC 客车司机显示单元(Driver Machine Interface,DMI)上有相应表示,列车将运行至本站站线后扣停在本站站线,不能发车;在非 CBTC 模式下,相应的出站信号机将不能开放,或原开放的信号将被关闭(进路仍在锁闭状态)。

(2)取消扣车

当列车可以放行时,车站人员在征得行调同意后或在行调指示下,即可按下相应侧"取消扣车"按钮,扣车取消,列车可以发车。"扣车"按钮上方指示灯黄灯常亮,"取消扣车"按钮上方的指示灯红灯熄灭。此时,在 C-ATS 工作站、L-ATS 工作站及车站 TDT 的"H"字母

图 2-110　紧急停车按钮

消失。

2.紧急停车及取消紧急停车

（1）紧急停车

OCC 不设紧急停车按钮，每站设有多个"紧急停车"按钮（Emergency Stop Button，ESB）（图 2-110），在每个车站的站台及车控室内均设有"紧急停车"按钮。含两侧站台的车站设有 6 个"紧急停车"按钮，每侧站台设 2 个"紧急停车"按钮，IBP 盘上对应上下行各设一个"紧急停车"按钮。站台"紧急停车"按钮与 IBP 盘相连通，站台上的"紧急停车"按钮被按压时，车站控制室的 IBP 盘将报警。当发生列车运行将危及乘客生命安全或行车安全的事件时（如站台门或车门夹人夹物、运营期间轨行区拾物、运营期间轨行区抢修等），车站应及时按下"紧急停车"按钮，能保护乘客或设备安全。

在图 2-109 中，IBP 盘上设置紧急停车的方法如下：

按下相应侧"紧急停车"按钮，"紧急停车"按钮上方指示灯红灯常亮，蜂鸣器响起；按下"警铃解除"按钮，蜂鸣器消音，紧急停车按钮上方指示灯红灯依旧常亮。

在 CBTC 模式时，当"紧急停车"按钮被按下，区域内行驶的 CBTC 客车（客车全部或者部分在区域内时）会紧急制动，停车的 CBTC 客车（客车全部或者部分在区域内时）将收不到速度码，区域外的 CBTC 客车将在区域外停车。

在非 CBTC 模式时，该站台的出站信号机（含反向出站信号机）及所有通向该站台进路（含反向进路）的始端信号机如在开放状态下将被关闭，如在关闭状态下将不能开放。

（2）取消紧急停车

当危及乘客生命安全或危及行车安全的事件处理完后，列车可以恢复正常运行时，车站在征得行调同意后方可进行"取消紧急停车"的操作。

在图 2-109 中，操作方法如下：

按下相应侧"取消紧急停车"按钮，"紧急停车"按钮上方指示灯红灯灭灯，蜂鸣器响起；按下"警铃解除"按钮，蜂鸣器消音，恢复正常。

需要注意的是，操作"紧急停车"和"取消紧急停车"蜂鸣器都会发出报警，操作后都需要按下"警铃解除"进行消音。

▶▶▶**即学即练**

请学生点击云课堂——智慧职教 App，完成**"单元 2.6-任务四：信号设备应急操作"**部分的测试。请教师先在网页版或手机端职教云中完成该任务点的组题。

技能训练

1.训练目的

通过实操考核，帮助学生进一步掌握 IBP 盘的使用方法。

2.评价方式

由教师完成评价,根据学生的操作速度及答题的准确度进行评分。

序号	考核项目	口述考核内容	实操考核内容	权重	得分
1	AFC设备应急操作	操作前提条件	操作方法、恢复正常的方法	8%	
2	门禁设备应急操作	操作前提条件	操作方法、恢复正常的方法	8%	
3	站台门设备应急操作	操作前提条件	操作方法、恢复正常的方法	8%	
4	扶梯(或直梯)应急操作	操作前提条件	操作方法、恢复正常的方法	8%	
5	区间隧道通风设备应急操作	阻塞模式及火灾模式的操作前提条件	阻塞模式及火灾模式的操作方法、恢复正常的方法	16%	
6	车站隧道通风设备应急操作	操作前提条件	操作方法、恢复正常的方法	8%	
7	大系统设备应急操作	操作前提条件	操作方法、恢复正常的方法	8%	
8	小系统设备应急操作	操作前提条件	操作方法、恢复正常的方法	8%	
9	扣车	操作前提条件	操作方法、恢复正常的方法	8%	
10	紧急停车	操作前提条件	操作方法、恢复正常的方法	8%	
11	在规定时间内完成考核			12%	
总分				100	

思考题

1.导向标志主要有哪几种? 分别有何作用?

2.乘客信息系统的英文缩略语是什么? 从结构上可分为哪几个子系统? 其信息显示的优先级哪个最高?

3.自动扶梯在使用中应重点关注哪些问题?

4.垂直电梯出现困人事故时应如何处理?

5.FAS火灾模式的启动方式有哪些?

6.简述车站常用灭火器的分类。

7.简述火灾的分类。

8.简述气体灭火系统的警铃、声光报警器、放气指示灯设置的作用。

9.站台门的三级五种控制指的是什么?

10.站台门故障处理要点主要有哪些?

11.专用电话系统包括哪些? 适用于哪些人员进行通话?

12.采用屏蔽门式系统的车站环控系统,由哪些设备构成?

模块 3 车站日常运作管理

教学目标

1. 知识目标

（1）了解车站管理基本制度，认知车站各岗位的职责。

（2）掌握车站值班站长、行车值班员、客运值班员、售票员、站厅站务员、站台站务员的作业流程。

（3）熟练掌握车站日常运作程序。

2. 能力目标

（1）能在掌握车站管理基本制度后，制作车站各岗位的排班表。

（2）能在掌握车站各岗位的职责和作业流程后，扮演车站各岗位进行各岗位的作业流程演练。

（3）能在掌握车站日常运作程序后，分角色进行车站开站、巡查、关站作业演练。

3. 素质目标

通过本模块的训练，建立各岗位的责任意识，培养团队合作精神及爱岗敬业的职业素养。

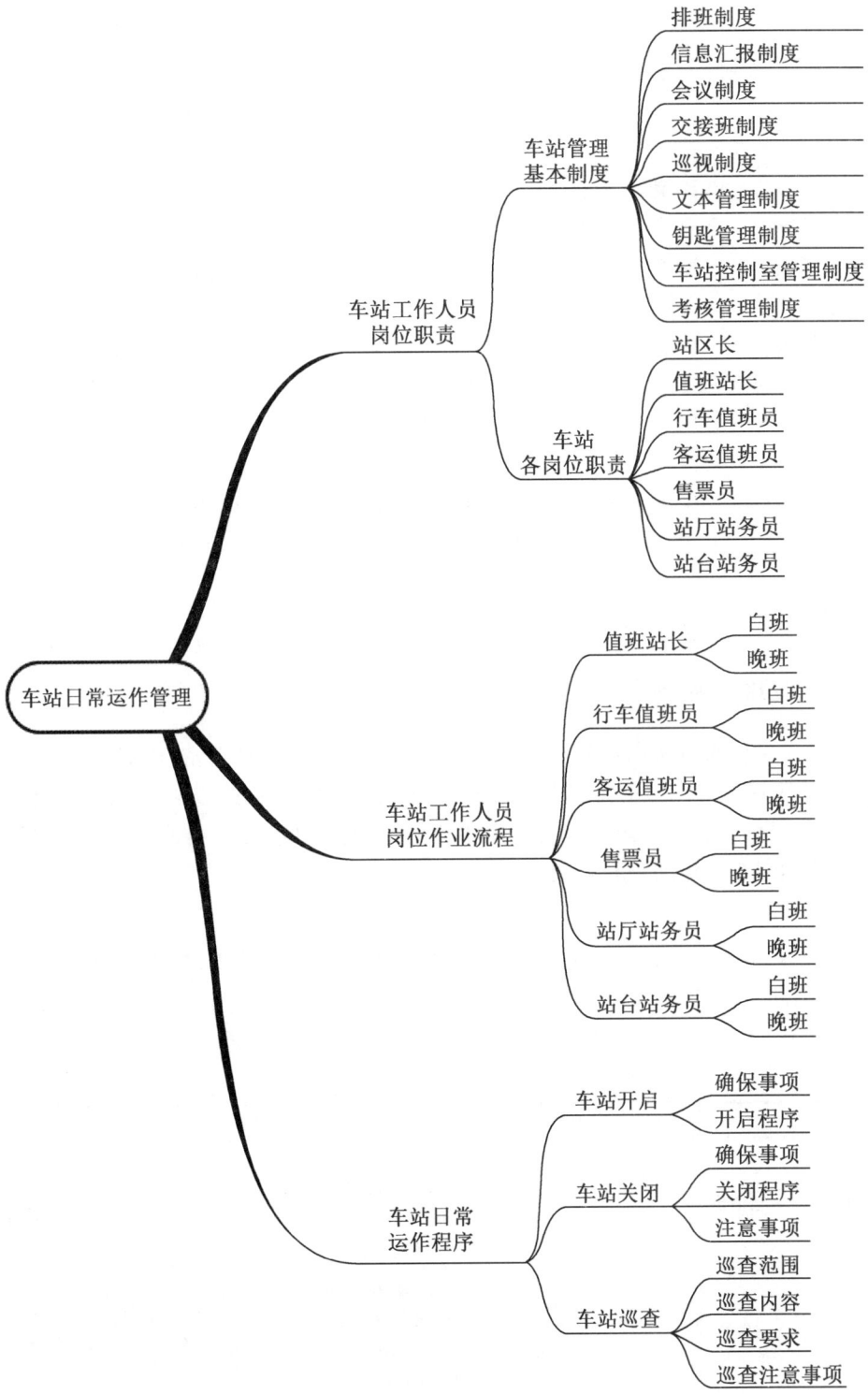

车站日常运作管理

- 车站工作人员岗位职责
  - 车站管理基本制度
    - 排班制度
    - 信息汇报制度
    - 会议制度
    - 交接班制度
    - 巡视制度
    - 文本管理制度
    - 钥匙管理制度
    - 车站控制室管理制度
    - 考核管理制度
  - 车站各岗位职责
    - 站区长
    - 值班站长
    - 行车值班员
    - 客运值班员
    - 售票员
    - 站厅站务员
    - 站台站务员

- 车站工作人员岗位作业流程
  - 值班站长
    - 白班
    - 晚班
  - 行车值班员
    - 白班
    - 晚班
  - 客运值班员
    - 白班
    - 晚班
  - 售票员
    - 白班
    - 晚班
  - 站厅站务员
    - 白班
    - 晚班
  - 站台站务员
    - 白班
    - 晚班

- 车站日常运作程序
  - 车站开启
    - 确保事项
    - 开启程序
  - 车站关闭
    - 确保事项
    - 关闭程序
    - 注意事项
  - 车站巡查
    - 巡查范围
    - 巡查内容
    - 巡查要求
    - 巡查注意事项

单元 3.1　车站工作人员岗位职责

学情检测

1. 上班不用倒班的岗位是(　　)。
   A. 行车值班员　　　　B. 值班站长　　　　C. 客运值班员　　　　D. 站区长
2. 车站交接班会由以下哪个岗位的员工组织(　　)。
   A. 行车值班员　　　　B. 值班站长　　　　C. 客运值班员　　　　D. 站务员
3. 以下车站哪个地方24h有人值班(　　)。
   A. 车站控制室　　　　B. 票务室　　　　C. 站长室　　　　D. 客服中心
4. 通常车站负责和控制中心各调度员、各设备厂商、110、120等联系的岗位是(　　)。
   A. 行车值班员　　　　B. 站区长　　　　C. 客运值班员　　　　D. 站务员
5. 售票员日常工作场所是(　　)。
   A. 车站控制室　　　　B. 票务室　　　　C. 站长室　　　　D. 客服中心

知识学习

一、认识车站管理基本制度

城市轨道交通车站作为直接向乘客提供运输服务的生产单元,需要严密、规范的管理。城市轨道交通车站通常有一套完整的排班制度、信息汇报制度、会议制度、交接班制度、巡视制度、文本管理制度、钥匙管理制度、车站控制室管理制度、考核管理制度及相关规定,以保障城市轨道交通车站客运组织工作的顺利开展。

1. 排班制度

城市轨道交通一旦投入运营,车站是24小时作业的,运营时间接待乘客,非运营时间进行设备保养、维修。因此,必须按照工作的需要,对车站各岗位实行定岗定员,一般采用轮班制,车站员工根据排班表的安排上岗。某地铁公司车站站务人员排班方式见表3-1。

某地铁公司排班方式　　　　　　　　　　　　　　　　　表 3-1

适 用 对 象	上 班 制	具体排班方式
站区长	常白班	不倒班,正常上班8h制
值班站长、行车值班员、客运值班员(客流大站)	四班、两运转	采取24h轮班制,四班:四个班组轮番上班;两运转:24h分为白班、晚班两个班次。每个班组采用白、晚休的轮班方式
客运值班员(客流小站)、站务员	三班、两运转	采取运营期间轮班制,三班:三个班组轮番上班;两运转:运营期间分为早班、中班两个班次。早班从运营开始到14:00,中班从14:00到运营结束,每个班组采用中、早休的轮班方式
实习生	长白班	不倒班,白班时间通常为11h或12h,上一天班休息一天

某地铁公司排班原则及要求

（1）根据实际工作需要及定岗要求，紧凑、合理、科学地排班，确保精简高效地完成各项生产任务。

（2）排班要严格遵守有关劳动法律法规，严格执行分公司排班与考勤相关规定。

（3）排班要根据员工业务情况及新老情况进行搭配。

（4）排班要以优先服务乘客为原则。

（5）员工上岗必须持有本岗位资格证，并经正式聘任，只能高岗顶低岗，不能低岗顶高岗。

（6）按各站核定的定员定岗标准执行，不能擅自增加或减少岗位。

（7）在特殊情况下，如遇临时改变行车计划、大客流等情况，需及时上报，及时调整。

2. 信息汇报制度

车站每天有大量信息需要向外反馈，必须有清晰的汇报流程，以确保信息的反馈能得到及时、有效合理地处理。通常汇报信息包括一般信息和紧急信息。一般信息可以每天汇总，按照规定逐级反映到相关部门处理；紧急信息、特殊信息可在中心内越级上报。信息汇报应遵循"迅速、准确、真实、持续"的原则。

（1）迅速原则

员工要树立发生事件第一时间汇报的意识，事件发生3min内按信息汇报流程要求报中心相关人员，如相关人员电话接不通可越级上报，确保信息能迅速传递。

（2）准确原则

掌握事件汇报四要素：

①时间，汇报时要说清楚事件发生的时刻并使用24h制（如15∶07），除时间外向行调报告需使用行车标准用语。

②地点，汇报时要说清楚事件发生具体地点，如车站、站厅、站台、上下行、A出入口等，不可用我这里、那边等描述不确切的地点用语。

③人物，汇报时要说清楚事件中主要的人物特征，如男、女、是否员工、年龄等。

④事件简要经过。

（3）真实原则

信息汇报要实事求是，未了解清楚前不能主观臆测，车站可协助现场员工做好人证、物证的收集工作（如CCTV监控、录音笔等）。处理过程中以事实为依据，杜绝为减轻责任而弄虚作假。

（4）持续原则

突发事件的汇报不仅指事件发生的当时，随事件处理进展，还包括救援、处理过程及处理结果的阶段性汇报。

某地铁公司车站每日信息汇报内容见表3-2。

车站每日信息上报表   表 3-2

项　　目		数　　量	信 息 内 容	信息处理情况
安全	晚点			
	安全联控			
	夹人夹物			
	突发事件			
	施工卡控			
客运、票务	客伤处理			
	好人好事			
	乘客建议			
	票务设备异动			
	预制票库存情况			
设备设施	设备故障			
	设备被盗或损坏			
培训	培训			
演练	公司级			
	处室级			
	中心级			
	车站级			
其他工作				

3. 会议制度

传达近期重要信息，总结过去的运营工作情况，布置后续工作重点，进行思想教育，培训相关知识。某地铁公司车站会议制度内容见表 3-3。

车站会议制度内容   表 3-3

会议种类	频　率	参加人员	主持人	主要内容
全站值班站长大会	每月一次	车站全体值班站长	站(区)长	上月工作总结、值站工作点评、重要信息传达等
全站员工大会	每月一次	车站全体员工	站(区)长	上月工作总结、本月工作布置、重要信息传达、员工培训等
车站综合治理工作会议	根据需要指定时间召开	警务站、商铺、银行负责人、保洁班长及其他相关负责人	站(区)长	解决、协调车站内的综合治理工作，传达相关重要通知，上月工作落实、本月工作重点等
交接班会议	每班一次	白、晚班员工	值班站长	传达近期工作重点、重要文件精神，总结本班运营工作情况，进行思想教育，培训相关知识

4. 交接班制度

交接班原则:清楚明了、重点突出。做到接班人员能清楚地了解上一班的重要事务,不得遗漏,并交接清楚,一般事务则简明扼要交接。交接工作应做到"交不清不走,听不明不接",在接班中模糊、有疑点的问题要问清楚。

某地铁公司车站各岗位交接内容见表3-4。

各岗位交接班内容 表3-4

岗 位	交 接 内 容	台 账 记 录
值班站长	岗位人员情况	"值班人员登记表"
	车站设备设施、工器具、备品状态	"车站巡视记录表""车站设备设施故障登记本"
	门禁卡/钥匙、备品借用情况	"门禁卡、钥匙借用登记表""车站备品借用/归还登记本"
	列车运行情况	"行车日志""值班人员登记表"
	车站施工情况	"车站施工登记本"
	车站票务工作	"车站票务交接班登记本"
	核实上一班完成或未完成的工作	"值班人员登记表""信息传递表""车站票务交接班登记本"
	其他需特别说明的情况	"值班人员登记表"
行车值班员	进路开通及HMI工作状态(集中站)	
	车控室SC系统、ACS、PIS、ISCS、FAS等系统运行情况	
	列车运行情况	"行车日志""值班人员登记表"
	车站设备设施、工器具、备品状态	"车站设备设施故障登记本"
	行车备品情况(数量及状态),门禁卡/钥匙、备品借用情况	"门禁卡、钥匙借用登记表""车站备品借用/归还登记本"
	车站施工情况	"车站施工登记本""调度命令登记簿"
	核实上一班完成或尚未完成的工作	"值班人员登记表""信息传递表"
	其他需特别说明的情况	"值班人员登记表"
客运值班员	AFC设备、门禁卡/钥匙、工器具、备品备件及对讲设备情况	"车站票务交接班登记本""票务钥匙使用记录表"
	备用金、票款及车票数量	"车站票务交接班登记本"
	发票	"车站票务交接班登记本"
	核对票务报表	
	其他需特别说明的情况。	"车站票务交接班登记本"
站务员(售票工作)	票务备品、工器具及对讲设备	"车站客服中心交接记录表"
	钥匙(客服中心钥匙、BOM收银钱箱钥匙等)	"车站客服中心交接记录表"
	登录BOM,检查BOM状态	
	其他需特别说明的情况	"车站客服中心交接记录表"

岗　　　位	交　接　内　容	台　账　记　录
站务员(站厅站务员工作)	对讲设备及钥匙(员工通道门钥匙、自动扶梯钥匙等)	"门禁卡、钥匙借用登记表""车站备品借用/归还登记本"
	设备、设施状况	"车站设备设施故障登记本"
	其他需特别说明的情况	

知识链接

某地铁公司出现以下情况之一:不允许交接班

(1)按电话闭塞法办理行车作业过程中不允许交接班。

(2)一次折返作业未完成不允许交接班。

(3)一次票务纠纷未处理完不允许交接班。

(4)设备、备品、票据、钱款等不清时不允许交接班。

(5)遇设备故障等影响车站正常运营时不允许交接班。

(6)接班人员未到岗时不允许交接班。

(7)岗位卫生不洁不允许交接班。

5.巡视制度

城市轨道交通车站作为一个开放型的公共场所,服务对象的群体具有流动性、临时性、复杂性、不确定性等特点。为保障城市轨道交通车站运营时间各种设施设备正常运行,车站工作人员需要在日常工作中进行巡视,及时查明及消除隐患,以保证场所、设施和设备、人身及财产的安全。城市轨道交通车站通常对车站巡视工作制定制度,明确各岗位巡视的范围和巡视的要求,实行巡点签到、登记记录等制度,确保不漏巡、不跳巡。某地铁公司车站巡视记录表见表3-5。

车站巡视记录表　　　　　　　　　　　表3-5

检查内容		要　　求	检查情况		发现问题及跟进措施
			早班	中班	
公共区	站台站厅乘客服务情况	(1)售检验票口乘客有序排列,无乘客排长队			
		(2)售票员按规定唱票、验票			
		(3)工作人员严格检查、防止乘客逃票、漏检现象			
	自动售票机(TVM)	(1)机壳无损伤;外观清洁			
		(2)显示灯正常			
		(3)出票口无杂物堵塞			
		(4)投币口无杂物堵塞			
		(5)钥匙孔无堵塞			
		(6)TVM功能正常			
	……	……			
	地面	地面干净、无积水、杂物			

检查内容	要 求	检 查 情 况		发现问题及跟进措施
		早班	中班	
出入口	出入口(5m 范围内)	(1)地面清洁		
		(2)无闲杂人员逗留		
		(3)无人群拥挤		
		(4)无障碍物		
······	······	······		

6. 文本管理制度

为规范车站文本的分类、归纳、更新、保管以及使用,城市轨道交通车站一般都制定管理制度。车站设专人负责进行分类、归档管理等工作。属于规章、规定或长期使用的文件,必须按照文件分类存档至相应文件盒内;其他属于时效性类通知(如会议、推迟考试、培训等通知)无须归档,处理完毕后统一存放至"已处理文件盒"。

(1)标准文本管理规定

车站指定专人负责建立本站领取的标准文本档案,并做好文本统计工作。车站所有标准文本需集中存放在固定位置,并建立"车站文本借阅登记表",做好文本借阅登记,防止文本丢失。

(2)文件管理规定

①当班值班站长/行车值班员负责下载当天下发的文件,重要文件交值班站长批示处理。

②需全员阅知的文件要求在一周内传阅完毕,中心站站(区)长/值班站长对每班员工传阅文件的学习情况进行跟进,对没有在规定时间内学习文件的员工进行考核。

7. 门禁卡、钥匙管理制度

城市轨道交通车站的结构布局通常比较复杂,设有多个设备房间满足正常运营的需要,为保障设备的正常运作,防止闲杂人员进入,通常都有严格的门禁卡、钥匙管理制度。

日常需在车控室存放一套车站所有房间的钥匙,设立专柜存放(图3-1),由行车值班员负责保管、交接和办理借用手续。钥匙在使用后必须及时放回固定位置,每次借出、归还都要在"门禁卡、钥匙借用登记表"(表3-6)上登记。有的地铁公司使用智能钥匙柜,借用、归还钥匙无须行车值班员办理,采用密码或指纹解锁即可(图3-2)。车站备用钥匙由值班站长负责保管和交接,原则上仅在应急情况下使用;其他钥匙,由站长负责保管。

门禁卡、钥匙借用登记表　　　　　　　　表 3-6

序号	借用时间	借用门禁卡/钥匙编号	数　量	用　途	借用人	发放人	归还时间	归还受理人

图 3-1 某地铁车站文件管理/钥匙管理柜

图 3-2 某地铁车站智能钥匙柜

8.车站控制室管理制度

车站控制室是车站监督、指挥车站运作的核心场所,车站控制室内集中了车站设备控制系统和行车指挥系统等重要设备,必须严格管理。启用的车站控制室须24h有人值守的重要场所。因工作原因进入车站控制室必须佩戴有效证件并说明原因;车站控制室的值班人员作为车站控制室的负责人,负责车站控制室的安全。

9.考核管理制度

在车站日常管理过程中,为增强员工的安全生产意识,调动员工参与安全生产的积极性,维护正常的生产秩序,需要建立员工绩效评价体系,对员工的工作量、完成工作任务的质量、工作态度、岗位技能、安全与纪律等方面进行评价。车站成立以站长为组长的考评小组,负责按照有关考评规定(表3-7)对车站员工进行考评。员工对考评若有异议,可向考评小组提出反馈意见。

某地铁公司站务岗位关键事项加分细则   表 3-7

类　　别	关　键　事　项	加　分　标　准
综合	每月按时上报各专业报表且1个年度内上报表格准确无误	填报人、专业负责人、审核人每次加2分
安全	发现一般安全隐患,妥善处理	每次加1分
	道岔故障处理妥当	每次加3分
	其他突发事件处理妥当	每次加1分
培训	室级业务抽问优秀的	每次加1分
	公司级技术比武第一名、第二名、第三名(无奖励金的)	第一名加6分、第二名加4分、第一名加3分
	经常对车站培训工作提出合理化建议并及时应用到工作中去,效果明显,受到领导表扬	视情况加2分
票务	售票员、客运值班员线段客流大、中、小站无出现票务差错	客流大站一个月无差错加1分; 客流中站二个月无差错加1分; 客流小站三个月无差错加1分
客服	在乘客服务中表现突出,受到乘客书面形式来信表扬及感谢的主要当事人	每次加1分
	季度服务优秀,被评为部门季度服务明星、微笑使者	每次加2分

114

二、认知车站各岗位职责

1. 中心站站长(站区长)岗位职责

(1)指导所管辖范围内的车站工作

①行车、客运和票务管理。组织执行车站行车组织方案,开展车站客运和票务工作,编制日常及节假日客运组织方案,定期做好车站行车、客运和票务的计划、检查、总结工作。

②乘客服务管理。监督车站乘客服务工作,为乘客提供优质服务,受理并处理乘客投诉、来信、来访;汇总服务案例,总结服务技巧,提高车站员工的服务质量。

③安全管理。贯彻实施各项安全管理制度和措施,遇突发事件、事故时组织所辖车站员工执行相应的应急处理程序,定期进行安全工作总结和员工安全教育。

(2)班组管理和培训工作

在班组管理方面,对所辖车站员工进行管理考核,负责车站与驻站部门、接口单位建立联劳协作关系,协调车站相关工作。

在培训工作方面,负责制订车站培训及演练计划,定期进行员工教育,掌握员工思想、工作状况,按车站实际情况安排并开展培训工作,定期检查培训效果,进行培训总结。

2. 值班站长岗位职责

(1)管理并监督当班期间车站内的所有活动

①按规定巡站,组织站务人员做好开关站工作,检查指导行车、票务、服务工作,必要时协助顶岗。

②随时掌握站内行车工作、客运工作和相关设备的现状,重点监控消防设备、FAS 及其他重要设备设施的运作情况,监督管理维修施工作业。

③及时处理车站发生的行车事故、乘客纠纷、投诉、来访,尽可能减少对车站正常运营和乘客的不良影响。

④当车站出现突发情况时,组织指挥站内所有工作人员执行应急预案,并及时上报突发情况。

(2)员工管理

在员工管理方面,按规定组织召开交接班会,合理安排岗位,协调岗位工作,掌握当班员工思想状况,组织实施车站员工培训、演练工作。

3. 行车值班员岗位职责

①监视车站行车、客运、票务等设备的运行情况,重点监控车站消防设备及 FAS 的运作情况。在设备、设施发生故障时,及时上报并登记。

②负责车站行车工作,监控列车运行情况及乘客动态,并按规定及时播放广播。在必要

行车值班员岗位职责

时,集中站行车值班员在车站联锁工作站上办理本联锁区段的行车工作。

③遇突发事件、事故时,操作车控室内相关设备,根据值班站长指示执行相应的应急处理程序。

④接到文件、通知须及时登记、汇报,并协助值班站长处理开/关站及其他工作。

⑤办理施工请销点手续,做好安全防护监督工作。

⑥负责车站范围内的备品和钥匙管理,做好借用、归还登记工作。

4. 客运值班员岗位职责

客运值班员在值班站长的领导下,主管车站客运、票务管理,组织客运服务工作。

①做好补币补票、售票员的票款配备和结算、更换钱箱、更换票箱、封装车票、封装现金、现金解行等票务工作,及时将相关数据输入 SC 系统,并填写、上交报表。

②巡视车站,监督指导客运及票务工作,检查售票员工作情况,进行必要的复核,监督票务政策的执行。

③按程序及值班站长指示做好开关站工作,协助值班站长做好车站客流组织与控制,处理相关客运、票务、乘客事务、票务设备故障的报修与处理及失物处理、乘客投诉等工作。

④保持票务室及客服中心的整洁,并检查是否有车票、现金遗漏,检查发票使用情况。

⑤遇突发事件、事故时,根据值班站长指示执行相应的应急处理程序。

5. 售票员(票务员、客服中心岗)岗位职责

①上票前与客运值班员进行票款配备工作,按规定与交班售票员交接;下班时按规定与接班售票员交接后,到票务室与客运值班员进行结算工作,做好票务钥匙、票务设备、对讲设备的交接工作,完成相应票务报表的填写。

②了解工作注意事项,严格执行票务政策,按要求进行售票、充值、更新、补票、退款、兑零、延期、无效票处理等工作,保持客服中心的整洁,保持客服中心门为锁闭状态。

③执行公司各项规章制度,为乘客提供优质服务。

④遇突发事件、事故时,根据值班站长指示执行相应的应急处理程序。

6. 站厅站务员岗位职责

站厅站务员(站厅岗)主要负责关注站厅付费区和非付费区乘客的动态,主要工作内容包括协助乘客使用车站设施、维持站厅和出入口秩序、解答乘客疑问、协助残疾人士和处理突发事件、确保乘客安全等。具体的岗位职责如下:

①了解工作注意事项,带齐工作所需备品准时到岗,引导乘客正确使用 AFC 设备,及时处理 AFC 设备故障,引导不能正常进出闸的乘客到客服中心处理;耐心解答乘客咨询,如遇解决不了的问题立即报车控室。

②巡视车站,检查车站卫生,发现积水、垃圾、杂物等及时通知保洁人员处理;巡查各项设备的状态,发现设备故障、安全隐患及时上报车控室;引导携大件行李的乘客乘坐垂直电梯;遇乘客携带超长、超大、超重物品或违禁物品时,阻止乘客进站乘车,并做好解释工作;发现乘客有违反地铁规定的行为,要及时劝止并报车控室,按指示处理。

③协助客运值班员更换钱箱和票箱,必要时,按值班站长指示到临时售票亭售卖预制单程票或纸票。

④遇突发事件、事故时,根据值班站长指示执行相应的应急处理程序。

7.站台站务员(安全员)岗位职责

站台站务员(安全员)的设置主要是为了保证站台的作业安全,发现紧急事件时能及时进行处理。站台岗除了正常接发列车外,还要负责站台区域的巡视工作,保证设备和设施状态正常。

站台岗的主要工作内容包括进行站台巡查、监控站台乘客乘降情况、监控列车运行情况、播放或人工进行站台广播、解答乘客疑问及协助伤残人士等。具体的岗位职责如下:

①随时关注站台乘客动态,提醒乘客不要倚靠站台门,维护站台秩序。主动疏导站台聚集的乘客到乘客较少的一端候车。发现乘客有违规行为时,应及时制止,并做好解释工作。

②按照站台岗作业标准程序监视列车到发,组织乘客有序乘降,巡视站台及线路出清情况。列车进站时,站在自动扶梯口至紧急停车按钮之间阻止乘客抢上抢下,发现紧急情况时按压"紧急停车"按钮。

③解答乘客问询,关注行动不便乘客,必要时扶其上下车。

④发现站台有异常情况时,立即报告车控室,并按指示处理。

⑤与司机互联互控,发生异常情况时通知司机;司机要求车站协助时,应按规定予以配合(如车门故障等)。

⑥遇突发事件、事故时,根据值班站长指示执行相应的应急处理程序。

▶▶▶ **即学即练**

请学生点击云课堂——智慧职教 App,完成"**单元 3.1-任务二:认知车站各岗位职责**"部分的测试。

请教师先在网页版或手机端职教云中完成该任务点的组题。

✏️ **技能训练**

1.训练目的

通过设计当月某地铁车站站务人员排班表(表 3-8),帮助学生进一步明晰车站各岗位及排班制度,初步建立站务岗位工作的意识。

2.训练要求

某地铁车站站务岗位包括 1 名站(区)长,若干名值班站长、行车值班员、客运值班员、售票员、站厅站务员、站台站务员。

(1)根据表中已知的信息,填写表中人数栏。

(2)请根据车站现有岗位为车站设计当月排班表。

某地铁车站站务人员排班表 表 3-8

岗　　位	上　班　制	排　班　代　号	人　　数
站(区)长	常白班	Z(9:00—18:00)	1
值班站长	四班、两运转	A1:白班(9:00—20:00);A2:晚班(20:00—次日9:00)	

岗 位	上 班 制	排 班 代 号	人 数
行车值班员	四班、两运转	B1:白班(9:00—20:00);B2:晚班(20:00—次日9:00)	
客运值班员	四班、两运转	C1:白班(9:00—20:00);C2:晚班(20:00—次日9:00)	
售票员	运营期间三班、两运转(中、早休)	D1:早班(6:00—14:00);D2:中班(14:00—运营结束)	
站厅站务员	运营期间三班、两运转(中、早休)	E1:早班(6:00—14:00);E2:中班(14:00—运营结束)	
站台站务员	运营期间三班、两运转(中、早休)	F1:早班(6:00—14:00);F2:中班(14:00—运营结束)	

3. 评价方式

根据齐全度、准确度和合理度进行评分,总分 100 分。

单元 3.2 车站工作人员岗位作业流程

学情检测

1. 客运值班员可根据以下哪项台账核对数据进行交接?(　　)

　　A. 车站施工登记本

　　B. 调度命令登记本

　　C. 行车日志

　　D. 车站票务交接班登记本

2. 车站各岗位交接班须遵循的原则是(　　)。

　　A. 清楚明了、重点突出

　　B. 认真、细致、周全、真实

　　C. 迅速、准确、真实、持续

　　D. 集中领导、统一指挥

3. 车站值班站长采用四班、两运转的轮班制,至少需要几名值班站长?(　　)

　　A. 2　　　　　　　　　　　　　　B. 3

　　C. 4　　　　　　　　　　　　　　D. 5

4. 以下哪项不是行车值班员交接班时应交接的内容?(　　)

　　A. 钥匙　　　　　　　　　　　　B. 备品

　　C. 台账　　　　　　　　　　　　D. 票款

　　根据各城市轨道交通公司的运营需要,车站每天的工作会分为白班和晚班两个班次,每班通常配备1位值班站长、1～2位行车值班员、1～2位客运值班员、其他站务员数名。例如,每班值班站长1名(白班9:00—20:00,晚班20:00—9:00),行车值班员1名(白班9:00—20:00,晚班20:00—9:00),客运值班员1名(白班9:00—20:00,晚班20:00—9:00),售票员、站厅站务员、站台站务员(白班6:00—14:00,晚班14:00—运营结束),下面以此例说明各岗位作业流程。

员工岗前准备

一、认知值班站长作业流程

1.值班站长白班作业流程(表3-9)

值班站长白班作业流程　　　　　　　　　　　　　　表3-9

班　次	时　间	作　业　流　程
白班	班前	(1)在"值班人员登记表"上签到,与交班值班站长交流,熟知上一班的运营情况,核实上一班完成或未完成的工作,发现模糊、有疑点的问题要问清楚。 (2)列队点名,整理着装,检查本班组员工仪容仪表。 (3)组织召开交接班会,传达重要文件、命令,安排各岗位当班工作。 (4)与交班值班站长交接:清点检查钥匙、行车备品、消防设备、对讲设备等,确认数量正确,功能完好;查看各种台账记录并做好交接工作(如"车站施工登记本""调度命令登记本""行车日志""车站设备设施故障登记表"等);确认无误后在交接班本上签名
	班中	(1)巡视站厅、站台、出入口及车站设施、设备,做好记录。 (2)检查班组作业标准、劳动纪律及工作状态等;指导行车、票务、乘客服务等工作。 (3)及时处理乘客特殊事务、处理文件、需要时进行顶岗。 (4)监控施工情况,发现违章情况应及时做出处理。 (5)定时全面巡视车站,做好记录。 (6)安排、顶替有关岗位职工用餐
	班后	(1)检查备品及相关台账。 (2)与接班值班站长做好交接工作:移交上级文件,重点说明新文件、通知、命令;当班期间存在问题、隐患及处理情况;本班已完成和未完成的工作。确认无误后在交接班本上签名。 (3)监督客运值班员的交接工作。 (4)在"值班人员登记表"上签走

2.值班站长晚班作业流程(表3-10)

值班站长晚班作业流程 表 3-10

班　　次	时　　间	作 业 流 程
晚班	班前	(1)在"值班人员登记表"上签到,与交班值班站长交流,熟知上一班的运营情况,核实上一班完成或未完成的工作,发现模糊、有疑点的问题要问清楚。 (2)列队点名,整理着装,检查本班组员工仪容仪表。 (3)组织召开交接班会,传达重要文件、命令,安排各岗位当班工作。 (4)与交班值班站长交接:清点检查钥匙、行车备品、消防设备、对讲设备等,确认数量正确,功能完好;查看各种台账记录并做好交接工作(如"车站施工登记本""调度命令登记本""行车日志""车站设备设施故障登记表"等);确认无误后在交接班本上签名
	班中	(1)巡视站厅、站台、出入口及车站设施、设备,做好记录。 (2)检查本班组作业标准、劳动纪律及工作状态等;指导行车、票务、乘客服务等工作。 (3)及时处理乘客特殊事务、处理文件、需要时进行顶岗。 (4)做好末班车客运服务及运营结束后关站工作。 (5)收集、上报当日车站生产信息。 (6)组织本班组员工进行培训/演练。 (7)核查当日的票务报表,发现问题及时纠正。 (8)监控维修施工情况,发现违章情况及时做出处理。 (9)检查施工出清情况。 (10)根据规定进行运营前检查工作,并汇报行调,做好检查记录。 (11)监督客运值班员补币、补票工作。 (12)组织做好开站工作,检查车站设备、设施运作情况。 (13)检查本班组作业标准、劳动纪律及工作状态等。 (14)及时处理乘客特殊事务、处理文件、需要时进行顶岗
	班后	(1)检查备品及相关台账。 (2)与接班值班站长做好交接工作:移交上级文件,重点说明新文件、通知、命令;当班期间存在问题、隐患及处理情况;本班已完成和未完成的工作。确认无误后在交接班本上签名。 (3)监督客运值班员的交接工作。 (4)在"值班人员登记表"上签走

▶▶▶ **即学即练**

请学生点击云课堂——智慧职教 App,完成**"单元 3.2-任务一:认知值班站长作业流程"**部分的测试。

请教师先在网页版或手机端职教云中完成该任务点的组题。

二、认知行车值班员作业流程

1.行车值班员白班作业流程(表 3-11)

行车值班员白班作业流程 表 3-11

班 次	时 间	作 业 流 程
白班	班前	(1)在"值班人员登记表"上签到,参加白班值班站长组织的班前列队点名及班前会,了解当日安全事项及重要文件、通知等信息。 (2)与交班行车值班员交接: ①查看交接班本中的"交接班事项",了解上一班的重点事项,明确完成或待完成的工作等。 ②清点检查钥匙、备品、对讲设备等,确认数量正确,功能完好。 ③查看各种台账记录并做好交接工作(如"车站施工登记本""调度命令登记本""行车日志""车站设备设施故障登记表"等)。 ④确认无误后在交接班本上签名。 ⑤使用自己的用户名登录 ISCS 及车站 ATS 工作站
	班中	(1)监控列车运行及站台乘客乘车情况。 (2)监控 AFC 中各终端设备的运作状态。 (3)监控站厅、出入口客流情况。 (4)根据现场情况播放相应广播。 (5)办理车站不影响行车的施工请/销点手续。 (6)办理钥匙/备品借用登记手续。 (7)监控各项设备状态,发现车站设备故障或接到报障及时报修,并登记。 (8)下载下传信息,接到文件、通知须及时登记、汇报,并协助值班站长处理本班工作。 (9)根据值班站长安排,适时顶岗
	班后	(1)检查备品及相关台账。 (2)与接班行车值班员交接,确认无误后在交接班本上签名。 (3)在 ISCS 及车站 ATS 工作站上退出自己的用户名,由接班行车值班员登录。 (4)在"值班人员登记表"上签走

2.行车值班员晚班作业流程(表 3-12)

行车值班员晚班作业流程 表 3-12

班 次	时 间	作 业 流 程
晚班	班前	(1)在"值班人员登记表"上签到,参加晚班值班站长组织的班前列队点名及班前会,了解当日安全事项及重要文件、通知等信息。 (2)与交班行车值班员交接: ①查看交接班本中的"交接班事项",了解上一班的重点事项,明确完成或待完成的工作等。 ②清点检查钥匙、备品、对讲设备等,确认数量正确,功能完好。 ③查看各种台账记录并做好交接工作(如"车站施工登记本""调度命令登记本""行车日志""车站设备设施故障登记表"等)。 ④确认无误后在交接班本上签名。 ⑤使用自己的用户名登录 ISCS 及车站 ATS 工作站

班　次	时　间	作 业 流 程
晚班	班中	(1)监控列车运行及站台乘客乘车情况。 (2)监控 AFC 中各终端设备的运作状态。 (3)监控站厅、出入口客流情况。 (4)根据现场情况播放相应广播。 (5)运营期间办理车站不影响行车的施工请/销点手续。 (6)办理钥匙/备品借用登记手续。 (7)监控各项设备状态,发现车站设备故障或接到报障及时报修,并登记。 (8)下载下传信息,接到文件、通知须及时登记、汇报,并协助值班站长处理本班工作。 (9)根据值班站长安排,适时顶岗。 (10)适时播放末班车广播。 (11)末班车开出前 5min 将所有 TVM 设为暂停服务模式。 (12)适时播放关站广播。 (13)末班车开出前 3min 将所有进闸机设为暂停服务模式。 (14)通过 CCTV 检查站厅、站台、通道、出入口处是否有人逗留。 (15)关站后将所有闸机设为暂停服务模式。 (16)执行车站节电照明模式,按要求关闭部分环控设备。 (17)办理非运营期间施工请/销点手续,做好安全防护监督工作。 (18)收集整理当日生产信息,协助值班站长报送日报。 (19)确认夜间轨行区施工全部销点,人员、工器具出清,线路空闲。 (20)按规定进行运营前检查工作。 (21)开站前开启并检查各种设备运行情况,如车站照明、广告灯箱、扶梯、AFC 车站终端设备等。 (22)开站后进行各项运营期间工作
	班后	(1)梳理本班重点事项,检查备品及相关台账。 (2)与接班行车值班员交接,确认无误后在交接班本上签名。 (3)在 ISCS 及车站 ATS 工作站上退出自己的用户名,由接班行车值班员登录。 (4)在"值班人员登记表"上签走

行车值班员夜班
作业流程

正常停电作业

临时停、送电
作业

运营送电前准备
工作

▶▶▶▶即学即练

请学生点击云课堂——智慧职教 App,完成**"单元 3.2 任务二:认知行车值班员作业流程"**部分的测试。

请教师先在网页版或手机端职教云中完成该任务点的组题。

三、认知客运值班员作业流程

1. 客运值班员白班作业流程(表3-13)

客运值班员白班作业流程

表3-13

班　次	时　间	作业流程
白班	班前	(1)在"值班人员登记表"上签到,参加白班值班站长组织的班前列队点名及班前会,了解当日安全事项及重要文件、通知等信息。 (2)与交班客运值班员交接: ①清点交接备用金、票款、车票,确认实点数与台账数据及SC显示数据一致。 ②清点检查票务设备(如点钞机、点币机、点票机、钱箱、票箱等),清点交接票务钥匙。 ③了解上一班票务重点工作、最新票务政策,以及需要本班组完成的票务工作等。 ④确认无误后双方在"车站票务交接班登记本"上签名。 ⑤接班客值使用自己的用户名登录SC票务管理子系统,在SC上完成客运值班员交接班工作
	班中	(1)整理报表台账及票务室内务。 (2)巡站,发现AFC设备故障及时处理,处理不了的报修,与AFC维修人员一起处理。 (3)检查客服中心岗工作,监督售票员是否按规章作业,报表填写是否正确,客服中心备品是否齐全良好。 (4)协助值班站长做好车站客流组织与控制,处理相关客运、票务、乘客事务及失物处理、乘客投诉等工作。 (5)根据现场情况适时更换钱箱、票箱、补币、补票,适时给售票岗增配备用金、车票、发票等,填写相应报表,录入SC。 (6)根据值班站长安排,适时顶岗。 (7)为晚班售票员配票,填写报表,录入SC。 (8)监督客服中心岗的交接。 (9)为白班售票员结算,填写报表,录入SC。 (10)完成运营期间客运、票务、巡视等相关工作
	班后	(1)整理本班相关报表、台账,梳理本班有关重要事项。 (2)与接班客运值班员交接。确认无误后双方在"车站票务交接班登记本"上签名。 (3)在SC票务管理系统中退出自己的用户名。 (4)在"值班人员登记表"上签走

2. 客运值班员晚班作业流程(表3-14)

客运值班员晚班作业流程　　　　　　　　　　　　　　　　　　表3-14

班　次	时　间	作　业　流　程
晚班	班前	(1)在"值班人员登记表"上签到,参加晚班值班站长组织的班前列队点名及班前会,了解当日安全事项及重要文件、通知等信息。 (2)与交班客运值班员交接: ①清点交接备用金、票款、车票,确认实点数与台账数据及SC显示数据一致。 ②清点检查票务设备(如点钞机、点币机、点票机、钱箱、票箱等),清点交接票务钥匙。 ③了解上一班票务重点工作、最新票务政策,以及需要本班组完成的票务工作等。 ④确认无误后双方在"车站票务交接班登记本"上签名。 ⑤接班客值使用自己的用户名登录SC票务管理子系统,在SC上完成客值交接班工作
	班中	(1)巡站,发现AFC设备故障及时处理,处理不了的报修,与AFC维修人员一起处理。 (2)根据现场情况适时更换钱箱、票箱、补币、补票,适时给售票岗增配备用金、车票、发票等,填写相应报表,录入SC。 (3)检查客服中心岗工作,监督售票员是否按章作业,报表填写是否正确,客服中心备品是否齐全良好。 (4)根据值班站长安排,适时顶岗。 (5)处理乘客事务,协助值班站长做好失物处理、乘客投诉等工作。 (6)做好运营结束后回收钱箱、票箱的准备工作。 (7)运营结束后,为晚班售票员结算,填写报表,录入SC。 (8)和站务员一起回收钱箱、票箱。 (9)和站务员一起清点钱箱、票箱,填写相应台账和报表,并录入SC。 (10)填写车站营收日报及其他各类报表、台账,将相关数据录入SC。 (11)清点备用金、票款,将票款打包,填写现金缴款单据等,录入SC。 (12)简单盘点备用金、票款及台账、报表、票务备品库存情况,不足做好记录,次日进行申报。 (13)为次日运营做准备:清点车票,分装到补票箱;清点零币,分装到补币箱;准备给售票员配备的票卡、备用金、报表等。 (14)运营前和站务员一起给TVM补币补票,检查TVM的运行状态。 (15)为白班售票员配票,填写报表,录入SC。 (16)开始运营后上交前一日的票务报表。 (17)完成票款解行工作,与押运员进行交接。 (18)完成运营期间客运、票务、巡视等相关工作
	班后	(1)整理本班相关报表、台账,梳理本班有关重要事项。 (2)与接班客值班员交接,确认无误后双方在"车站票务交接班登记本"上签名。 (3)在SC票务管理系统中退出自己的用户名。 (4)在"值班人员登记表"上签走

客运值班员白班
作业流程　　　　客运值班员晚班
作业流程

▶▶▶ **即学即练**

　　请学生点击云课堂——智慧职教 App,完成**"单元 3.1-任务三:认知客运值班员作业流程"**部分的测试。

　　请教师先在网页版或手机端职教云中完成该任务点的组题。

四、认知售票员作业流程

1. 售票员白班作业流程(表3-15)

售票员白班作业流程 表3-15

班次	时间	作业流程
白班	班前	(1)在"值班人员登记表"上签到。 (2)到票务室配领备用金、车票等,依据"售票员结算单"上金额、数量当面清点,确认无误后签收;领取票务钥匙、配票箱、对讲机等设备,在相关台账上签名确认。 (3)向客运值班员了解最新的票务通知,特别是涉及与售票岗位相关的信息
	班中	(1)到达客服中心后,将门锁好,检查票务设备的状态,对讲设备能否正常使用,客服中心卫生,检查是否有来历不明的现金、车票,发现问题及时报车控室。 (2)开窗售票前将车票、现金、发票、报表等分类摆放整齐。 (3)用自己的用户名登录BOM,将服务牌对外摆放。 (4)严格执行票务政策,按要求进行售票、充值、更新、补票、退款、兑零、延期、无效票处理等工作。 (5)保持门为锁闭状态,不得让非当班员工进入。 (6)保持客服中心的整洁。 (7)当报表、发票、硬币、车票将不够时,提前报客运值班员。 (8)发现站厅异常情况(如乘客携带"三品"、乘客纠纷等)应及时通报车控室。 (9)与接班售票员交接班时,严格执行交接程序: ①退出BOM,报告车控室。 ②与接班售票员共同核对相关备品的数量和状态,填写交接班本。 ③告知接班售票员最新的票务通知。 (10)将钱、票、报表等整理好装入配票箱,将配票箱上锁
	班后	(1)到票务室与客运值班员结算,共同核对备用金、票款、车票的金额/数量,核对报表。 (2)在"值班人员登记表"上签走

2. 售票员晚班作业流程(表3-16)

售票员晚班作业流程 表3-16

班次	时间	作业流程
晚班	班前	(1)在"值班人员登记表"上签到。 (2)到票务室配领备用金、车票等,依据"售票员结算单"上金额、数量当面清点,确认无误后签收;领取票务钥匙、配票箱、对讲机等设备,在相关台账上签名确认。 (3)向客运值班员了解最新的票务通知,特别是涉及与售票岗位相关的信息

班　次	时　间	作 业 流 程
晚班	班中	(1)到达客服中心后,将门锁好。 (2)与交班售票员交接班时,严格执行交接程序: ①待交班售票员退出 BOM 后,用自己的用户名登录 BOM,报告车控室。 ②与接班售票员共同核对相关备品的数量和状态,填写交接班本。 ③向接班售票员了解最新的票务通知。 (3)将车票、现金、发票、报表等分类摆放整齐。 (4)严格执行票务政策,按要求进行售票、充值、更新、补票、退款、兑零、延期、无效票处理等工作。 (5)保持门为锁闭状态,不得让非当班员工进入。 (6)保持客服中心的整洁。 (7)当报表、发票、硬币、车票将不够时,提前报客运值班员。 (8)发现站厅异常情况(如乘客携带"三品"、乘客纠纷等)应及时通报车控室。 (9)末班车到站前 5min 停止售票,摆放"暂停服务"牌。 (10)退出 BOM。 (11)搞好客服中心卫生,整理好内务。 (12)将钱、票、报表等整理好装入配票箱,将配票箱上锁
	班后	(1)到票务室与客运值班员结算,共同核对备用金、票款、车票的金额/数量,核对报表。 (2)在"值班人员登记表"上签走

▶▶▶ 即学即练

请学生点击云课堂——智慧职教 App,完成**"单元 3.2-任务四:认知售票员作业流程"**部分的测试。

请教师先在网页版或手机端职教云中完成该任务点的组题。

五、认知站厅站务员作业流程

1. 站厅站务员白班作业流程(表 3-17)

站厅站务员白班作业流程　　　　　　　　　　　　　表 3-17

班　次	时　间	作 业 流 程
白班	班前	(1)在"值班人员登记表"上签到。 (2)阅读文件,接受值班站长交代工作及注意事项。 (3)领取相关钥匙,如 AFC 设备钥匙、扶梯钥匙,在"钥匙借用登记本"上登记。 (4)领取对讲机,在"备品借用登记本"上登记

班　次	时　间	作　业　流　程
白班	班中	(1)运营前按值班站长指示开启车站出入口卷帘门、自动扶梯。 (2)运营开始后引导乘客正确使用 AFC 设备,及时处理 AFC 设备故障,若故障处理不了报车控室。 (3)巡视车站,做好记录,发现有违反地铁规定的行为要及时制止。 (4)引导不能正常进出闸的乘客到客服中心处理。 (5)耐心解答乘客咨询,如遇解决不了的问题立即报车控室。 (6)按要求协助客运值班员更换钱箱和票箱。 (7)必要时按值班站长指示到临时售票亭售卖预制单程票或纸票。 (8)与晚班站厅站务员交接
	班后	(1)把上岗前领取的工作物品交还车控室,在相关台账上登记。 (2)在"值班人员登记表"上签走

2. 站厅站务员晚班作业流程(表 3-18)

站厅站务员晚班作业流程　　　　　　　　　　　　　　　　　　　表 3-18

班　次	时　间	作　业　流　程
晚班	班前	(1)在"值班人员登记表"上签到。 (2)阅读文件,接受值班站长交待工作及注意事项。 (3)领取相关钥匙,如 AFC 设备钥匙、扶梯钥匙,在"钥匙借用登记本"上登记。 (4)领取对讲机,在"备品借用登记本"上登记。 (5)带齐工作备品准时到岗
	班中	(1)引导乘客正确使用 AFC 设备,及时处理 AFC 设备故障,若故障处理不了报车控室。 (2)巡视车站,做好记录,发现有违反地铁规定的行为要及时制止。 (3)引导不能正常进出闸的乘客到客服中心处理。 (4)耐心解答乘客咨询,如遇解决不了的问题立即报告车控室。 (5)需要时,协助客运值班员更换钱箱和票箱。 (6)必要时按值班站长指示到临时售票亭售卖预制单程票或纸票。 (7)末班车开出后协助值班站长清站,关停自动扶梯,关闭车站出入口。 (8)需要时,与客运值班员一起回收、清点钱箱、票箱。 (9)需要时,与客运值班员一起清点备用金、票款
	班后	(1)把上岗前领取的工作物品交还车控室,在相关台账上登记。 (2)在"值班人员登记表"上签走

站务员岗前准备作业　　监票作业　　卡票作业　　站台站务员站台巡视作业

▶▶▶**即学即练**

请学生点击云课堂——智慧职教 App,完成**"单元 3.2-任务五:认知站厅站务员作业流程"**部分的测试。

请教师先在网页版或手机端职教云中完成该任务点的组题。

六、认知站台站务员作业流程

1.站台站务员白班作业流程(表3-19)

站台站务员白班作业流程 表3-19

班 次	时 间	作 业 流 程
白班	班前	(1)在"值班人员登记表"上签到。 (2)阅读文件,接受值班站长交代工作及注意事项。 (3)领取相关钥匙,如站台门钥匙、扶梯钥匙,在"钥匙借用登记本"上登记。 (4)领取对讲机,在"备品借用登记本"上登记。 (5)带齐工作备品准时到岗
	班中	(1)按照站台岗作业标准程序监视列车到发,组织乘客有序乘降。 (2)遇特殊事情,立即报告车控室
	班后	(1)把上岗前领取的工作物品交还车控室,在相关台账上登记。 (2)在"值班人员登记表"上签走

2.站台站务员晚班作业流程(表3-20)

站台站务员晚班作业流程 表3-20

班 次	时 间	作 业 流 程
晚班	班前	(1)在"值班人员登记表"上签到。 (2)阅读文件,接受值班站长交代工作及注意事项。 (3)领取相关钥匙,如站台门钥匙、扶梯钥匙,在"钥匙借用登记本"上登记。 (4)领取对讲机,在"备品借用登记本"上登记。 (5)带齐工作备品准时到岗
	班中	(1)按照站台岗作业标准程序监视列车到发,组织乘客有序乘降。 (2)遇特殊事情,立即报告车控室。 (3)末班车开出后将站台乘客清上站厅。 (4)需要时,与客运值班员一起回收、清点钱箱、票箱。 (5)需要时,与客运值班员一起清点备用金、票款
	班后	(1)把上岗前领取的工作物品交还车控室,在相关台账上登记。 (2)在"值班人员登记表"上签走

▶▶▶即学即练

请学生点击云课堂——智慧职教 App,完成**单元 3.2-"任务六:认知站台站务员作业流程"**部分的测试。

请教师先在网页版或手机端职教云中完成该任务点的组题。

1.训练目的

通过分组、分角色模拟演练,帮助学生进一步明晰车站客运值班员晚班工作流程,学生通过教师点评和观察其他小组的模拟展示,得到提高,初步建立客运组织工作的岗位意识。

2.训练要求

根据晚班客运值班员的作业流程,结合云课堂晚班客运值班员的微课视频,分小组学习完成车站客运值班员晚班工作的模拟演练。

(1)参与岗位:包括白班客值、晚班客值、白班值站、晚班值站、白班售票员、晚班售票员、站台站务员、押运员、收取报表工作人员,另有场景解说员负责演练场景的切换解说及必要的讲解,其他角色可按小组演练需要自由设置。

(2)所需备品:各岗位工种胸牌、场景(如站厅、站台、票务室、客服中心等)标志牌。

(3)演练展示时间:每组应在规定时间内完成班前、班中、班后模拟演练展示。

(4)演练展示地点:实训室。

3.评价方式

(1)以学习小组为单位,由教师和学生代表共同完成评价,教师评价占60%,学生评价占40%。

(2)评价指标:

序 号	评 价 标 准	权 重	得 分
1	班前、班中、班后场景表现完整,切换顺畅有序	3%	
2	所需备品准备齐全,胸牌佩戴规范	5%	
3	班前作业完整(打卡并签到、参加班前会、客值交接现金、交接车票、交接备品、交接重点工作事项、交接班本签名、SC交接)(每小项2分)	16%	
4	班中作业完整(巡站、适时进行补币补票等、检查客服中心、适时顶岗、处理乘客事务、运营结束准备工作、结算、回收钱票箱、清点钱票箱、填写各类报表、票款打包、简单盘点、为次日准备、运营前补币补票、配票、上交报表、解行及其他)(每小项3分)	54%	
5	班后作业完整(整理报表、客值交接现金、交接车票、交接备品、交接重点工作事项、交接班本签名、SC交接、签走并打卡)(每小项2分)	16%	
6	模拟演练表现力强,整体效果好	6%	
	总分	100	

单元3.3 车站日常运作程序

📝 **学情检测**

1.以下哪个岗位不需进行巡查作业?( )

　　A.值班站长　　　　　　　　　　B.客运值班员

C. 行车值班员   D. 站厅站务员

2. 车站运营前检查行车值班员应进行哪项检查?(　　)

A. PSL 试验检查滑动门   B. 站内线路情况

C. 端门情况   D. 道岔状态

3. 车站关站后应关停的设备有(　　)。

A. 全部自动扶梯   B. 全部环控设备

C. 全部照明   D. 全部 AFC 系统设备

📖 知识学习

一、车站开启作业程序

1. 在车站开启前,值班站长必须确保以下事项

①所有站台门已完全关闭和妥善锁定,并经手控开关(端门后方 PSL)试验。

②所有消防设备的性能良好并妥善固定。

③送电前接触轨下、接触网上及附近没有杂物。

④车站公共区不存在安全隐患。

⑤各项设备功能正常。

值班站长需要按规定进行运营前检查工作,并将检查情况汇报行调,做好检查记录。某地铁车站的运营前检查工作流程,见表 3-21。

运营前检查作业程序   表 3-21

作业程序	作业内容
1. 站台门状态	(1)检查就地控制盘(PSL),标准:使用钥匙开关站台门,整侧站台门正常开启和关闭,关闭时 PSL 盘门关闭指示灯亮绿灯。 (2)检查滑动门状态,标准:滑动门开启后门头灯常亮红灯,关闭后,滑动门紧闭,门头灯红灯灭。 (3)检查应急门状态,标准:应急门处于正常锁闭状态,相邻滑动门的门头灯不亮。 (4)检查端门状态,标准:端门处于正常锁闭状态。 (5)检查车控室 PCS 控制盘状态,标准:故障指示灯未亮红灯,关门指示灯常亮绿灯。 (6)检查监控亭 PSAP 控制盘状态,标准:站台门正常关闭时,所有指示灯不亮
2. 站内线路巡视	(1)检查接触网状态,标准:目视范围内目测接触网连接正常,无脱落、断线现象。 (2)检查线路状态,标准:目视范围内无异物侵入限界、无渗漏水和积水现象。 (3)检查站台头、尾端墙情况,标准:目视范围内无施工遗留工器具,无存放影响行车物品
3. 集中站道岔功能测试	(1)检查 HMI 操作状态,标准:HMI 能正常登录,各项指令可正常操作。 (2)检查道岔状态,标准:道岔转换到位后无四开现象。 (3)检查进路状态,标准:排列进路后整条进路显示连续绿色光带
4. 重要设备状态	(1)检查低压供电状态,标准:车站工作照明及各项设备供电正常。 (2)检查环控系统状态,标准:冷水机组和风机运作正常,ISCS、FAS 监控系统上无红色、黄色报警显示

作业程序	作业内容
5.行车备品	（1）行车备品数量，标准：行车台账、行车备品齐全。 （2）行车备品状态，标准：行车备品功能可正常使用
6.收尾工作	行车值班员向行调汇报运营前检查工作情况。若检查显示一切正常，可汇报如下： （1）施工作业完毕，线路出清，接触网无异物，低压供电及环控系统运作良好； （2）行车备品、备件齐全完好； （3）道岔功能正常，站台无异物侵入限界，站台门开关正常

2.车站开启程序

某地铁运营公司开站程序，见表3-22。

某地铁运营公司开站程序 表3-22

序号	时间	作业内容	责任人
1	每日4:30后	根据规定进行运营前检查工作，并汇报行调，在"值班人员登记表"做好检查记录	行车值班员 值班站长
2	首班车到站前30min	配好票、款，填写"车站客服中心交接记录表"，并检查售票员到岗情况	客运值班员
3	首班车到站前15min	领齐备品到岗	站台站务员 站台保安
4	首班车到站前15min	打开照明开关	值班站长
5	首班车到站前15min	领齐票、款，填写完"车站客服中心交接记录表"后到达客服中心	售票员
6	首班车到站前10min	开启车站出入口卷帘门、自动扶梯，开始运营	站厅站务员 站厅保安
7	首班车到站前10min	开启所有TVM和闸机	值班站长
8	开站后	按要求开启环控设备，向乘客广播候车的注意事项	行车值班员

3.开启车站出入口注意事项

①一般情况下，车站出/入口必须在首班载客列车到站前10min开放。

②必要时，可提前开启车站出/入口，方便乘客购票，开门前要做好一切运营准备。

③车站和车站出/入口必须在运营时间内开放，除非以下情况：

a.实施车站管制而有必要暂时关闭车站和车站出/入口。

b.发生紧急情况。

c.在获得经营经理授权的情况下（必须通知行调）。

首班车出厂前
30min

二、车站关闭作业程序

1. 末班车开车前,值班站长必须确保以下事项

①车站内搭乘列车的乘客已登上该末班车。

②最后一班载客列车离站前,不得关闭车站,如需临时关闭车站,值班站长必须确保:

a. 通知行调和车站员工。

b. 在各出入口张贴了临时关站的告示。

2. 车站关闭程序

某地铁运营公司关站程序,见表3-23。

某地铁运营公司关站程序   表 3-23

序号	时　间	作　业　内　容	责　任　人
1	最后一班车开出前 10min	播放广播	行车值班员
2	最后一班车开出前 5min	暂停 TVM,通知售票员停止售票,并广播	行车值班员
3	最后一班车开出前 5min	TVM 暂停后,挂"停止服务"牌	站厅站务员、站厅保安
4	最后一班车开出前 3min	暂停进站闸机	行车值班员
5	最后一班车开出前	进行检查,确认站台乘客均已上车,无异常情况	值班站长
6	最后一班车开出后	清客,确认下车乘客均已上站厅	站台站务员、站台保安
7	最后一班车开出后	清站,关闭车站自动扶梯和出入口	站厅站务员、站厅保安
8	停止服务后	收拾票、款,整理客服中心备品,注销 BOM,回票务室结算,填写"车站客服中心交接记录表"	售票员
9	关站后	与售票员结算,填写"车站客服中心交接记录表",根据相关规定做好车站运营结算工作	客运值班员
10	运营结束后	执行车站节电照明模式,按要求关闭部分环控设备	行车值班员

3. 关闭车站出入口注意事项

①末班车离站后,确认所有人员离开车站范围(获授权留下的人员则不在此限)后,关闭所有出入口。

②要确定个别人员是否获授权于非运营时间内留在车站,必须向行调查询。

③所有出入口必须在整段非运营时间内关闭。

④有关员工或获授权的工作队必须从指定的出入口进入车站。

⑤不允许非所属站区、非当班员工在车站留宿。

车站关站程序

车站运营结束后巡视

▶▶▶ **即学即练**

请学生点击云课堂——智慧职教 App,完成**"单元 3.3-任务二:车站关闭作业程序"**部分的测试。

请教师先在网页版或手机端职教云中完成该任务点的组题。

三、车站巡查作业

车站巡查作为值班站长、值班员、站务员日常工作的重要内容之一,它的主要目的是及时查明和消除隐患,避免事故的发生。未能探测到隐患,以及不以谨慎的态度采取安全措施,可能导致危险事件发生,因此要求巡查人员认真巡视,尽职尽责。

1. 巡查范围

某地铁公司车站巡查范围见表3-24。

某地铁公司车站巡查范围   表3-24

人　　员	主　要　范　围
值班站长	全站、各出入口外面5m范围内、车站风亭、冷却塔等
客运值班员	客服中心、站厅、各通道、各出入口
站厅站务员	出入口、站厅、楼梯、自动扶梯、垂直电梯等
站台站务员	站台、楼梯、自动扶梯、垂直电梯

车站日常巡检

值班站长巡视范围及要求

值班站长巡视内容

2. 巡查内容

①乘客动态及乘车秩序。

②设备设施状态及运作。

③车站范围内的施工作业情况。

④可疑人和可疑物等异常情况。

⑤地铁设施防护情况。

⑥车站卫生情况。

⑦安全隐患排查。

3. 巡查要求

①认真。巡视人必须以认真负责的态度去巡视所管辖范围的每个角落。

②细致。从细微处着手,做到防微杜渐,从看、摸、嗅、听四觉入手。

③周全。岗位内的设施设备、告示牌、安全警示标志乃至螺丝都应检查。

④及时。巡视、记录汇报、处理及时。

⑤真实。填写台账必须真实,不能弄虚作假,发现问题应及时跟进,完成后签名确认。

4. 巡查注意事项

(1)公众地方巡查时注意事项

①定期巡视车站所有公众地方,特别留意站台、通道、自动扶梯状况和照明。

②迅速移去任何阻塞客流的障碍物。

③随时关注客流情况,避免因人多拥挤而构成危险。

④有关员工在停止电扶梯或自动人行道前,必须确保梯级和踏板上均没有人,在紧急情况下也要先警告后行动。

⑤做好在发生紧急状况时疏散公众的准备。

(2)发现隐患时注意事项

①及时清理地面任何积水、液体、泥污或其他类似污渍。

②当隐患(如积水)不能彻底消除时,须摆放告示牌。

③遇雨雪天气时,及时铺设防滑用品及清扫出入口外积雪。

(3)管理乘客时注意事项

①防止儿童在地铁站内奔跑、嬉戏,特别要注意的是,防止儿童在自动扶梯及出入口平台上玩耍。

②防止乘客携带任何危险品、攻击性物品或有害物品进入地铁范围,如刀具、气球。

③防止乘客运送未经许可的物品以及运送体积、重量或会导致意外状况并危害到其他乘客或损坏地铁财物的物品。

④要求携带笨重物品或大件行李的乘客,或使用行李车、婴儿车、轮椅等的乘客,引导其乘坐垂直电梯,切勿使用自动扶梯,以免构成危险。

(4)管理站台时注意事项

①提供适当协助,确保列车正常进出站。

②防止乘客在站台门和车门即将关闭时抢上抢下。

③注意站台边缘或列车附近是否存在隐患,如乘客倚靠站台门、越过安全线候车,或在附

近摆放物品。

④留意车门、站台门的关闭情况,特别注意是否有夹人夹物,一旦出现异常,及时按压紧急停车按钮或向司机显示紧急停车信号。

⑤站台上不得代人存放物品。

(5)车站房间巡查时注意事项

有关人员必须经常巡视其可进入的房间,确保无安全隐患,关闭房间内不必要的照明电源,保持房间的清洁。

车站巡查可以分为站厅日常检查、站台日常检查、车站每周检查、车站每月检查,车站定期/每季度/每半年/每年的检查等。车站巡查可以消除或减少车站安全隐患,因此,车站巡查在车站的日常运作中占有极其重要的位置。

▶▶▶ **即学即练**

请学生点击云课堂——智慧职教 App,完成"**单元 3.3-任务三:车站巡查作业**"部分的测试。
请教师先在网页版或手机端职教云中完成该任务点的组题。

技能训练

1. 训练目的

通过分组、分角色模拟演练,帮助学生进一步明晰车站各岗位分工及衔接配合,学生通过教师点评和观察其他小组的模拟展示,得到提高,初步建立客运组织工作的岗位意识。

2. 训练要求

分小组学习完成车站开站、巡查、关站的模拟演练。

(1)演练场景:包括开站、巡查和关站。

(2)参与岗位:包括值班站长、行车值班员、客运值班员、票务员、站厅岗、站台岗,另有场景解说员负责演练场景的切换解说及必要的讲解,其他角色可按小组演练需要自由设置。

(3)所需备品:各岗位工种胸牌、场景(站厅、站台、车控室、会议室等)标志牌。

(4)演练展示时间:每组应在规定时间内完成 3 个场景的模拟演练展示。

(5)演练展示地点:实训室。

3. 评价方式

(1)以学习小组为单位,由教师和学生代表共同完成评价,教师评价占 60%,学生评价占 40%。

(2)评价指标:

序　号	评　价　标　准	权　重	得　分
1	3 个模拟场景表现完整,切换顺畅有序	5%	
2	角色分工明确,配合协调,各司其职	10%	
3	所需备品准备齐全,胸牌佩戴规范	10%	

序　号	评　价　标　准	权　　重	得　　分
4	运营前检查程序完整(站台门、站内线路、道岔、重要设备、行车备品)(每小项2分)	10%	
5	开站程序完整(上报行调、配好票款、站台岗领齐备品、开启照明设备、领票到岗、开启出入口、开启自动扶梯、开启TVM和闸机、开启环控设备、广播候车事项)(每小项2分)	20%	
6	巡查程序完整(公众场所、消除隐患、管理乘客、管理站台、房间巡查)(每小项4分)	20%	
7	关站程序完整(播放广播、关闭TVM并通知停止售检票、挂停止服务牌、暂停进站闸机、确认站台乘客已上车、站台清客确认、清站并关闭扶梯和出入口、收拾钱票备品注销BOM、结账、启动节电照明并关闭部分环控设备)(每小项2分)	20%	
8	模拟演练表现力强,整体效果好	5%	
	总分	100	

思考题

1. 城市轨道交通车站主要有哪些管理基本制度?
2. 车站值班站长通常采用哪种上班制?
3. 信息汇报需遵循什么原则?
4. 车站交接班的原则是什么?
5. 值班站长的岗位职责是什么?
6. 客值交接班的内容主要有哪些?
7. 在车站开启前,值班站长必须确保的事项有哪些?
8. 开启车站出入口的注意事项有哪些?
9. 关闭车站出入口的注意事项有哪些?
10. 车站巡查的目的是什么? 包括哪些内容?

模块 4　客流调查与预测

教学目标

1. 知识目标

(1) 系统地了解客流的概念、分类、产生和特点。

(2) 掌握客流调查的种类、方法和统计指标含义。

(3) 理解客流预测的作用,了解客流预测的常见方法及其适用范围,学会应用指数平滑法计算客流预测相关数据。

(4) 了解客流的特征、动态特点及演变规律,学会制订客流计划。

2. 能力目标

(1) 理解城市交通需求的概念、掌握客流和客流量等概念的含义、城市轨道交通客流的特点,了解影响客流的因素,独立完成对城市轨道交通客流特点和影响因素的系统分析工作。

(2) 了解客流预测的常用方法,重点解决指数平滑法的应用问题。

(3) 能充分理解客流的基本特征、客流动态特点和演变规律,通过站间到发客流斜表相关数据,独立完成区间断面客流量的推算及断面客流图的绘制工作。

3. 素质目标

通过本项目的训练,培养学生具有良好的协调能力,提高学生的团队合作能力以及建模计算预测客流量、推算区间断面客流量等实践能力。

客流调查与预测
- 客流认知
  - 客流基本概念
    - 客流的产生
    - 客流的概念
    - 客流量的数量指标
    - 断面客流量
    - 车站客流量
  - 客流分类及特点
    - 客流的分类
      - 时间分布特征
        - 全日客流
        - 全日分时客流
        - 高峰小时客流
      - 空间分布特征
        - 断面客流
        - 车站客流
      - 客流的来源
        - 基本客流
        - 转移客流
        - 诱增客流
      - 客流数据的来源
        - 调查客流
        - 预测客流
    - 城市轨道交通客流的特点
    - 城市轨道交通换乘客流的特点
- 客流调查
  - 客流调查种类
    - 按调查的全面性划分
      - 全面客流调查
      - 乘客情况抽样调查
      - 断面客流调查
    - 按调查的内容划分
      - 综合调查
      - 节假日客流调查
      - 日常调查
      - 突发客流调查
  - 客流调查方法
    - 随车客流调查法
    - 驻站客流调查法
    - 问讯客流调查法
    - 定期票调查法
    - 其他调查法　签票、发票、填表调查法
  - 客流调查统计指标
- 客流预测
  - 定性预测法
    - 德尔菲法
    - 专家会议法
    - 销售人员意见综合法
    - 领导人员判断预测法
    - 群众评议法
  - 定量预测法
    - 直线趋势法
    - 曲线趋势法
    - 平均速度趋势外推法
    - 指数平滑法
- 客流分析
  - 客流不均衡分析
    - 时间分布不均衡　一日内小时、一周内全日、季节性或短期性
    - 空间分布不均衡　各条线路、上/下行、各个断面、各个车站乘降人数
  - 客流动态及演变规律分析
    - 线路网上的客流动态
    - 方向上的客流动态　双向型、单向型
    - 断面上的客流动态　"凸""平""斜""凹"不规则型
    - 客流动态的演变规律　季节性、周末、昼夜变化
    - 动态演变的四种类型　双峰、三峰、四峰、平峰型
    - 不良气候影响
  - 推算客流计划
    - 客流计划的内容
    - 客运计划的种类　年度、季度、月计划

单元4.1　客流认知

1. 以下属于公共交通方式的是(　　)。

A. 步行　　　　　　　　　　　　　B. 自行车

C. 城市轨道交通　　　　　　　　　D. 小汽车

2. 以下哪些因素会影响城市交通需求?(　　)

A. 国民收入　　　　　　　　　　　B. 人口密度

C. 私家车拥有量　　　　　　　　　D. 城市交通的布局

3. 城市轨道交通的客流量在各个断面上是一致的吗?(　　)

A. 是　　　　　　　　　B. 不是

知识学习

一、客流基本概念

1. 客流的产生

1)城市交通需求的概念

需求是指人们对于某种物质和精神目标的获得满足的愿望,在经济学意义上,对商品和服务的需求受到社会经济条件的制约,必须建立在有购买能力的基础上。城市交通需求是指人们在城市中实现位移的愿望,同样,它也应建立在有能力支付交通服务价格的基础上。因此,城市交通需求是位移欲望和购买能力的统一。而城市交通线路的客流,可以认为是被实现了的城市交通需求。

城市交通需求
定义

2)城市交通需求的特点

城市交通需求的特点有以下四个方面。

(1)广泛性

交通出行既是人们最基本的需求之一,也是完成其他需求的基础,而城市居民的大部分交通出行需求是需要由城市公共交通来完成。与其他商品和服务的需求相比,城市交通需求是一种广泛需求,城市的各项功能活动都不可能离开它而独立存在。

城市交通需求
特点

(2)派生性

城市交通需求是一种派生性需求,因为在绝大多数情况下,乘客实现位移的目的往往不是位移本身,而是通过空间位移的完成来满足工作、生活或娱乐方面的需求。需要注意的是,城市交通在特定的条件下也会在一定程度上成为本源性的需求。例如,人们以乘坐各种城市交通工具途经不同的线路作为自己购物或出行目的之一。

（3）空间性

城市交通需求是对位移的要求，而且这种位移是乘客指定的两点之间带有方向性的位移，即城市交通需求具有空间性。

（4）时间性

乘客的交通需求在发生的时间上有一定的规律性，如周末和重要节日前后的城市交通需求明显高于其他时间，城市交通的高峰期是上、下班时间，这反映在对城市交通需求的要求上，即时间性。

3）城市交通需求的影响因素

影响城市交通需求的因素包括经济的和非经济的两方面，概括起来主要有城市经济发展水平、城市各功能区域的布局、人口密度、流动人口数量、国民收入、城市交通的布局、客运服务的价格与质量、替代服务的价格与质量、政府的交通运输政策、私人交通工具的拥有量等。

2. 客流的概念

客流是指在单位时间里，由出发地至目的地进行位移的乘客的集合。其内涵包括乘客流向、流量、流程和流时。客流的大小、流向及在时间（季节、时段）和空间的分布具有非均衡性。客流的概念不仅表明了乘客在空间上的位移及其数量，而且强调了这种位移带有方向性和具有起讫位置。

客流既可以是预测客流，也可以是实际客流。客流的大小直接影响城市交通的发展。

3. 客流量的数量指标

客流量是从总体来反映城市居民需要乘坐公共交通车辆的数量程度。它是由城市和郊区固定人口和外地住城市的临时人口，因生产、生活等需要出行乘车而构成的，包含时间、方向、地点、距离、数量等因素。客流流动的数量称为流量，流动的方向称为流向，流动的距离称为流程，流动的时间称为流时。

客流量的大小取决于产生性质与面积、人口密度、经济水平、就业人口、城市布局、出行距离以及公共交通线路网的布设、票价、服务质量等诸多因素。

为了分析客流在公共交通线路上的具体分布，经常要了解某一路段或某一站点的乘客乘车情况，就产生了以下有关客流的数量指标。

（1）流向量

在单位时间内，向同一个方向乘车的乘客通过人数。

（2）客运量

在单位时间内乘客乘车总次数。

（3）通过量

在单位时间内，通过某站的单方向乘客人数。

（4）集结量

在单位时间内，某站需要乘坐公共交通车辆的人数。

（5）疏散量

在单位时间内，某站下车的乘客人数。

（6）待运量

在单位时间内，某站未乘上公共交通车辆的滞留在站上的乘客人数。

（7）客运工作量

在单位时间内,全部公共交通乘客的乘车总行程,计量单位为"人千米"。其计算公式为

$$M = \sum_{i=1}^{m} K_i L_i \tag{4-1}$$

式中:M——"人千米"之和;

　　K_i——各站或各断面人数;

　　L_i——各站站距。

（8）平均运距

平均运距是指每一乘客在公共交通工具上的运行里程,即

$$平均运距 = \frac{客运周转量}{乘客人数} \tag{4-2}$$

（9）客流交替量

在单位时间内,某站上、下车的乘客总人数。

在城市轨道交通中还需要特别考查某一断面的客流情况,因此还需了解相关的断面客流量。

4. 断面客流量

（1）断面客流量的定义

断面客流量是指在单位时间内,两车站区间一个方向的客流量。这里,单位时间可以是一昼夜、一小时或其他的时间单位。断面客流量可分为上行断面客流量和下行断面客流量,其计算公式为

$$P_{i+1} = P_i - P_下 + P_上 \tag{4-3}$$

式中:P_{i+1}——第 $i+1$ 个断面的客流量(人);

　　P_i——第 i 个断面的客流量(人);

　　$P_下$——在车站下车人数(人);

　　$P_上$——在车站上车人数(人)。

（2）最大断面客流量

在单位时间内,通过城市轨道交通线路各个断面的客流量一般是不相等的。最大断面客流量是指峰值所在断面,即最大断面的客流量,上、下行方向的最大客流断面一般不在同一个断面。

最大断面客流量通常可通过高峰小时最大断面客流量和全日最大断面客流量计算考量。高峰小时最大断面和全日最大客流断面一般也不在同一个断面。

（3）高峰小时最大断面客流量

在以小时为单位计算断面客流量的情况下,分时断面客流量最大的小时称为高峰小时。城市轨道交通线路的高峰小时一般出现在早晨和傍晚,称为早高峰小时和晚高峰小时。在高峰小时单位时间里,单向断面客流量中的最大值称为高峰小时最大断面客流量。一般将高峰小时内单向最大断面客流量作为线路的单向最大断面客流量。因此,一般高峰小时最大断面客流量是决策修建城市轨道交通类型、确定车辆类型、列车编组、行车密度、运行车配置和车站设备容量等的基础资料。

5. 车站客流量

车站客流量是指在城市轨道交通车站上、下车和换乘的客流量,可细分为全日车站客流

量、高峰小时车站客流量和超高峰期车站客流量。超高峰期是指在高峰小时存在一个为15~20min的上、下车客流特别集中的时间段。车站高峰小时客流量和超高峰客流量决定了车站设计规模，是确定站台宽度、售检票设备数量、自动扶梯数量、楼梯与通道宽度、出入口数量等车站设备容量或能力的基本依据。

▶▶▶ 即学即练

　　请学生点击云课堂——智慧职教 App，完成"**单元 4.1-任务一：认知客流基本概念**"部分的测试。

　　请教师先在网页版或手机端职教云中完成该任务点的组题。

二、客流分类及特点

1. 城市轨道交通客流的分类

（1）根据客流的时间分布特征不同进行分类

①全日客流，即每日城市轨道交通线路输送的客流。

客流分类

②全日分时客流，即一天内城市轨道交通线路各小时输送的客流。

③高峰小时客流，即城市轨道交通线路早、晚高峰及节假日高峰小时内输送的客流。

（2）根据客流的空间分布特征不同进行分类

①断面客流，即通过城市轨道交通线路各区间的客流。

②车站客流，即在城市轨道交通车站上、下车和换乘的客流。

（3）根据客流的来源不同进行分类

①基本客流，即城市轨道交通线路既有客流加上按正常增长率增加的客流。

②转移客流，即由于城市轨道交通具有快速、准时、舒适等优点，使原来经常由常规公交和自行车出行转移到经由城市轨道交通出行的这部分客流。

③诱增客流，即城市轨道交通线路投入运营后，促进沿线土地开发、住宅区形成规模、商业活动繁荣所诱发的新增客流。

（4）根据客流数据的来源不同进行分类

①调查客流，即通过对出行乘客的调查及人数的统计所得到的客流数据。

②预测客流，即根据调查的客流资料、现有的城市布局以及城市将来的变化与发展等诸多因素，按照某种计算模型推算而得出的客流数据。

2. 城市轨道交通客流的特点

客流特点

城市轨道交通客流是由车站周边的各种出行方式集合形成的，由步行、自行车、公交车、小汽车、出租车等交通方式接驳产生的客流。由于不同的城市轨道交通车站空间位置功能和周边土地利用特点影响着各种出行方式的客流比例。因此，各车站应充分满足乘客接驳方便、快捷和安全的需求。

城市轨道交通客流的特点是客流整体表现出来的特性，而乘客行为的特点更多体现的是乘客的出行心理和出行习惯。

（1）高集中性

城市轨道交通非换乘站和换乘站的客流量有很大差异。换乘车站除了具有普通车站的进出站客流之外，还汇集有相交线路甚至全网多座车站之间的交换客流，因此造成换乘站客流集中，往往是普通车站客流量的数倍。

（2）多方向和多路径性

由于进、出站客流具有不同的出行目的、出行方向，因此，适宜的导向设施设备布局有利于吸引和疏散客流，同时合理的信息引导能促使客流有序流动。

（3）主导性

由于在客流的构成比例中，通常换乘客流占主导，而某一时段的多种换乘方向中，同样存在主导换乘方向。因此，在车站设计和管理中应突出对主导客流的关注。

（4）客流方向的不均衡性

同一时段、不同城市轨道交通车站的客流量会存在较大差异。例如，外围线路与城区线路相接的车站，早高峰以进城方向客流为主，上、下行两个方向的客流量可能相差几倍，在晚高峰则相反。这种方向的不均衡性会影响车站设备设施的利用率，需要通过设备的合理布置和组织对客流进行调解。

（5）时间不均衡性

不同区域、不同功能类型的车站高峰系数不同，一般外围车站高于中心区车站，通勤服务类车站高于生活服务类车站。

（6）短时冲击性

城市轨道交通客流的到达并非是连续均衡的，而是随列车的到达呈现脉冲式的分布规律，在短时间内会对车站设备设施及服务产生冲击。由于短时冲击的存在，使得一批客流到达时，容易在车站出入口、客服中心、闸机入口、自动售票机等处形成拥挤和客流排队，当拥挤人数较多时，将会带来较大的安全隐患。

3. 城市轨道交通换乘客流的特点

由于换乘客流在车站客流构成中占主导地位，因此了解换乘乘客的行为特点，有助于对城市轨道交通车站换乘空间进行人性化设计，并准确、有效地组织换乘客流。换乘行为特征包括乘客的心理需求和行为特征。

换乘心理需求
及换乘行为特征

1）换乘乘客的心理需求

（1）方便性

乘客对换乘时间有一定的心理可接受度，换乘时间过长会产生焦虑心理。参照我国香港地铁的研究，如能将换乘通道长度控制在60m以内，换乘时间是适宜的。

（2）顺畅性

换乘流线顺畅，尽可能减少不必要的绕行，换乘设施摆放位置和方向应与流线一致，减少客流交叉和冲突，同时换乘路线中的设施能力匹配能够避免能力瓶颈带来的拥堵。

（3）舒适性

换乘站设施能力应适应客流需求，设施拥挤会降低乘客出行的舒适度。另外，配有自动扶梯或自动步道也会降低换乘时的心理不适感。

2）换乘乘客的行为特征

（1）简单化

要求保证换乘设施空间布局的紧凑性、明确性，由于地下空间的封闭性，很容易使人失去方向感。因此,应尽可能减少对换乘路线的选择性,从而减少乘客的站台滞留,提高站台的疏散速度,如岛式站台较侧式站台更具有这方面的优势。

（2）就近性

在换乘路线上人们习惯选择最短路线,如到达站台时,倾向就近选择换乘车厢,由此易导致站台换乘客流分布的不均衡。

（3）快走性

前方客流行走速度较快,期望尽快进入换乘设施,导致换乘路线上客流速度分布的不均衡;同时,可以利用此特点拉开换乘客流间距,以延缓换乘楼梯前的聚集程度,减少短时冲击。

> ▶▶▶ 即学即练
>
> 请学生点击云课堂——智慧职教 App,完成"**单元 4.1-任务二:认知客流分类及特点**"部分的测试。
>
> 请教师先在网页版或手机端职教云中完成该任务点的组题。

技能训练

1. 训练目的

利用网络充分了解国内各城市轨道交通客流量的发展现状,收集某个城市近两年的年客运量、日均客流量、客流增长情况,列表反映,力求清晰完整。

2. 评价标准

根据齐全度、准确度和合理度进行评分,总分 100 分。

单元 4.2 客流调查

学情检测

1. 用样本来近似地代替总体的调查方式称为( )。

    A. 全面调查   B. 抽样调查   C. 断面客流调查

2. 对元旦、春节、劳动节、国庆节、双休日和若干民间节日期间的客流进行的调查称为( )。

    A. 日常调查   B. 节假日客流调查

    C. 综合调查   D. 突发客流调查

3. 一般来说,为了提高调查效率,问卷调查法的题目特点是( )。

    A. 全部主观题

    B. 客观题与主观题组合,主观题居多

    C. 客观题与主观题组合,客观题居多

    D. 全部客观题

客流是动态变化的,对城市轨道交通运营客流调查数据进行统计分析,可以了解客流在时间、空间上的动态变化规律,并根据客流的动态变化规律,及时配备与之相适应的运输能力。同时,对既有线路的运营客流特征进行分析,有利于为后续实施线路或者其他城市的规划路网提供参考数据。

一、认知客流调查种类

1.按调查的全面性分类

(1)全面客流调查

全面客流调查是指对全线客流的综合调查,通常包含了乘客情况抽样调查。这种类型的客流调查时间长、工作量大,需要较多的调查人员。但通过调查并对调查资料进行整理和统计分析,能对客流现状及客流规律有一个全面清晰地了解。

全面客流调查包括随车调查和站点调查两种调查方式。随车调查是指在车门处对全天运营时间内所有运行列车的上、下车乘客进行调查;站点调查是指在车站检票口对全天运营时间内所有在车站上、下车的乘客进行调查。城市轨道交通系统多采用站点调查。

全面客流调查一般应连续进行2~3天,在全天运营时间内,调查全线各车站所有乘客的下车地点和票种情况,并将调查资料以5min或15min为间隔分组记录下来。

(2)乘客情况抽样调查

抽样调查是用样本来近似地代替总体的调查方式,这样做有利于减少客流调查的人力、物力和时间。乘客情况抽样调查通常采用问卷方式进行,调查内容主要包括乘客构成情况和乘客乘车情况两方面。

①乘客构成情况调查一般是在车站进行。调查内容包括年龄、性别、职业、居住地和出行目的等。该项调查的时间可选择在客流比较正常的运营时间段。

②乘客乘车情况调查既可以根据需要分类进行,也可在特定时间、地点进行,如在月票发售点对持定期票乘客进行调查。调查内容除年龄、职业和性别之外,还包括家庭住址和收入、日均乘车次数、上车站和下车站、到达车站的方式和所需时间、乘坐城市轨道交通列车出行时间的节省量以及对现行票价的认同度等。

(3)断面客流调查

断面客流调查是指一种经常性的客流抽样调查,根据需要,可选择一个或几个断面进行调查,一般是对最大客流断面进行调查,调查人员用直接观察法调查车辆内的乘客人数。

2.按调查的内容分类

(1)综合调查

一般三年进行一次,每年还要作一两次补充。调查目的是摸清车站吸引区的政治、经济、文化和人民生活情况,以及乘客出行特征,了解影响城市轨道交通客运量增长变化的各种因素,以及对客运工作的客观要求,作为制订长远规划和年度计划、改进客运设备的主要依据、日常客运组织工作等的基础。

其调查内容包括：

①吸引地区的一般情况。

②直接影响客流的各项因素。

③各种交通工具的分工情况。

④车站的客运资料。

（2）节假日客流调查

节假日客流调查是一种主题性客流调查，重点对元旦、春节、劳动节、国庆节、双休日和若干民间节日期间的客流进行调查。调查的内容包括机关、学校、企业等单位的休假安排，城市旅游业、商业、娱乐业的发展程度，城市居民生活方式的变化，等等。该项调查一般是通过问卷方式进行。

（3）日常调查

日常调查是指车站工作人员对吸引区内客流变化因素进行观察、询问、统计和分析，以便随时掌握客流的增减数量、变化原因和延续时间等。

（4）突发客流调查

突发客流调查主要针对影剧院、体育场馆等客流快速集散的站点进行的专项客流调查。该项调查主要涉及影剧院、体育场馆的规模及对附近城市轨道交通车站的客流影响程度、影响持续时间等内容。

二、选择客流调查方法

客流调查是一件经常性的工作。根据不同的调查目的，可以选择不同的调查方法。通常采用的方法有随车调查法、驻站客流调查法、问讯客流调查法和客票调查法等。

客流的动态调查，需要积累比较长期的资料以供分析，除了直接从调查中取得资料之外，企业中常用的各种运营报表所反映的统计数值，也是反映客流周期性升降波动的重要资料。此外，要掌握客流动态的规律，还要取得经常性的全面调查资料进行综合分析。公共交通企业需要建立定期的、全面性的客流调查制度。有时为了某一特定的目的，可以进行临时的、局部性的调查，也可以组织抽样调查和专项调查。总之，只有在目的明确的情况下，选择最有效的调查方法，才能取得预期效果。

选择调查方法时应注意以下两个要点：

第一，尽可能以最少的劳动和时间消耗，取得足够量的、精确的调查资料。

第二，尽可能以最简便的方法，得到被调查者的配合，保证所需资料的及时性与可靠性。

下面按调查方法叙述几种可行的调查形式。

1. 随车客流调查法

随车客流调查是指在线路运行的车辆中安排专人记录每个车站的上、下车的乘客数量以及车站上留站人数多少的一种全面调查。

它可以在全市范围内进行，也可以选择部分和一条线路进行；它可以组织全天营业时间进行，也可以在某一段营业时间进行；这取决于调查的不同目的。

随车客流调查法

（1）随车客流调查的组织方法

这种调查方法是一种较大型的调查方法，其具体做法如下：

①在运营的所有车辆上，从早出的第一班车开始直至晚上末班车为止。

②有通宵车的线路也要安排专人调查。

③随车调查的人数一般一个车门安排一个人，在车门附近选好适当的位置进行。

④按照特定表格的要求进行上、下车人数的记录，此表格为原始记录表。

⑤在车辆拥挤而有留站乘客时，还需注明未上车的留站人数。

（2）随车客流调查应注意的事项

①对调查人员的配备情况要事先做好周密的安排。做好培训工作，如高峰时同时上、下车人数集中情况下应如何观察记数、车在行进中应如何在记录表上写清数字等。

②原始记录表上应记明线路别、车号，写清发车时间。

③上、下行每个单程车次填写一张统计表格。统计表格在该车未发出时签注交给随车调查人员，到达终点站时交换下一车次的表格。

④终点站设收表员、发表员及核算员。核算员要及时对收回的调查表进行核对和几个车门的表格合一，并负责对车上的调查人员进行业务指导。

⑤大型的随车客流调查，必须建立领导班子，并要有专人负责调查人员的生活；注意车上调查人员交接班的连续性。

⑥必须保证原始调查资料的准确性和完整性。

⑦在调查日要和线路的运营调度员做好配合，保证按行车时刻表执行。

⑧按票务政策规定计算人数，不足购票标准（如有成人陪伴的 1.2m 以下的儿童）不计在内。

⑨按调查表认真填写。

⑩几个车门的原始表合计数出现上下车人数差额时，核算员应进行调数。调数时应由低往高调，应在上下车人数较多的站调平。

（3）调查资料的统计汇总

随车观察所得的资料必须分别按线路上下行的不同方向和发出车辆先后到达的顺序整理排列后，依规定的分组时间（一般按 0.5h 和 1h 分组），进行统计汇总，随车原始调查记录表一般格式见表4-1。

随车调查原始记录表　　　　　　　　　　　　表4-1

线　　路		车　　次	
方向		发车时间	
站名	下车人数	上车人数	留站人数
1			
2			
3			
4			
…			
合计			

该客流调查资料反映线路在昼夜运行的各个时间内各站上下车人数和车内的乘客人数。这些基本数据是计算其他各种资料的基础。

（4）调查资料的计算分析

由于随车客流调查所得的资料,经汇总统计后能反映客流量在线路上各个断面的分布状态;因此,在调查资料统计汇总表的基础上需分别计算各断面的通过量,分别计算反映运营状态的各种有关指标的数值。例如,各站上下车人次、各断面通过量、高峰小时最大断面通过量及满载率、各线路客运周转量、平均运距、乘客密度、不均衡系数等,见表4-2～表4-4。

分时断面流量汇总表   表4-2

线路：   方向：

断　面					合计
首发—7:00					
7:01—8:00					
8:01—9:00					
……					
合计					

三峰人千米汇总表（小时单向）   表4-3

线路：   方向：

断　面					最大断面不均衡系数	合计
	站距					
早高峰	流量					
	人千米					
午高峰	流量					
	人千米					
晚高峰	流量					
	人千米					
全天	流量					
	人千米					

分时普票、定期票人数汇总表   表4-4

时　间　分　组	普票人数	定期票人数	合计	定期票比例（%）	高峰小时客流量占全日比例（%）
首发—7:00					
7:01—8:00					
8:01—9:00					
……					
合计					

2.驻站客流调查法

驻站客流调查方法是在中途重点站或客流量较大的高峰断面上设置调查员,在规定的时间里,以目测的方法记录上下车乘车人数、车厢内人数、留站人数和通过车次的一种断面调查法,是了解断面客流在时间上的变化与配车是否合理,定线、定站、定时、定期进行的调查。将调查资料汇总积累,随时可供对比分析使用,为线路增减配车、调整运力提供可靠的依据,见表4-5。

驻站客流调查表 表4-5

线路:　　　　　　　　　站:　　　　　　　　　方向:

车　次	到 站 时 间	进 站 人 数	下 车 人 数	上 车 人 数	出 站 人 数	留 站 人 数
合计						

(1)驻站客流调查的组织方法

①驻站客流调查组织方法技术性较强,调查人员应熟悉线路运营情况,必须掌握车辆的座位数、乘客可站立的面积和额定车容量,并能准确估算车厢人数。所测得的资料准确度一般要求在90%以上。

②调查日期与具体时间可根据一般客流动态规律和调查线路的具体情况而定。时间选择是否适当,直接影响能否达到预期的调查目的。

(2)驻站客流调查注意事项

①调查员目测位置的选择要适当。

②候车人多时,可提前数清在站人数。

③按调查表要求及时填好每次车的数据。

(3)调查资料的统计汇总分析

①把各站点测得的原始记录,按30min或1h分组统计上下车人数、通过车次通过量、车辆满载率和留站人数等。

②根据统计汇总的客流资料,分析运行车辆的满载程度。根据调查点的乘客集散量,分析调查时间内的运力适应运量的情况,调配增车减车及改进调度方法,使运力与运量保持平衡。

3.问讯客流调查法

问讯客流调查法是指派调查人员通过问讯的调查方式,记录每一个乘客上下车地点的一种方法。

问讯客流调查法可分为随车问讯和驻站问讯两种方式。

随车问讯一般用在站线长、上下车交替量小的线路。而在客运量大、站距短、上下车交替量大的市区线路,则采用驻站问讯的方式。指派问讯调查人员的人数可根据每个站集散乘客数量而定。

问讯调查既能够反映每个乘客上下车的地点,也能反映出每一站上车的乘客到其余各站下车的人数、每个站上乘客的乘距、每个断面的客流量负荷情况和满载率等。在条件许可的情况下,还可问讯乘客的转乘,以掌握乘客的乘车规律与集散方向,解决线路高断面站的乘车

问题。

4.定期票调查法

定期票调查法是指对购有城市轨道交通定期票的乘客进行日常乘车动态调查的一种方法。

(1)定期票调查的内容

①定期票乘客的工作单位、详细住址和工作地点。

②工作班制及休假日期。

③购买票种。

④乘车时间。

⑤乘坐线路(包括转乘线路)。

⑥上车站及下车站的站名(包括转乘线路的站名)。

⑦步行时间等。

(2)定期票调查法的组织方法

①收发调查表。调查表的发放一般与购买定期票同时进行。请乘客当场填写回收,或可结合更换定期票卡工作,要求乘客缴纳旧卡换给新卡的同时,交回填好的调查表。

②校核调查表。收回调查表后,即由调查员当场核对所填写内容,发现差错及时改正。

③调查表编码、录入。将家庭地址、停车站等非数字信息转变为便于计算机识别的数字信息,然后录入计算机。

(3)调查资料的统计汇总及分析

经过计算机的处理,可以得到以下资料和图表:

①全部定期票乘客起止点的分布,上下班平均出行距离,换乘次数,步行时间,乘车距离。

②主要集散点之间的客流量与流动途径。

③各停车站的定期票乘客流量,流向与集散量。

④线路上的流量分布。

通过定期票调查,可掌握定期票乘客在城市轨道交通客运量中的比例,上下班高峰时间定期票比例一般在70%以上,其客流往往比较稳定。上下班的行程线路比较固定,掌握定期票乘客动态及其规律,就基本上掌握了城市轨道交通客流的一般规律。

总之,通过定期票调查,可以掌握城市轨道交通线路上的客流量分布、客流方向、乘车规律、出行特征,为制订城市轨道交通规划和企业管理规划提供科学、有价值的资料。

5.其他调查法

1)签票调查法

签票调查法是指通过对每个车站的上车乘客购票情况的统计,来了解掌握线路乘客的流量、流向与乘车距离的一种方法。签票调查法是统计车辆经各个车站不同车票发售的数量。签票调查法有专用的统计表格,它汇总统计的调查资料是比较完整准确的,能反映各个车站在不同时间内的乘客数量及乘车距离的变化情况。

把资料汇总分析后并绘制成图表,可检查各区段的运量和运力的适应程度,掌握乘客的乘车距离与乘车规律。

2)发票调查法

发票调查法是指由调查人员在调查的线路上每个车站向每个上车的乘客(包括定期票的

乘客)发一张该站的调查票。同时收回每个下车乘客的调查票,以取得该线路各个断面乘客分布动态的资料。发票调查可以在线路的重点站段进行,也可以全线展开。

发票调查法用得较多的是局部抽样调查。调查点一般应选择那些对全线影响大、集散量大、上下车交替频繁且乘车规律不够明显的站点,对每个调查点上车的乘客进行发票调查;然后在其后的停车站派人收票并进行统计;最后分别计算出调查点与其他非调查点的乘客人数及其相互间的比例关系。

调查效果和特点与问讯调查法相近。但由于被调查的对象都是乘客,且需要乘客在车内乘车时填表,受乘客文化程度、乘车时间、车上环境条件等因素影响,调查的难度比较大。

3)填表调查法

填表调查法表是指对工厂、机关、学校、文体场馆等单位的职工和居民小区的居民出行动态进行调查的一种方法。填表调查主要用于了解各单位的职工、居民等基本客流的出行动态及其规律,为进一步改进调度措施,解决乘车矛盾,编制近期计划与远期规划提供依据。填表调查有以下三种类型。

(1)调查对象是工厂(机关、学校)

调查主要是对单位职工乘车动态进行的调查。以单位的地域分布为基础,依位置顺序派调查员上门做填表调查统计。建立基础资料后可保持经常联系,按照调查内容和要求告之和寄送上门,定期回收。资料收集后再按地区和路段范围加以统计汇总。

(2)调查对象是文体场馆

文体场馆的调查是指对线网范围内的影院、剧场、游艺场所、文化宫、公园、体育场馆等公共场所的调查。

调查的内容包括:每天演出场次和入、散场时间;最大容纳量和席位数、平均上座率;近期节假日安排和观众预计;季节变化对游客的影响。

文体场馆的活动和观众动态,对城市轨道交通有关线路的运行影响较大。大型体育场馆的活动往往不是附近原有线路所能承担的,必须调配较多的车辆方能适应。固定节假日更是文体表演场所吸引大量观众的时间,无疑会大大增加城市轨道交通的客流量。

因此,对文体场馆,除建立基础性的调查资料外,每逢固定节假日前,应进行一次全面的调查。这样就可预测这些公共活动场所观众的数量、活动时间、对附近城市轨道交通线路的影响。只有了解这些情况,才能有效地安排调度工作,增加行车班次,及时运送观众。

(3)调查对象是居民

居民出行调查又称为起讫点调查、起终点调查、OD(Origin-Destination)调查,是对居民出行活动进行的全程调查。出行调查一般不仅是为了安排行车计划及调度措施进行的,而且一个城市为交通规划、城市发展总体规划进行的基础数据采集工作。但调查结果对城市的客运规划、行车计划等与公共交通企业密切相关的方面,均具有十分重要的意义。

出行调查由城市政府决定调查时间,一般由规划部门组织实施,其间需要公交、公安、交管、街道等方面的配合,调查工作一般以居民户(居住地)为单位抽样进行,也包括旅店、集体户的人员。

出行调查一般包括户信息、个人信息和出行信息三类内容。其中,户信息包括地址、人口数量、交通工具拥有状况(小汽车、摩托车、自行车等)、收入等;个人信息包括年龄、性别、职业、行业、就业地点等;出行信息包括每一次出行的目的、时间、交通方式、路径等。

出行调查是一个城市的大型调查工作,需要精心地准备和完善的组织才能进行。在调查之前需要制订周密的调查方案,包括组织机构、技术论证、调查实施、数据处理,均需有详细的文字说明。为了明确调查对象,一般要对"出行"进行严格的定义,如具有明确目的、经过有路名的道路、采用交通工具和步行时间在 7min 以上,以便减少对城市交通主体没有影响的无效数据。

▶▶▶ 即学即练

请学生点击云课堂——智慧职教 App,完成"**单元 4.2-任务二:选择客流调查方法**"部分的测试。

请教师先在网页版或手机端职教云中完成该任务点的组题。

三、研究客流调查统计指标

客流调查结束后,对客流调查资料应认真整理,或列出表格,或绘制图表,采用适当的统计方法来汇总计算各项指标,进行正确的分析处理。城市轨道交通系统全面客流调查后应汇总计算的主要指标如下。

1. 乘客人数

①分时各站上下车人数。
②全日各站上下车人数。
③分时各站换乘人数。
④全日各站换乘人数。
⑤全线全日乘客人数。
⑥全线高峰小时乘客人数。

2. 断面客流量

①分时各区间断面客流量。
②全日各区间断面客流量。
③分时最大断面客流量。
④全日最大断面客流量。
⑤高峰小时最大断面客流量。

3. 运送距离

①本线乘客乘坐不同站数人数及所占百分比。
②跨线乘客乘坐不同站数人数及所占百分比。
③乘客平均乘车距离。

4. 乘客构成

①全线持不同票种乘客人数及所占百分比。
②车站别按年龄、居住地和出行目的等统计的乘客人数及所占百分比。

③车站别 3 次吸引乘客人数及所占百分比。

④从不同距离,以 3 种不同方式到达车站乘客人数及所占百分比。

⑤需不同时间,以 3 种不同方式到达车站乘客人数及所占百分比。

⑥居住城市各区域乘客人数及所占百分比。

5.车辆运用

(1)客车千米

$$客车千米 = 客运列车数 \times 列车编组辆数 \times 列车运行距离 \tag{4-4}$$

(2)客位千米

$$客位千米 = 客运千米 \times 车辆定员 \tag{4-5}$$

(3)乘客密度(人/车)

$$乘客密度 = \frac{客运量 \times 平均运距}{客车千米} \tag{4-6}$$

(4)平均满载率

$$平均满载率 = \frac{乘客密度}{车辆定员} \times 100\% \tag{4-7}$$

或

$$平均满载率 = \frac{客运量 \times 平均运距}{客位千米} \times 100\% \tag{4-8}$$

(5)断面满载率

$$断面满载率 = \frac{单向最大断面客流量}{客运列车数 \times 列车编组辆数 \times 车辆定员} \times 100\% \tag{4-9}$$

▶▶▶即学即练

请学生点击云课堂——智慧职教 App,完成"**单元 4.2-任务三:研究客流调查统计指标**"部分的测试。

请教师先在网页版或手机端职教云中完成该任务点的组题。

四、客流调查一般步骤

一般而言,进行客流调查的步骤如下。

(1)确定客流调查目的

确定客流调查的目的既是进行客流调查的第一步,也是客流调查的关键所在。一般客流调查包含出行起讫点调查、出行目的调查、出行满意度调查等。

(2)确定调查范围

根据调查目的,选择客流调查的范围。客流调查的范围可以是一个行政区域内、一个商圈,或者某条线路、某个站点等。

(3)选择调查方法

根据调查目的和范围,结合调查的预算、人员配备等,选择合适的调查方法。

(4)设计调查方案

确定了客流调查的目的、调查范围和调查方法后,应设计调查方案,具体包括确定客流调查的时间、地点,设计调查表格,选择调查指标,还要考虑调查所用设备、工具,调查人员的选择和培训,调查过程中突发事件的处理。

（5）实施调查

在实地调查过程中,必须严格把关,及时抽查,以便随时发现问题,保证调查的精度。

（6）调查统计和评估

回收的调查资料,要根据预先设计的调查指标进行统计分析,形成调查报告,并评估调查的完成情况,总结经验教训。

技能训练

1. 扫描二维码填写"武汉地铁光谷广场站客流出行情况调查问卷"

调查问卷

2. 设计一份城市轨道交通客流调查设计文案

（1）客流调查文案要求

①设计必须包括调查目的、展开调查的时间和地点、调查表内容的设计、调查设备的选用、调查人员的任务分工。

②以组为单位上交 Word 文档一份。

（2）评价方式

①以学习小组为单位,由教师和学生代表共同完成评价,教师评价占 60%,学生评价占 40%。

②评价指标:

序 号	评 价 标 准	权 重	得 分
1	是否按时上交	20%	
2	设计内容是否完整(包括调查内容、调查时间、调查地点、调查设备、调查人员,每小项 4 分)	20%	
3	成员分工是否合理	10%	
4	调查设备选用是否合理	10%	
5	版面设计是否清晰、有无错别字等	10%	
6	调查目的是否明确	10%	
7	调查内容设计是否达到高效(容易以最少的劳动和时间消耗,取得足够量的精确的调查资料,以实现调查目的)	10%	
8	调查内容设计是否容易得到受调查人群的配合	10%	
总分		100	

单元4.3 客流预测

1. 以下哪种预测会用数学模型,对数据有较高的数量和质量要求,计算工作量较大。( )
   A. 定性预测　　　　B. 定量预测　　　　C. 模糊预测
2. 定量预测中,如果数据分布呈直线趋势,可采用的预测数学公式是( )。
   A. $y = a + bx$　　　B. $y = ab^x$　　　C. $y = ax^2 + bx + c$

📖 知识学习

客流预测就是在各种客流调查和客流统计的基础上,考虑各种不确定因素,采用有效的客流预测方法,对未来的客流趋势做出科学的估计。客流预测的主要内容是预测客流量和客运工作量。客流预测的目的是对未来的客流变化趋势做出科学的估计,为线路网规划的提供依据,同时也是提高服务质量、组织运营、编制运营计划的重要基础工作。

对于城市轨道交通运营来说,若客流预测结果比实际数据偏大,将造成运营费用和维修费用的浪费;若客流预测结果比实际数据偏小,则导致城市轨道交通拥挤,服务质量下降。因此,采用合适的预测方法尤为重要。

预测预测方法可归纳为定性和定量这两类方法。

定性预测方法主要是通过社会调查,结合人们的经验加以综合分析比较作出量的直接判断和预测。其优点是简便易行,没有复杂高深的计算,易于普及采用。但往往易受预测人员经验和认识上的局限,而常有一定的主观片面性。

定量预测方法是要进行量的计算,注重于事物发展在数量方面的分析,重视对事物发展变化的程度作数量上的描述,更多地依据历史统计资料,较少受主观因素的影响。但定量预测比较机械,不易处理有较大波动的资料,更难于预测事物的变化。

无论采用哪种方法,预测结果都很难和实际结果完全一致,由于客流受到各种因素的影响,是动态变化的,因此预测允许存在一定程度的误差。

一、定性预测法的应用

定性预测不采用数学模型,主要依赖于预测人员的职业知识和实际经验。这类方法一般适用于缺乏或难以获取足够数据资料的预测。常见的定性预测法有德尔菲法、专家会议法、销售人员意见综合法、管理人员判断预测法、群众评议法。

1. 德尔菲法

德尔菲法又称专家调查法,在定性预测方法中运用较多。它是在美国兰德公司中发展起来的一种专家预测方法。

在历史客流数据较少的情况下,德尔菲法借助预测者的专业指数和实际经验,并综合考虑多种影响因素对客流进行预测。德尔菲法的预测步骤包括设计调查问卷、选择专家、征询意见和处理调查结果等。为了避免个人知识、经验和素质的局限性影响预测的精确度，德尔菲法通常选择一组专家作为征询意见的对象，同时为了防止互相影响而不能做到独立判断，专家的意见一般以匿名方式填写。调查的组织者将调查问卷寄给专家，征询他们的意见，在收到专家的意见后，将专家的意见进行归纳汇总形成新的问卷，然后向专家再次征询意见，供其对经过归纳汇总的意见进行分析、判断和提出新的意见。经过这样的数次反馈，可对趋于一致的专家意见进行统计分析，得到预测结果。

其基本做法和程序如下：

①确定课题。

②选择专家。专家人数要适当，有一定代表面，对预测问题有较高造诣和掌握充分的资料。

③设计咨询表。表格要简明，意图明确，并提供一定的背景材料。

④逐轮咨询和信息反馈。一般进行3、4轮。每次函询后，将专家回答的意见综合整理归纳，匿名反馈给各位专家，再次征求意见。如此反复几轮，得出比较集中的意见。

⑤采用统计分析法对各专家预测数进行定量评价，求得最终预测。统计分析中一般使用加权的办法，对专家的权数要尽量客观、准确。

德尔菲法的优点是既可以充分发表意见，又可以互相交流、博采众长，避免主观片面。它一般适用于整体的预测，如节假日客运量预测等。

虽然参加定性预测的专家意见是一种主观判断，受到对问题差异的影响，但主观判断并不等于主观随意，只要有相当数量对问题有研究的专家参加定性预测，尽管专家的预测结果不会完全一样，但会是围绕一个中心值波动，那么这个中心值就是确定预测结果的客观基础。

2. 专家会议法

专家会议法又称头脑风暴法，是指采用开调查会的形式，将有关专家召集到一起，向他们提出要预测的题目，让他们通过讨论作出判断。专家会议法通过有关专家之间的信息交流，引起思维共振，产生组合效应，从而导致创造性思维。

3. 销售人员意见综合法

销售人员意见综合法是指组织者召集有经验的销售人员对顾客的需求量、市场需求变化趋势、竞争对手动向等问题进行预测，然后对预测结果进行综合的预测方法。

4. 领导人员判断预测法

领导人员判断法是指由公司领导人召集公司与客流变化有密切关系的专业部门的经营管理人员，广泛交流意见，经充分讨论，最终做出判断的一种预测方法。他们对客流变化的规律有相当的认识和理解，可提出很好的预测意见。这种方法的优点是简便迅速，有利于集中高中层管理者的智慧和经验。特别是在缺乏实际统计资料或调查资料不全的情况下，此法是可行的，它是新产品需求预测的一般方法。其缺点是带有一定程度的主观片面性。

5. 群众评议法

群众评议法是指由专业部门就客流预测的内容向基层群众征求意见，并请他们对客流进行评议而做出客流预测的方法。基层群众对所管辖的线路和地区的客流变化有着丰富的直观资料和实践经验,他们在客流预测方面的作用不可忽视。

综上所述,无论采用哪种客流预测方法,由于客流的波动变化多端,影响因素复杂,因此预测的结果都不可能百分之百的准确。但是客流有其自身的发展变化规律,只要充分掌握客流资料,了解其动态,并熟悉预测方法,预测的准确程度是可以逐步提高的。在实际应用过程中,也可同时将几种预测方法投入使用,以其不同的预测结果,作为预测标的数值上下波动可能性的参考。

▶▶▶**即学即练**

请学生点击云课堂——智慧职教 App,完成"**单元 4.3-任务一:定性预测法的应用**"部分的测试。

请教师先在网页版或手机端职教云中完成该任务点的组题。

二、定量预测法的应用

定量预测采用数学模型,对数据有较高的数量和质量要求,计算工作量较大。定量预测法通常有以下几种。

1.直线趋势法

(1)画线法

画线法是指将原始的对应数值在坐标图上用点描出来,以表明其分布情况。一般以时间 t 为横坐标,以客运量 Q 为纵坐标,如图 4-1 所示。

坐标面上点的分布是比较分散的,初看起来没有规律,因为变量之间并非都是确定的函数关系。但是如果从发展趋势来看,随着时间的推移,客运量是上升的,时间和客运量之间存在相互关系。因此,可以不用数学公式,而在这些

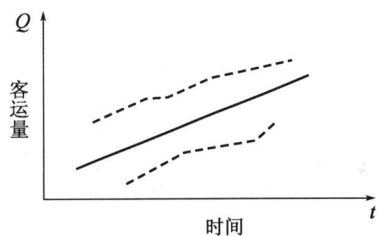

图 4-1 画线法

点之间画出一条直线,所有数据点的波动基本上是以这条直线为中心的。然后把这条直线延长,就可推算出预测值,这条直线可称为趋势直线。这种画法因人而异,并无客观标准,但是如果认真地画,也能取得一定效果。画线法的特点是使用十分简便,但得到的结果比较粗略。

(2)线性回归法

用数学方法给社会经济现象配合一个适当的方程式,是进行客流预测的有效方法。

常见的回归法包括线性方程回归法和指数平滑回归法等。

回归法是相关预测法通过分析事物之间的因果关系和影响程度进行预测,是运用数理统计学理论预测未来的一种模型。

回归预测的大体步骤是:搜集分析统计数据,确定数学关系式;进行参数估计和相关检验;根据求得的回归方程和自变量的预测,预测未来运量,并分析精度。回归预测方程有一元线性回归、一元非线性回归、多元线性等几种。这里仅介绍使用一元线性回归方程来解决预测问题。

如果影响预测客运量变化趋势的众多因素中,只有一个因素(如人均收入)是主要的、起

决定性作用的,且两者之间的因果关系呈线性关系,则可以采用一元线性回归方程进行预测。其预测公式为

$$y = a + bx \qquad (4\text{-}10)$$

式中:y——预测客运量;

      x——时间周期数;

      a、b——待定系数。

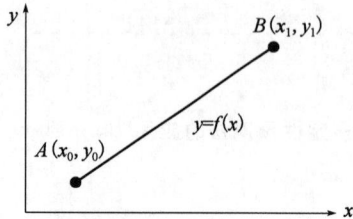

图4-2　一元线性回归法

根据图4-1,坐标上的点可按数学公式描绘出图形,仍是一条直线,如图4-2所示。取其任意两个点的坐标A点(x_0,y_0)和B点(x_1,y_1),该两点可唯一确定出一个直线方程$y = f(x)$。直线趋势法用这一对数值(x_0,y_0)和(x_1,y_1)求得$y = f(x)$的近似值。由于受各种偶然因素的影响,会有较大的误差。

在$y = a + bx$中,只要知道了a、b这两个待定参数,即可预测任意一个时间节点的客流量。

【例题】　已知某车站2014—2021年的客流年集散量见表4-6,试预测2022年该车站的客流年集散量。

某站客流年集散量表　　　　　　　　　　　　　　　　表4-6

年份(年)	2014	2015	2016	2017	2018	2019	2020	2021
集散量(万人次)	248	253	257	260	266	270	279	285

预测过程:

(1)分析观察期数据长期变动趋势,画数据点的散布(图4-3)

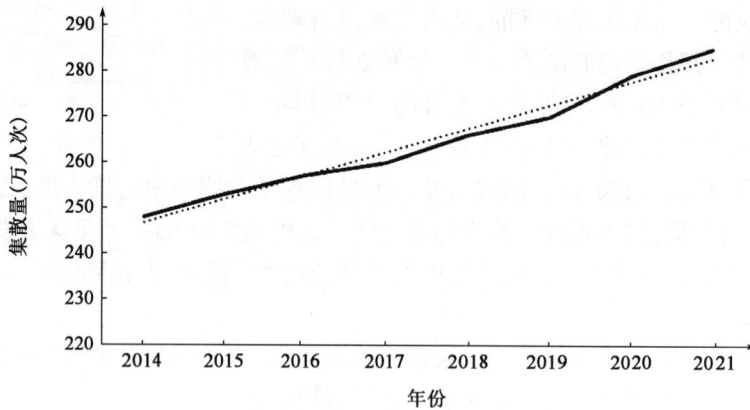

图4-3　年集散量图

根据图4-3,可以观察出其长期趋势基本上呈直线趋势,它的预测模型为

$$Y = a + bt \qquad (4\text{-}11)$$

(2)根据已知的y和t来求a和b

利用最小二乘法,a、b的计算公式为

158

$$\begin{cases} b = \dfrac{n\sum ty - \sum t\sum y}{n\sum t^2 - (\sum t)^2} \\ a = \overline{y} - b\,\overline{t} \end{cases} \tag{4-12}$$

简捷法求解直线趋势方程时,令

$$\sum t = 0$$

则公式简化为

$$\begin{cases} b = \dfrac{\sum ty}{\sum t^2} \\ a = \dfrac{\sum y}{n} \end{cases} \tag{4-13}$$

本案例中,时间序列有偶数项,则对称编号方式为 $-7, -5, -3, -1, 1, 3, 5, 7$,见表4-7。

车站集散量预测表 表4-7

年份(年)	序号 t	集散量 Y	t^2	$t \cdot Y$
2014	-7	248	49	-1736
2015	-5	253	25	-1265
2016	-3	257	9	-771
2017	-1	260	1	-260
2018	1	266	1	266
2019	3	270	9	810
2020	5	279	25	1395
2021	7	285	49	1995
合计	$\sum t = 0$	$\sum Y = 2118$	$\sum t^2 = 168$	$\sum tY = 434$

由表4-7可知:

$$a = \frac{\sum Y}{n} = \frac{2118}{8} = 264.75$$

$$b = \frac{\sum tY}{\sum t^2} = \frac{434}{168} = 2.58$$

(3)利用预测模型进行预测值的计算

$$Y = a + bt = 264.75 + 2.58t$$

2022年的数据序号为 $t = 9$,则

$$Y_{2022} = 264.75 + 2.58 \times 9 = 288$$

2. 曲线趋势法

趋势预测法是指根据实际资料,研究现象数量变化的规律,以便预测这些现象将来发展趋势的一种方法。现象数量变化的规律性就其数量表现而言,是可以从其变化的增长量或增长速度显示出来的。从动态数列中确定其数量增长的基本类型,再用合适的曲线对其变动的趋势加以描述。资料的曲线配合不能完全描述现象的趋势,只能从分析现象本身的发展特点出发,正确判断变化的基本类型,才能有效地运用曲线配合的方法预测趋势的发展。

①如果现象的发展大体上是按每期以相同的增长速度增减变化,则这种现象发展的基本趋势是指数曲线型的。指数曲线的方程式为

$$y = ab^x \tag{4-14}$$

式中:a、b——待定参数;

a——基期的初始水平;

b——现象的一般发展速度,即 x 年的变量 y 等于初始水平乘以一般发展速度的 x 次方。

对式(4-4)两边取对数:

$$\lg y = x \lg b + \lg a$$

设 $y' = \lg y$,$A = \lg b$,$B = \lg a$;则 $y = ab^x$ 可化为 $y' = Ax + B$,可以按直线配合的方法确定所需要的指数曲线。

②如果现象的发展是按每期增长量呈现大体相同的增减变化,则这种现象发展的基本趋势是抛物线形的,抛物线的一般方程式为

$$y = ax^2 + bx + c \tag{4-15}$$

这种现象发展的特点是,每期都有增长变化。但是这种变化既不是按相同的增长量,也不是按相同的增长速度,而是表现在增长量的变化上,即每期的增长变化量相同。

【例题】 某城市轨道交通运营线路 2013—2021 年全年客运量统计数据见表 4-8,试用指数曲线方程预测 2022 年的全年客运量。

全年客运量统计表 表4-8

年份(年)	2013	2014	2015	2016	2017	2018	2019	2020	2021
时间序列 t	1	2	3	4	5	6	7	8	9
年客运量(万乘次)	165	270	450	740	1220	2010	3120	5460	9000

(1)选择预测模型描散点(图 4-4),根据散点图分布来选用模型。

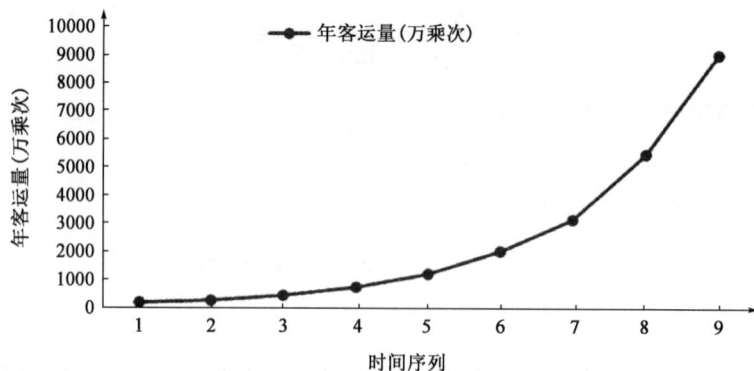

图4-4 年客运量散点图

根据图 4-4,可以初步确定选择指数成长模型进行预测 $y_t = ab^t$

取对数:$\lg y_t = \lg a + t \lg b$;令 $Y_t = \lg y_t$,$A = \lg a$,$B = \lg b$;则 $Y_t = A + Bt$。

再采用直线趋势预测法进行预测。

（2）求导曲线模型见表4-9。

年客运量预测表   表4-9

年份(年)	序号 t	y_t	$\lg y_t$	t^2	$t\lg y_t$
2013	−4	165	2.2175	16	−8.87
2014	−3	270	2.4314	9	−7.2942
2015	−2	450	2.6532	4	−5.3064
2016	−1	740	2.8692	1	−2.8692
2017	0	1220	3.0864	0	0
2018	1	2010	3.3032	1	3.3032
2019	2	3120	3.4942	4	6.9884
2020	3	5460	3.7372	9	11.2116
2021	4	9000	3.9542	16	15.8168
Σ	$\sum t = 0$	—	$\sum \lg y_t = 27.7465$	$\sum t^2 = 60$	$\sum t\lg y_t = 12.9802$

$$\lg a = \lg y_t / n = 27.7465/9 = 3.082944$$
$$a = 10^{3.082944} = 1210.44$$
$$\lg b = \sum t\lg y_t / \sum t^2 = 12.9802/60 = 0.2163$$
$$b = 10^{0.2163} = 1.645508$$

最后求得指数曲线模型为 $y_t = 1210.44 \times (1.645508)^t$

（3）预测与2022年相对应的序号 $t=5$，所以：

$$Y_{2022} = 1210.44 \times (1.645508)^t = 1210.44 \times 12.0642 = 14603.03$$

3. 平均速度趋势外推法

平均速度趋势外推法是一种将历年客运量发展的速度平均化,并按平均发展速度推算未来若干年客运量的方法。计算公式为

$$\overline{x} = \sqrt[n]{\frac{a_n}{a_0}} - 1 \tag{4-16}$$

式中：$\overline{x}$——年平均增长速度；

a_n——第 n 年的客运量；

a_0——基年的客运量；

n——时间因数。

这种方法简便易行,所需要的资料不多,是一种常用的预测方法。

4. 指数平滑法

所谓平滑,是指通过某种平均方式,消除历史统计序列中的随机波动,找出其中的主要发展趋势。它适用于进行简单的时间分析和中、短期预测。

指数平滑法是对平均速度趋势外推法的改进,是客流预测中广泛使用的一种方法。指数平滑法可分为一次指数平滑、二次指数平滑和三次指数平滑。大多数时间序列的趋势变化有三种情形,即水平趋势、线性趋势和二次曲线趋势。这三种趋势都可以用合适的指数平滑来预测,即水平趋势用一次平滑,线性趋势用二次平滑,二次曲线趋势用三次平滑来预测。

(1)一次指数平滑

一次指数平滑法的计算公式为

$$S_t^{(1)} = \alpha Y_t + (1 - \alpha) S_{t-1}^{(1)} \qquad (t = 1, 2, \cdots, T) \tag{4-17}$$

式中：　$S_t^{(1)}$——一次指数平滑值；（当括号内数字为 2 或 3 时，为 2 次或 3 次指数平滑）；

α——平滑系数（$0 < \alpha < 1$，根据经验而定，一般取 $0.1 \sim 0.3$）；

Y_t——t 期的实际客运量。

一次指数平滑公式 $\widehat{Y}_{T+L} = S_T^{(1)}(L = 1, 2, \cdots, n)$（其中，$\widehat{Y}_{T+L}$ 为第 L 年预测量，$S_T^{(1)}$ 为当前时期 T 时的一次平滑值）。

从式（4-7）中可以看出，一次指数平滑用来进行客流预测的优点：只要有本期客运量实际完成数、本期客运量的预测数和一个合理的 α 值，就能做出下期的客运量预测。对于平滑系数 α 取值的大小，可以根据过去的预测值与实际值比较而定。差额大，则 α 值应取大一些，反之，差额小则 α 值取小一些。通常 α 值的取值范围为 $0.1 \sim 0.3$。

下一年客流量的预测公式为

$$\widehat{Y}_{t+1} = S_t = \alpha Y_t + (1 - \alpha) \widehat{Y}_t \tag{4-18}$$

式中：$\widehat{Y}_{t+1}$——第 $t + 1$ 年预测客运量；

S_t——第 t 年的指数平滑值；

Y_t——第 t 年实际客运量；

$\widehat{Y}_t$——第 t 年预测客运量。

【举例】　某城市轨道交通运营公司 2021 年的客运量预测值为 2260 百万人次，2021 年全年实际客运量为 2272 百万人次。依此预测，2022 年客运量（α 取 0.3）为

$$\widehat{Y}_{2022} = S_{2021} = 0.3 \times 2272 + (1 - 0.3) \times 2260 = 681.6 + 1582 = 2263.6（百万人次）$$

(2)二次指数平滑

由于一次指数平滑只能预测一期的客运量，因此这种方法只适用于短期预测。若要向前预测今后若干期的客运量，就需要用二次指数平滑法。

二次指数平滑法是指对一次指数平滑的数据再做一次指数平滑。它不直接用于预测，只用于估计直线趋势模型的参数，然后再建立预测方程进行预测。同样，还可以进行三次指数平滑，用于估计曲线趋势模型的参数。

$$\widehat{Y}_{T+L} = a_T + b_T L \qquad (L = 1, 2, \cdots, n) \tag{4-19}$$

二次指数平滑，平滑系数 a_T 和 b_T 的估计公式为

$$a_T = 2S_T^{(1)} - S_T^{(2)} \tag{4-20}$$

$$b_T = \frac{a}{1 - a}(S_T^{(1)} - S_T^{(2)}) \tag{4-21}$$

式中：$S_T^{(1)}$、$S_T^{(2)}$——当前时期的一次和二次指数平滑值。

平滑系数的确定略。

【例题】 表 4-10 所列是某站 2010—2021 年历年客运量(万人),取初始数据 $S_0^{(1)} = 95$(用前 3 年的算术平均数作为初始值,$\alpha = 0.3$),计算指数平滑值。

某站 2010—2021 年历年客运量(万人)   表 4-10

年份(年)	序　号	客运量	一次指数平滑值	二次指数平滑值
—	0	—	95	95
2010	1	98	95.90	95.270
2011	2	116	101.93	97.268
2012	3	164	120.55	104.253
2013	4	214	148.59	117.554
2014	5	279	187.71	138.601
2015	6	373	243.30	170.011
2016	7	499	320.01	215.011
2017	8	575	396.51	269.461
2018	9	781	511.86	342.181
2019	10	945	641.80	432.067
2020	11	1156	796.06	541.265
2021	12	1394	975.44	671.518

解:

(1)一次指数平滑值(保留两位小数)

$S_1^{(1)} = 0.3 \times 98 + (1 - 0.3) \times 95 = 95.90$

$S_2^{(1)} = 0.3 \times 116 + (1 - 0.3) \times 95.90 = 101.93$

$S_3^{(1)} = 0.3 \times 164 + (1 - 0.3) \times 101.93 = 120.55$

……

依次类推,列于表 4-10 中第 4 列。

(2)二次指数平滑值(保留三位小数)

$S_1^{(2)} = 0.3 \times 95.90 + 0.7 \times 95 = 95.270$

$S_2^{(2)} = 0.3 \times 101.93 + 0.7 \times 95.270 = 97.268$

……

依次类推,列于表 4-10 中第 5 列。

> ▶▶▶**即学即练**
>
> 请学生点击云课堂——智慧职教 App,完成**"单元 4.3-任务二:定量预测法的应用"**部分的测试。
>
> 请教师先在网页版或手机端职教云中完成该任务点的组题。

技能训练

(1)下表所列是某站 2017—2021 年旅客发送人数(万人),取初始数据为 98.5($\alpha = 0.3$),计算指数平滑值,填入表 4-11 相应栏中。

年份(年)	t	客运量 Y_t	一次指数平滑值	二次指数平滑值
—	0	—	98.5	98.5
2017	1	101.9		
2018	2	111.0		
2019	3	124.6		
2020	4	135.1		
2021	5	147.6		

(2)以计算过程完整、结果准确进行评分,总分100分。

单元4.4 客流分析

学情检测

1. 一般而言,一天之中城市轨道交通哪个时间段的客流较多。(　　)

　　A. 7:00—9:00　　　　　　　　　　B. 9:00—11:00

　　C. 15:00—17:00　　　　　　　　　D. 21:00—23:00

2. 城市轨道交通的客流在空间上的分布是均衡的吗?(　　)

　　A. 是　　　　　　　　　　　　　　B. 不是

3. 城市轨道交通的客流量在工作日和非工作日时的分布是均衡的吗?(　　)

　　A. 是　　　　　　　　　　　　　　B. 不是

知识学习

城市轨道交通根据客流的特点安排运输组织和行车组织,分析客流在时间上和空间上的分布特征,合理安排运输任务,是确保生产安全、节省运营成本、提升服务质量的重要措施。客流是动态流,会因时因地发生变化,这种变化归根结底是城市社会经济活动和生活方式以及城市轨道交通系统本身特征的反映。因此,客流分析的核心是分析客流在时间上和空间上分布的不均衡性以及它与运输组织和行车组织关系。

一、客流不均衡分析

1. 客流的时间分布不均衡分析

(1)一日内小时客流的分布不均衡

小时客流随着人们的生活节奏和出行目的而变化。通常是夜间少,早晨渐增,上班和上学时达到高峰,午间稍减,傍晚又因下班和放学再次形成高峰,此后逐渐减少,子夜最少。这种规律在国内外的城市交通线路上几乎都是一样的,只是程度不同而已。城市轨道交通线路单向分时客流不均衡系数可按规定计算,单向分时客流不均衡系数越趋向于零,则单向分时最大断面客流不均衡程度越大。在单向分时客流不均衡系数较小,即在单向分时最大断面客流不均衡程度较大的情况下,为实现城市交通运输组织合理性和运营经济性,可考虑高峰时段采用高密度行车组织方式,即在客流高峰时间段开行较多的列车数以满足乘客需求,而在客流低谷时间段则减少开行列车数以提高车辆时间满载率。

部分城市轨道交通运营企业采用适时短列或长列的行车组织方式,如上海地铁 16 号线逢工作日平峰时段,采用"3 + 3"在线"拆、并"(解挂编)的行车组织方式,将一列 6 节编组列车在线路上解编为两列 3 节编组列车,再分别投入运营。该方式可在同等运力的情况下提升服务水平,降低列车空载里程,并实现节能减排。

(2)一周内全日客流的分布不均衡

由于人们的工作与休息是以周为循环周期进行的,这种活动规律性必然要反映到一周内各日客流的变化上来。在以通勤、学生客流为主的城市轨道交通线路上,双休日的客流会有所减少;而在连接商业网点、旅游景点的交通线路上,客流又往往会有所增加。另外,星期日与节假日后的早高峰小时客流和星期五与节假日前的晚高峰小时客流,都会比其他工作日早、晚高峰小时客流要大。

根据全日客流在一周内分布的不均衡和有规律的变化,从运营经济性方面考虑,城市轨道交通系统可在一周内实行不同的全日行车计划和列车运行图。

(3)季节性或短期性客流的分布不均衡

在一年内,客流还存在季节性的变化,如由于梅雨季节和学生复习迎考等原因,六月份的客流通常是全年的低谷。而在旅游旺季,城市中流动人口的增加又会使城市轨道交通的客流增加。短期性客流急增通常发生在举办重大活动或天气骤然变化的时候。对于季节性的客流变化,可采用实行分号列车运行图的措施来缓和运输能力紧张的情况。当客流在短期内增加幅度过大时,运营部门应针对某些作业组织环节、某些设备的运用方案采取应急调整措施,以适应运输需求。

2. 客流的空间分布不均衡分析

(1)各条线路客流的分布不均衡

它包括现状客流的不均衡和增长客流的不均衡两方面,它们构成了整个城市轨道交通网客流分布的不均衡。

(2)上下行客流的分布不均衡

在城市轨道交通线路上,由于客流的流向原因,上下行方向发、到的客流通常是不相等的。在发射状的城市轨道交通线路上,早、晚高峰小时的上下行方向客流分布不均衡尤为明显。城市轨道交通线路上下行方向的不均衡性可用不均衡系数表示,不均衡系数越小,则上下行方向最大断面客流不均衡程度越大。在上下行方向客流不均衡系数较小,即在上下行方向最大断面客流不均衡程度较大的情况下,直线线路上要做到经济合理地配备运力比较困难,上海地铁在潮汐性线路推行"单向加开、局部跳站"的不对称运行图;但在环行线路上可采取内、外环线路安排不同运力的措施。

(3)各个断面客流的分布不均衡

在城市轨道交通线路上,由于各个车站乘降人数不同,线路单向各个断面的客流存在分布不均衡现象是不可避免的。和上下行不均衡系数相似,城市轨道交通线路单向各个断面客流不均衡系数越小,则线路单向最大断面客流不均衡程度越大。在线路单向最大断面客流不均衡程度较大的情况下,可采用在客流较大的区段加开区段列车的措施,但在行车密度较大的情况下,加开区段列车会有一定难度,并且加开区段列车对运营组织和车站折返设备都会提出新的要求。

(4)各个车站乘降人数的分布不均衡

城市轨道交通线路各个车站的乘降人数不均衡、甚至相差悬殊情况并不少见,在不少线路上,全线各站乘降量总和的大部分往往集中在少数几个车站。此外,新的居民住宅区形成规模和新的城市轨道交通线路投入运营,也会使车站乘降量发生较大变化及分布不均衡的加剧或带来新的不均衡。在各车站乘降人数不均衡的情况下,部分城市轨道交通运营企业采用"大站快车"方式组织行车。

▶▶▶即学即练

请学生点击云课堂——智慧职教 App,完成"**单元 4.4-任务一:客流不均衡分析**"部分的测试。请教师先在网页版或手机端职教云中完成该任务点的组题。

二、客流动态及演变规律分析

1. 线路网上的客流动态

线路网上的客流动态是指全市性平面图上的客流动态。它反映全市公共交通线路网上客流量的多少及分布特点:一般城市的中心区客流量总是最集中、最稠密的,边缘地区则相对稀疏。

一般来说,线路网上的客流动态是由中心区的集散点逐渐向外延伸。客流的动态分布与城市的总体布局有很大关系,并受道路格局的制约。反映在线路网上,一般有放射型、放射环型、棋盘型和不定型 4 种类型。线路网上客流动态数值用通过量表示。各个路段的通过量按时间顺序排成数列,即可显示线路网上客流动态数值及其变化特点。根据线路网上客流量动态变化方向、数值及波动的幅度,可以提供研究线路的新途径,调整运营车辆的选型、配备各阶段的车辆数以及修改行车时刻表等资料。

2. 方向上的客流动态

一般线路上都有上下行两个方向。两个方向的客流量在同一时间分组内是不相等的,有的线路双向的客流量几乎相等,有的线路则相差很大。由于方向上的客流动态不同,可计算出两个数值,其动态类型也可分为双向型和单向型两种。

(1)双向型

上下行的运量数值接近相等,市区线路属于双向型的较多。这种线路在车辆调度上比较容易,同时车辆的利用率比较高,如图 4-5 所示。

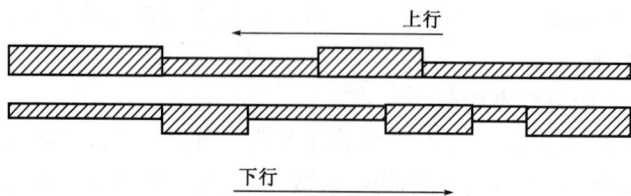

图 4-5　双向型客流示意图

166

（2）单向型

上下行的运量数值差异很大，特别是通向郊区或工业区的线路，很多是属于单向型的。这样的线路车辆调度上比较复杂，车辆的有效利用率较双向型线路低，如图4-6所示。

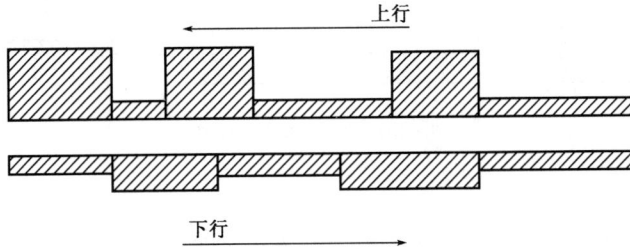

图4-6　单向型客流示意图

研究方向上的客流动态，可以为确定相应的调度措施、合理地组织车辆运行提供依据。

3. 断面上的客流动态

由于线路上各停车站的上下车人数是不相等的，因此车辆通过各断面时的通过量也是不相等的，若把一条线路各断面上的通过量数值，按上行或下行各断面的前后次序，排成一个数列，这个数列就能显示断面上的客流动态。从这些数量关系中，可以看出客流在不同时间内在断面上的分布特点与演变规律。客流在线路各断面上的动态分布是有一定特点的，从整条线路归纳起来，大致有以下几种主要类型。

（1）"凸"形

各断面的通过量以中间几个断面数值为最高，断面上的客流量成凸出形状，如图4-7所示。

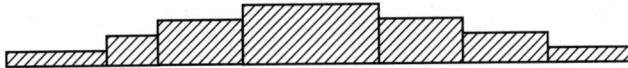

图4-7　"凸"形客流示意图

（2）"平"形

各断面的通过量很接近，客流强度几乎在一个水平。有些线路在接近起、终点站前的1~2站断面通过量较低，但其余断面的通过量很接近，也属于此类型，如图4-8所示。

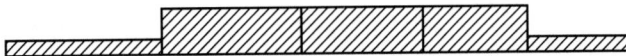

图4-8　"平"形客流示意图

（3）"斜"形

线路上每个断面的通过量由小至大逐渐递增，或者由大至小逐渐递减。在断面上显现梯形分布，整体构成斜形，如图4-9所示。

图4-9　"斜"形客流示意图

（4）"凹"形

与"凸"形断面的通过量动态特点正好相反,中间几个断面的通过量低于两端端面的通过量。全线路断面的通过量分布呈凹形,如图4-10所示。

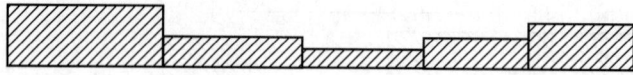

图4-10 "凹"形客流示意图

（5）不规则形

线路上各断面的通过量分布高低不能明显地表示为某种类似的形状。

总之,分析断面上的客流动态,可以为经济合理的编制行车时刻表及选择调度措施提供重要的依据。

4.客流动态的演变规律

客流动态是受外界因素影响而经常变动的,但经过充分的调查研究后可以看到,在一定的时间与范围内,其变异程度具有某些规律性。掌握客流动态的变化规律,是公共交通企业组织运营计划的基础。从季节、周日、昼夜三种不同的时间角度可以探求出一定的演变规律。

（1）季节性变化

一年中每月的客流量互有差距而不平衡,有一定的起伏变化。在一般情况下,冬季每月的客流量比较高,夏季则比较低。这是因为冬季寒冷,部分骑车人或步行者往往改乘公共交通。岁尾年初人们的生活出行增多,市郊区的客流量会有大幅的上升。夏季城市居民的一般社会活动量减少,导致客流量普遍下降。

季节性客流动态及其指标既是制订客运计划的主要资料,也是编制各月行车计划的主要依据之一。

（2）周日间变化

在一个星期的七天中,由于受到生产和休假日的影响,每天的客流量不等,但变化较为稳定,每周的客流量将会有重复出现的规律。其特点是每周星期一早高峰,星期五晚高峰。星期六、星期日的客流量较高,近郊线路比市区线路尤为明显。市区线路在星期六、星期日,因休假单位量大且集中,通勤客流大幅下降,而平日低峰时间的生活娱乐性客流量在星期六、星期日则有很大增加。

（3）昼夜变化

一昼夜内各个单位时间的客流动态不同。公共交通的基本客流主要是由工作性客流而构成,在一天的运营时间内出现两个客运高峰。在工业区行驶的线路,受三班工作制的影响,还会形成中午与夜间两个客运小高峰。一天的客流变化规律动态,要以小时为单位,调度员要结合动态类型及变化规律进行分析,安排好线路的运营时间,劳动班次、车辆使用和行车调度方法等。

5.动态演变的四种类型

根据客流量在一昼夜不同时间内的分布,其动态演变可以划分为双峰型、三峰型、四峰型和平峰型四种类型。

（1）双峰型

这种类型是在一昼夜内有两个显著的高峰：一个高峰发生在上午时间（6:00—8:00），称为早高峰；另一个高峰发生在下午时间（16:00—18:00），称为晚高峰。这种类型是比较典型的，如图4-11所示。

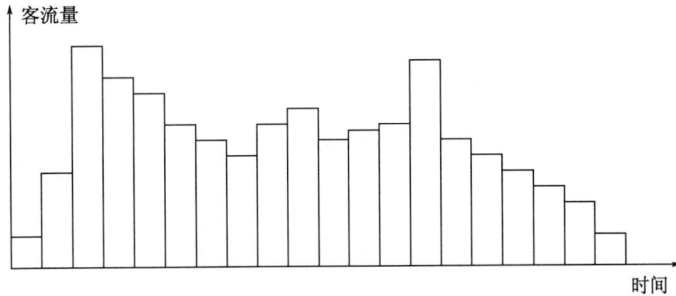

图4-11　双峰型客流量动态示意图

（2）三峰型

这种类型比双峰型多一个高峰。如果这个高峰出现在中午时间（12:00—14:00）称为中午高峰；出现在晚上时间（20:00—22:00），称为小夜高峰。一般来说，这个高峰的数值比早、晚两个高峰小，这种类型常见于市区线路，如图4-12所示。

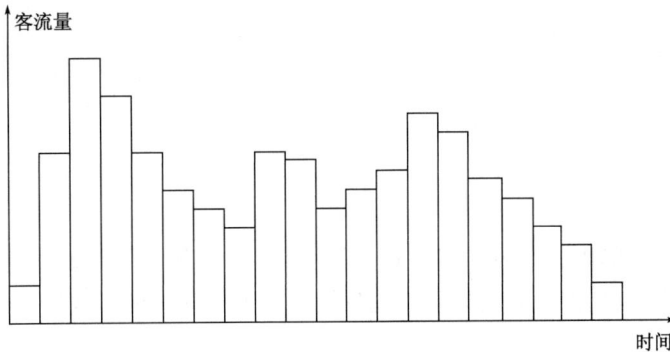

图4-12　三峰型客流量动态示意图

（3）四峰型

这种类型比双峰型多两个高峰。这两个高峰一般出现在中午时间（12:00—14:00）和晚上时间（20:00—22:00），其数值都比早晚高峰小。这种类型多出现在工业区行驶的线路上，其乘客大多是三班制的工人。高峰时间短，但在调度工作中必须引起重视，如图4-13所示。

（4）平峰型

这种类型的客流动态在时间分布上没有明显的高峰。客流量在一昼夜分布时间内虽有变化，但升降幅度不大，如图4-14所示。

以上一昼夜客流量动态都是以1h为单位时间，动态类型及演变规律主要是掌握和分析"峰"在时间上的分布情况。

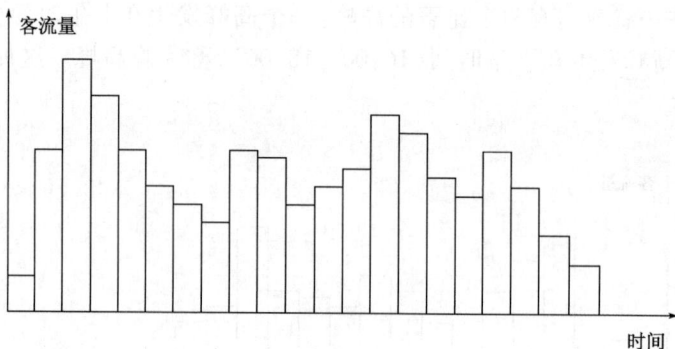

图 4-13　四峰型客流量动态示意图

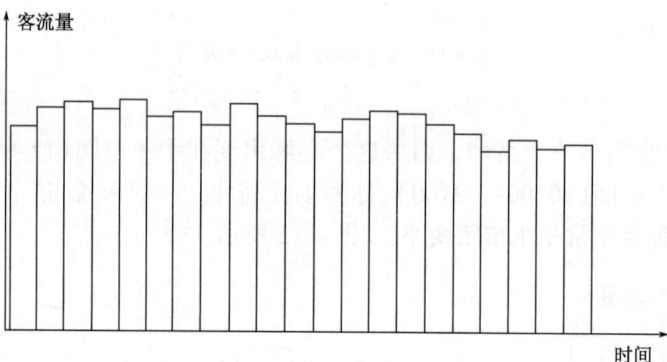

图 4-14　平峰型客流量动态示意图

6. 不良气候影响

在北方,不良气候即雨、雪、风对客流有显著影响,而在南方则不太明显,南方气候温暖湿润,人们对降雨较为习惯,但台风的影响不能忽视。不良气候对城市轨道交通客流的影响有以下两个方面:

①对于工作性客流,其出行与否不能因气候不良而改变,原有的乘客不能放弃出行;而平常选用自行车的人,则可能改乘公共交通工具。

②对于生活性的客流,可能因不良气候而取消出行,所以,非高峰时间的客流会因不良气候而下降。需要特别注意的是,雪天客流量增加的同时,由于运营环境变坏,对运营秩序会有影响。

▶▶▶**即学即练**

请学生点击云课堂——智慧职教 App,完成"**单元 4.4-任务二:客流动态及演变规律分析**"部分的测试。

请教师先在网页版或手机端职教云中完成该任务点的组题。

三、推算客流计划

1. 客流计划的内容

客流计划是对运输计划期间城市轨道交通线路客流的规划。它是全日行车计划、列车运行计划和车辆运营计划编制的基础,是运输计划的重要组成部分。在建成新线投入运营的情况下,客流计划根据客流预测资料进行编制;在既有运营线路的情况下,客流计划根据客流统计资料和客流调查资料进行编制。客流计划的主要内容包括站间发、到客流量,各站方向上下车人数,全日、高峰小时和低谷小时的断面客流量,分时最大断面客流量,等等。

客流计划以站间发、到客流量数据作为原始资料,首先计算出各站上下车人数,然后计算出断面客流量数据。例如,表4-12是某城市轨道交通线路的站间发、到客流斜表,根据站间发到量客流数据可以计算出各站的上车人数,见表4-13。根据各站的上下车人数按有关公式又可计算出断面客流量数据,见表4-14。根据表4-14(表中甲到庚为下行方向)可绘制断面客流图(图4-15)。

站间发、到客流斜表　　　　　　表4-12

发＼到	甲	乙	丙	丁	戊	己	庚	合计
甲		7090	6090	7550	4870	9310	12730	47640
乙	6940		1720	4620	3960	6840	7810	31890
丙	5660	1270		560	840	2280	2870	13480
丁	7720	4120	590		450	1980	2820	17680
戊	4660	3750	960	470		420	1270	11530
己	9300	7010	1980	2070	480		840	21680
庚	12570	9320	2450	2860	1340	1140		29680
合计	46850	32560	13790	18130	11940	21970	28340	173580

各站上、下车人数　　　　　　表4-13

下行上客数	下行下客数	车　站	上行上客数	上行下客数
47640	—	甲	—	46850
24950	7090	乙	6940	25470
6550	7810	丙	6930	5980
5250	12730	丁	12430	5400
1690	10120	戊	9840	1820
840	20830	己	20840	1140
—	28340	庚	29680	—

各区间断面客流量　　　　　　表4-14

下　　行	区　间	上　　行
47640	甲—乙	46850
65500	乙—丙	65380
64240	丙—丁	64430
56760	丁—戊	57400
48330	戊—己	49380
28340	己—庚	29680

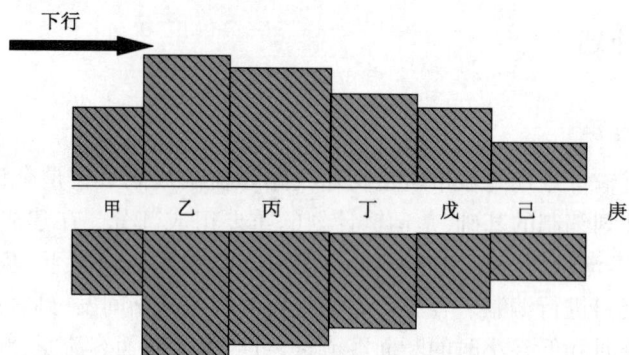

下行 →

甲　乙　丙　丁　戊　己　庚

图 4-15　断面客流示意图

在客流计划的编制过程中,高峰小时断面客流量既可根据高峰小时站间发到客流量数据来计算,也可通过全日站间发到客流量数据来估算。在用全日站间发到客流量数据时,求出全日断面客流量数据后,高峰小时的断面客流量按占全日断面客流量的一定比例来估算,比例系数的取值可通过客流调查来确定。

2.客运计划的种类

为了满足人们出行的需要,经济合理地使用技术设备和运输能力,做到有计划、有组织、均衡地输送乘客,必须编制客运计划。根据执行的期间的不同,可分为年度计划、季度计划和月计划三种。

(1)年度计划

年度计划是根据客流预测和历年统计资料,在客流调查分析的基础上制订的。年度客流量与城市经济的发展,特别是城市轨道交通沿线居民区、商业网点及文体中心的发展密切相关。

年度计划是客运设备改造、扩建的主要依据,同时运输计划不能超过城市轨道交通的运输能力。

(2)季度计划

季度计划可以根据年度计划,考虑每个季度的客流特点而制订。

(3)月计划

月计划可以根据季度计划,考虑节假日和日常客流特点而制订。

▶▶▶即学即练

请学生点击云课堂——智慧职教 App,完成"单元 4.4-任务三:推算客流计划"部分的测试。
请教师先在网页版或手机端职教云中完成该任务点的组题。

🖌 技能训练

1.训练目的

表 4-15 是某城市轨道交通线路的站间发、到客流斜表。表中甲到庚为下行方向。以

表4-15为原始数据,推算各站上下车人数、各区间断面客流量,并绘制断面客流示意图。

站间发、到客流斜表   表4-15

发\到	甲	乙	丙	丁	戊	己	庚	合计
甲		7080	6080	7700	4800	9130	12550	47340
乙	7780		1620	4260	4960	6560	7890	33070
丙	5660	1250		560	840	2280	2770	13360
丁	7720	4210	570		480	1580	2280	16840
戊	4650	3750	980	450		370	1650	11850
己	9330	7110	1880	2170	420		820	21730
庚	8570	5320	3450	2560	2140	1240		23280
合计	43710	28720	14580	17700	13640	21160	27960	167470

2.评价指标

序号	评价标准	权重	得分
1	各站上下车人数计算准确	40%	
2	各区间断面客流量计算准确	40%	
3	区间断面客流示意图绘制准确、美观	20%	
	总分	100	

思考题

1.城市交通需求的特点主要有哪些?

2.客流的数量指标有哪些?

3.客流的分类有哪些?

4.客流调查的方法有哪些?

5.客流调查统计指标有哪些?

6.常见的定性预测方法有哪些?

7.常用的定量预测的方法有哪些?

8.客流的时间上和空间上的不均衡性分别体现在哪些方面?

9.客流动态演变的四种类型有哪些?

10.客流计划的内容有哪些?

11.根据执行的期间的不同,客运计划的种类有哪些?

▶▶▶ 模块5 城市轨道交通车站客流组织

📋 教学目标

1. 知识目标

(1)掌握城市轨道交通车站客流组织的原则、车站日常客流组织的具体内容。

(2)重点掌握换乘客流组织、大客流组织和突发事件客流组织的工作方法和作业程序。

2. 能力目标

(1)能全面了解城市轨道交通车站客流组织的内容,按规定完成各不同岗位在车站不同地点的日常客流组织工作。

(2)能按标准作业程序,分工种协作完成换乘客流组织、大客流组织和突发事件客流组织工作。

3. 素质目标

通过训练,培养学生具有良好的职业岗位能力和应急处理能力。

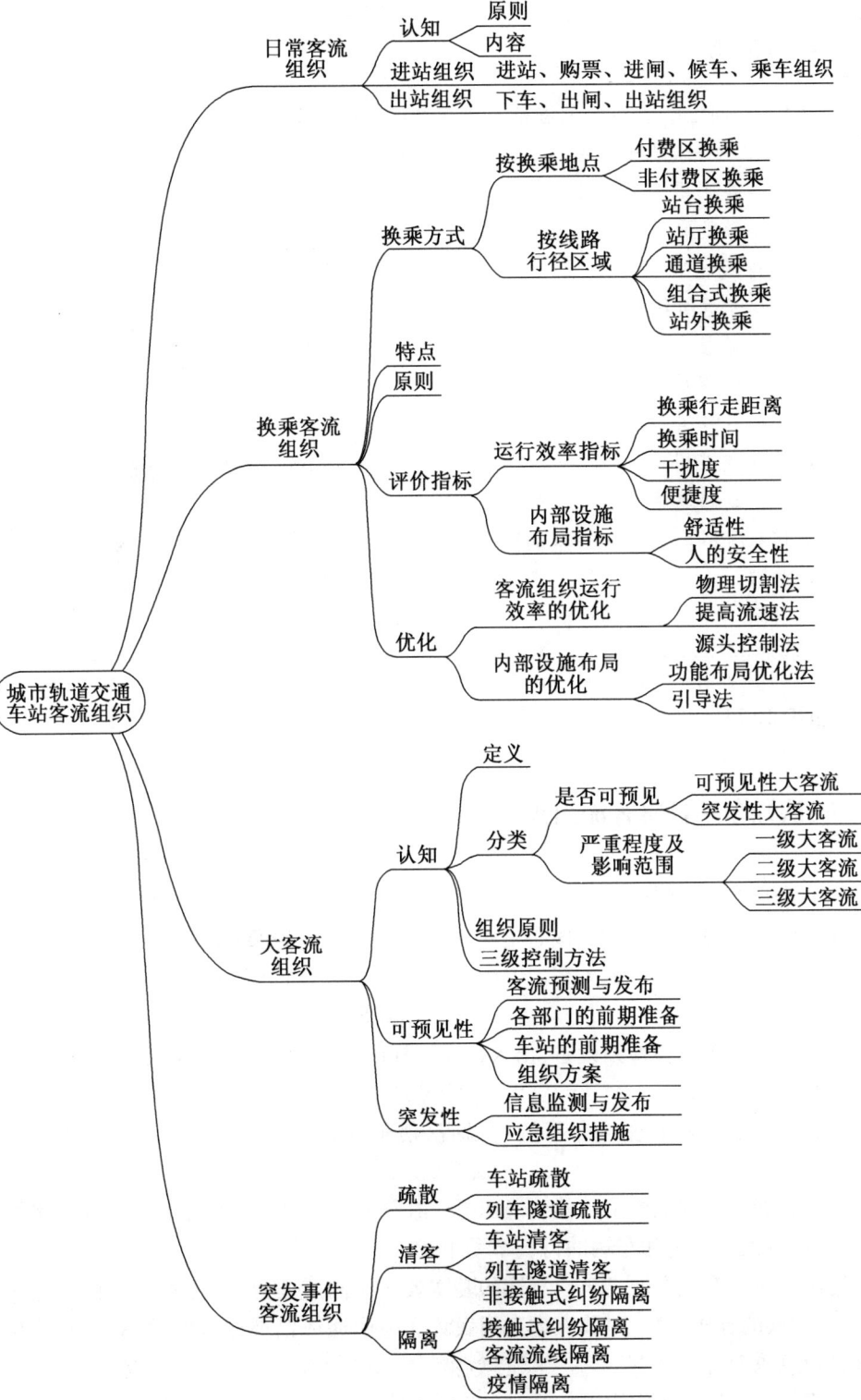

城市轨道交通车站客流组织

- 日常客流组织
  - 认知
    - 原则
    - 内容
  - 进站组织：进站、购票、进闸、候车、乘车组织
  - 出站组织：下车、出闸、出站组织
- 换乘客流组织
  - 换乘方式
    - 按换乘地点
      - 付费区换乘
      - 非付费区换乘
    - 按线路行径区域
      - 站台换乘
      - 站厅换乘
      - 通道换乘
      - 组合式换乘
      - 站外换乘
  - 特点
  - 原则
  - 评价指标
    - 运行效率指标
      - 换乘行走距离
      - 换乘时间
      - 干扰度
      - 便捷度
    - 内部设施布局指标
      - 舒适性
      - 人的安全性
  - 优化
    - 客流组织运行效率的优化
      - 物理切割法
      - 提高流速法
    - 内部设施布局的优化
      - 源头控制法
      - 功能布局优化法
      - 引导法
- 大客流组织
  - 认知
    - 定义
    - 分类
      - 是否可预见
        - 可预见性大客流
        - 突发性大客流
      - 严重程度及影响范围
        - 一级大客流
        - 二级大客流
        - 三级大客流
    - 组织原则
    - 三级控制方法
  - 可预见性
    - 客流预测与发布
    - 各部门的前期准备
    - 车站的前期准备
    - 组织方案
  - 突发性
    - 信息监测与发布
    - 应急组织措施
- 突发事件客流组织
  - 疏散
    - 车站疏散
    - 列车隧道疏散
  - 清客
    - 车站清客
    - 列车隧道清客
  - 隔离
    - 非接触式纠纷隔离
    - 接触式纠纷隔离
    - 客流流线隔离
    - 疫情隔离

单元 5.1　车站日常客流组织

学情检测

1. 乘客进闸时,以下哪种说法是不正确的(　　)。
    A. 应右手持卡刷卡入闸
    B. 应站在闸机通道外刷卡
    C. 抱小孩的乘客应让小孩紧跟在自己后面进闸
    D. 应排队进闸

2. 车站的客运组织工作应由(　　)负责。
    A. 值班站长　　　　　　　　　　B. 行车值班员
    C. 客运值班员　　　　　　　　　D. 站务员

3. 单程票不能在车站(　　)处购买。
    A. 自动售票机　　　　　　　　　B. 站台监控亭
    C. 半自动售票机　　　　　　　　D. 临时售票亭

4. 以下哪项不属于进站乘车的环节(　　)。
    A. 购票　　　　　　　　　　　　B. 进闸
    C. 出闸　　　　　　　　　　　　D. 候车

知识学习

一、认知车站日常客流组织

1. 客流组织的原则

城市轨道交通客运工作的核心是保证客流运送的安全,保持客流运送过程的畅通,减少乘客出行时间,疏导拥挤,保证大客流发生时及时疏散。为此,在进行客流组织时应特别考虑以下原则:

①合理安排车站售检票设备、出入口及楼梯的位置,行人流动路线简单明确,尽量减少客流交叉、对流。

②完善车站内外乘客导向系统的设置,使乘客快速分流,减少客流聚集和过分拥挤的现象。

③乘客能够顺利地换乘其他交通工具。在换乘过程中,客流与车流的行驶路线要严格分开,以保证行人的安全和车辆的行驶不受干扰。

④满足换乘客流方便、安全、舒适的基本要求。例如,适宜的换乘步行距离、恶劣天气下的保护、全天候的连廊系统,对残疾人专门设计无障碍通道以及适宜的照明、开阔的视野以及突发事件应急系统等。

城市轨道交通客运组织工作必须实行集中领导、统一指挥的原则。OCC负责全线的客运组织工作,车站的客运组织由站(区)长和值班站长负责。

2.日常客流组织的内容

城市轨道交通车站日常客流组织主要包括进站客流组织、出站客流组织、换乘客流组织,换乘站的换乘客流组织将在模块5单元5.2中讲述。

乘客日常乘坐地铁主要由8个环节构成(俗称"乘车八部曲"),即进站、购票、进闸、候车、乘车、下车、出闸、出站。车站日常进站、出站客流组织主要围绕这8个环节展开。其中,进站客流组织包括进站、购票、进闸、候车、乘车5个环节,出站客流组织包括下车、出闸、出站3个环节。

▶▶▶**即学即练**

请学生点击云课堂——智慧职教 App,完成"**单元 5.1-任务一:认知车站日常容流组织**"部分的测试。

请教师先在网页版或手机端职教云中完成该任务点的组题。

二、进站客流组织

1.进站客流组织

乘客需要乘坐城市轨道交通,进站是第一步。在进站过程中,分析乘客需求,确定对应客流组织措施。

(1)进站时乘客需求

①乘客到达城市轨道交通车站方便。

②城市轨道交通出入口容易找到。

③城市轨道交通导向系统指示明确、清晰、易懂。

(2)进站时客运设施设置要求

①出入口与其他交通方式换乘方便,换乘设施齐全、完善。

②城市轨道交通出入口导向标志醒目,在车站500m范围内设置连续指引标识。

③出入口位置设置合理,方便乘客到达,将出入口与周边物业、设施相结合,充分吸引客流。

(3)进站时组织措施

①组织引导乘客经出入口、楼梯、自动扶梯、垂直电梯,通过通道进入车站站厅层非付费区。该部分客流组织的关键环节是出入口客流组织。地下车站出入口一般均设置自动扶梯和楼梯,自动扶梯的方向可以根据需要进行调整,如果只有一部自动扶梯,按"出优于进"的原则,地下站一般将该部自动扶梯调为向上方向,为出站乘客提供便利,有利于出站乘客快速疏散。

②出入口及楼梯应根据宽度和出入口客流动态设置相应的隔离栏杆。当出入口客流量不大时,进出站客流无须隔离分流,进出站乘客在楼梯上可混行;当出入口客流量较大时,可在出入口楼梯、通向站厅层的通道内设置分流隔离设施,在通道内组织排队,确保进出站客流不相互干扰,不发生客流冲突;当出入口客流量过大时,需在入口限流,分批放行乘客进站或临时关闭入口;在预测客流量较大时,可提前在出入口设置限流栏杆,以减缓乘客进站速度。

③对于与商场、物业连接的出入口,应考虑客流组成和出行特征,当客流较大时,应根据双方协议与相关单位共同制定的措施组织客流。与商场、物业结合的出入口、通道需与接入物业方商谈确定出入口开关时组织乘客进站的注意事项及客流组织措施。

④地铁车站站务人员要经常巡视出入口状况,观察天气状况。遇到降雨或降雪天气,应及时启动"地铁运营车站防汛预案"或"地铁运营车站雪天预案"。降雪天气,车站工作人员应及时清扫积雪(图5-1)和铺设防滑设施(图5-2)。

图5-1 清扫积雪

图5-2 铺设防滑设施

2.购票客流组织

进入车站的乘客必须持有效票方能进入付费区乘车。单程票可以通过自动售票机或半自动售票机购买;储值票、一卡通可通过自动售票机或半自动售票机充值。

(1)购票时乘客需求

①自动售票机或半自动售票机导向标志醒目,进入站厅能很快找到。

②能快速买到车票或给车票充值,等待时间短。

③在购票、充值过程中遇到问题(卡票、卡币、兑零等)能较快处理完毕。

(2)购票时客运设施设置要求

①在非付费区设置一定数量的自动售票机和客服中心(通过半自动售票机人工处理车票、兑零等)。

②自动售票机、客服中心的设置位置和数量合理,处于乘客进站流线上。

③站厅非付费区有增设临时售票亭的空间。

(3)购票时组织措施

①组织引导部分需要购票或充值的乘客到自动售票机、半自动售票机或临时售票亭购票和充值。该部分客流组织的关键环节是通过合理导流设施设置,组织乘客有序排队。车站可利用导流带、铁马、水马等隔离设施,使队伍不影响正常进出站客流。

②尽可能分散排队乘客,避免乘客大量集中于少数售票点,必要时可利用迂回隔离栏杆组织乘客排队。

③当排队乘客过多时,可加开临时售票亭,安排人工售卖预制票或纸票,同时做好广播宣传和引导。

④合理安排补票时间,利用客流低峰时段对自动售票机补票,减少对高峰期售票速度的影响。

3. 进闸客流组织

乘客购票后,需通过进站闸机检票进入站厅付费区。

(1)进闸时乘客需求

①进站闸机导向标志清晰、明确。

②闸机刷卡区域明确、容易辨认。

③不同需求的乘客(如坐轮椅的乘客、携带大件行李的乘客等)均能快速过闸。

(2)进闸时客运设施设置要求

①站厅非付费区和付费区分界处设置数量合适的闸机,并应尽量置于客流进站流线上,缩短乘客进站步行距离。

②闸机位置导向明确,验票指示简单易懂。

③闸机通行能力与车站客流量相匹配。

④设有一定数量供特殊需求乘客通过的宽通道闸机。

(3)进闸时组织措施

①引导乘客右手持票,站在进站闸机通道外方,排队依次验票进入付费区。

②引导无票乘客或不能正常进闸的乘客到自动售票机或客服中心购票、处理车票。

③当有大量乘客进闸时,及时宣传组织乘客排队,引导乘客到较少人排队的闸机入闸,防止排队乘客阻挡出站客流。

④对携带大件行李或坐轮椅的乘客,引导其走宽通道闸机。

⑤对携带免费儿童的乘客,应宣传引导儿童走在成人前面通过闸机,或成人将儿童抱起通过闸机,避免闸机关闭夹伤儿童。

⑥可根据进出站客流实际情况,对双向闸机的方向进行调整,调整时须保证优先满足出站客流需求,同时尽量减少进出站客流交叉。

4. 候车客流组织

乘客检票入闸进入付费区后,通过楼梯、自动扶梯或垂直电梯到达站台候车。

(1)候车时乘客需求

①通过醒目的导向标志方便、快速地到达站台候车。

②在岛式站台上容易迅速判定乘车方向;在侧式站台车站的站厅付费区有明确的乘车方向标志。

③能清楚了解即将到达的列车时分,即需要等待的时间。

④能保证自己在站台候车的安全。

(2)候车时客运设施设置要求

①在付费区设置楼梯、自动扶梯或垂直电梯,方便不同需求的乘客到达站台。

②付费区和站台均有醒目的导向标志引导乘客前往正确的站台及乘车方向。

③站台上设置适量候车座椅,便于体弱乘客休息。

④安装站台门,以保障乘客在站台候车的安全。

⑤采用自动广播系统和乘客信息显示系统,向乘客预告下趟列车到站时间等相关信息。

（3）候车时组织措施

①乘客进入付费区后，通过导向标志、临时告示、隔离栏杆等组织引导乘客快速经由楼梯、自动扶梯、垂直电梯进入站台层候车。必要时可在自动扶梯下方设置铁马、水马等导流设施以减少乘客拥挤在自动扶梯口，将乘客疏散引导至站台均匀候车，防止乘客抢上抢下。

②乘客到达站台，通过导向标志和乘客信息显示系统指引乘客选择正确的乘车方向，及时了解列车到站时间等信息，提醒乘客快速离开自动扶梯出口区域，到达安全区域候车。

③对设有站台门的站台，须提示乘客不要倚靠站台门，引导乘客在安全区域按箭头方向排队候车；对未设站台门的站台，须提示乘客站在安全线内有序排队候车，以免发生危险，特别要注意站台车尾位置，避免有乘客跳下或跌下站台。

④站台站务员应根据客流情况及时引导乘客到人数较少的地方候车，并关注乘客动态，防止乘客违反安全候车的规定（如嬉戏打闹、吸烟、饮食等），发现危及乘客和行车安全的可疑情况，必须及时处理和上报。

⑤及时疏导乘客不要在楼梯边缘和站台边缘区域逗留，防止因拥挤而发生意外事件。

⑥当有较多乘客需要上下楼梯时，应请乘客有序通行，并注意脚下台阶，同时请乘客按照导向标志指示使用楼梯。

⑦站台无车时，巡视检查站台门和端门状态、消防器材状态、自动扶梯运作情况、轨行区有无漏水异物等情况，发现异常及时处理并上报。加强对站台四角的巡视，防止乘客进入区间。

⑧当有乘客物品落入轨行区，应阻止乘客跳下站台捡拾物品，及时做好乘客的解释工作，在得到上级批准、保证安全前提条件下，可使用拾物钳等专用工具帮助乘客拾起落在轨行区的物品。

5. 乘车客流组织

列车到达站台，乘客应遵循"先下后上"原则有序乘车。

（1）乘车时乘客需求

①安全、有序地上下车。

②列车运行准点、平稳。

③车内整洁舒适，能满足特殊乘客的需求。

④能及时了解列车运行、下一站站名、换乘站和哪一侧车门即将打开等信息。

⑤发生意外情况能保障安全。

（2）乘车时客运设施设置要求

①站台与列车间的缝隙适当，不能过大影响上下车安全。

②列车车门和站台门对位标准，便于乘客上下车。

③车内有清晰可辨的列车运行线路图，配有轮椅专区、爱心座椅专区。

④列车符合运行标准，空调温度适宜，灯光配置合理，座位、把手数量适当，座椅舒适。

⑤列车广播信息及时准确。

⑥车内配有紧急情况下与司机通话设备、手动开门装置。

（3）乘车时组织措施

①站台站务员应在列车即将进站前，立岗于"紧急停车"按钮旁，若发现乘客落入轨行区等危及乘客和行车安全的紧急情况时，应第一时间按下"紧急停车"按钮并上报车站控制室。

②列车停稳开门,乘客乘降时,站台站务员应提醒乘客先下后上,注意站台与列车之间的缝隙,迅速疏导下车乘客前往站厅出站。

③列车关门时,关门提示铃响、提示灯闪烁,站台站务员应及时阻止乘客抢上抢下,防止乘客被夹伤,加强瞭望,及时处理突发事件。

④列车关闭车门、站台门后,观察车门和站台门的关闭状态,发现因乘客或物品被夹未正常关闭时,立即呼叫司机,重新开启车门和站台门,帮助乘客消除隐患后再关门;若车门和站台门不能关闭属设备故障,应按相关作业办理程序进行处置。

⑤列车关门动车时,站台站务员需在"紧急停车"按钮处立岗,目送列车出站,发现危及行车安全的异常情况时,应立即按压"紧急停车"按钮、呼叫司机并上报车站控制室。

> ▶▶▶ **即学即练**
>
> 请学生点击云课堂——智慧职教 App,完成**"单元 5.1-任务二:进站客流组织"**部分的测试。
>
> 请教师先在网页版或手机端职教云中完成该任务点的组题。

三、出站客流组织

1. 下车客流组织

(1)下车时乘客需求

①列车广播应及时播报站名,提醒乘客到站从哪侧车门下车。

②能有序下车,不被上车的乘客堵住车门。

③站台上的站名标志醒目、完整,能使乘客迅速判定是否为目的站。

④上站厅的楼梯、自动扶梯、垂直电梯以及相关通道指示标志清晰完备。

(2)下车时客运设施设置要求

①列车广播信息及时准确。

②列车车门和站台门对位标准,便于乘客上下车,站台广播提示乘客先下后上,遵守秩序。

③站台上的站名标志位置设置合理、完整醒目。

④楼梯、自动扶梯、垂直电梯以及相关通道的标志清晰,容易辨识。

(3)下车时组织措施

①列车开门后,站台站务员监督引导乘客在规定时间内,先下后上,有序上下车。

②对需要换乘的乘客,应耐心解答其问询,正确引导换乘。

③组织下车乘客尽快离开站台,引导其经楼梯、自动扶梯或垂直电梯前往站厅层。

2. 出闸客流组织

(1)出闸时乘客需求

①站厅出站方向的闸机指示标识清晰,能快速找到出站闸机。

②不同出入口标志清晰完备,能快速找到需要的出口方向。

③出闸机刷卡区域明确,容易辨认,验票手续简单快捷。

④不同需求的乘客(坐轮椅的乘客、携带大件行李的乘客等)均能快速过闸。

⑤出站验票遇到票卡问题能快速得到处理。

（2）出闸时客运设施设置要求

①出站闸机的设置位置需结合出入口方向、乘客出站流线合理安排。

②出站导向标志清晰，容易判断离需要出站方向最近的出站闸机位置。

③出站闸机上的出站验票刷卡区域、单程票回收口标识清晰、醒目。

④闸机通过能力与车站客流量相匹配。

⑤设有一定数量供特殊需求乘客通过的宽通道闸机。

⑥客服中心靠近闸机，便于处理乘客票务事务。

（3）出闸时组织措施

①引导持票乘客右手持票，站在出站闸机通道外方，排队依次验票出闸，必要时提示持单程票乘客将车票投入回收口。

②引导持问题票不能正常出闸的乘客至客服中心处理相应票务事务，耐心回答乘客的问询。

③当有大量乘客出闸时，及时宣传组织乘客排队，引导乘客到较少人排队的闸机出闸，加快乘客出闸速度。

④对携带大件行李或坐轮椅的乘客，引导其走宽通道闸机。

⑤对携带免票儿童的乘客，应宣传引导儿童走在成人前面通过闸机，或成人将儿童抱起通过闸机，避免闸机关闭夹伤儿童。

⑥可根据进出站客流实际情况，对双向闸机的方向进行调整，调整时须保证优先满足出站客流需求，同时尽可能减少进出站客流交叉。

3. 出站客流组织

（1）出站时乘客需求

①能快速地找到出站目的地对应的出入口。

②出站后方便换乘其他交通方式。

③出站后有到达大型商业区、娱乐场所、街道等目的地的便捷通道。

（2）出站时客运设施设置要求

①出入口导向标志醒目，另配有各出入口周边环境建筑设施、道路信息等标识，帮助乘客找到需要的出口，抵达目的地。

②出入口与附近公交站、出租车停靠点、大型商业区、娱乐场所、街道间有便捷的通道连接，有清晰、完整的导向标志指引。

③允许出入口兼作过街通道。

（3）出站时组织措施

①乘客出闸后，通过导向标志，必要时配合人工引导，帮助乘客尽快找到所要到达目的地的出入口，耐心回答乘客的问询。

②出站客流组织应坚持尽快疏散乘客出站的原则，出入口自动扶梯通常调为出站方向，注意防止出站客流和进站客流产生明显对冲交叉，必要时设置隔离栏杆分流。

③为防止出入口堵塞，需定期巡视检查，发现通道及出入口有摆摊、宣传、卖艺等人员滞留时，应及时劝离；对不听劝阻的人员上报地铁公安人员处理。

技能训练

1. 训练目的

通过训练,帮助学生进一步掌握车站日常客流组织方法,培养良好的职业岗位能力。

2. 训练内容及要求

分组到轨道交通车站实地考察日常客流组织情况,并拍摄相关照片。

(1)考察内容

①出入口、楼/扶梯、TVM、客服中心、闸机(边门、携带大件行李或行动不便的乘客、带免费儿童的乘客)。

②站台(黄色安全线、站台门、上下车时刻、楼/扶梯)。

(2)留心观察拍摄能体现客流组织的细节(物与人的关系)

3. 评价方式

(1)以学习小组为单位,由教师和学生代表共同完成评价,教师评价占60%,学生评价占40%。

(2)评价指标:

序 号	评 价 指 标	权 重	得 分
1	日常客流组织任务按时完成	20%	
2	拍摄照片齐全(出入口、楼梯、TVM、客服中心、闸机、站台)	30%	
3	拍摄照片能体现客流组织细节(人与物的关系)	30%	
4	展示效果	20%	
总分		100	

单元 5.2 车站换乘客流组织

学情检测

判断

1. 地铁车站换乘都不需要出闸,直接在付费区换乘即可。　　　　　　　　　(　　)

2. 地铁换乘站都是联锁站(或设备集中站)。　　　　　　　　　　　　　(　　)

3. 地铁换乘站既有两线换乘站,还有三线、四线换乘站。　　　　　　　　(　　)

4. 地铁换乘站若乘客直接走到对面站台或通过上下楼梯步行到另一条线路站台即可换乘,乘客不需要重新购票,里程仍可连续计算。　　　　　　　　　　　(　　)

随着城市轨道交通的快速发展,城市轨道交通网络也迅速扩张,线路之间换乘站的数量和规模都在不断增加,使得部分换乘站形成三线甚至四线交汇的大型换乘站。由于换乘站的结构复杂,客流量大,客流流向较多,换乘站客流组织的优劣已成为城市轨道交通服务水平的关键。

一、城市轨道交通换乘方式

1. 按照换乘地点的不同划分

按照换乘地点的不同,客流换乘形式主要有付费区换乘和非付费区换乘两种。

（1）付费区换乘

乘客到达换乘站下车后,不需通过出站闸机,直接在付费区内根据换乘导向标志指引经楼梯、自动扶梯(或垂直电梯)、换乘通道或平台到达另一站台层换乘候车。付费区换乘一般包括同站台平面换乘、站台立体换乘及通道换乘等。这种换乘组织要求有良好的引导标志和通道设计,在容易走错方向的地点安排工作人员值守引导,同时尽可能地避免换乘客流与进出站客流产生对冲和交叉,保证乘客尤其是初乘者安全顺利地完成换乘。

（2）非付费区换乘

乘客到达换乘站下车后,根据换乘导向标识指引,经楼梯、自动扶梯(或垂直电梯)到达站厅层付费区,通过出站闸机进入非付费区或出站,到另一线路重新进入付费区或进站进行换乘。这种换乘组织需要最大限度地缩短乘客的步行距离,具有良好的衔接引导标志,并且要避免换乘客流与其他进出站客流的交叉干扰。显然这种换乘方式的手续繁杂,需出闸再次购票进闸,耗时较长,通常是由于线网规划不合理留下的后遗症,部分是因为换乘的两条线路分别归属于不同轨道交通运营公司或者同一运营公司,但票制不同(图 5-3)。

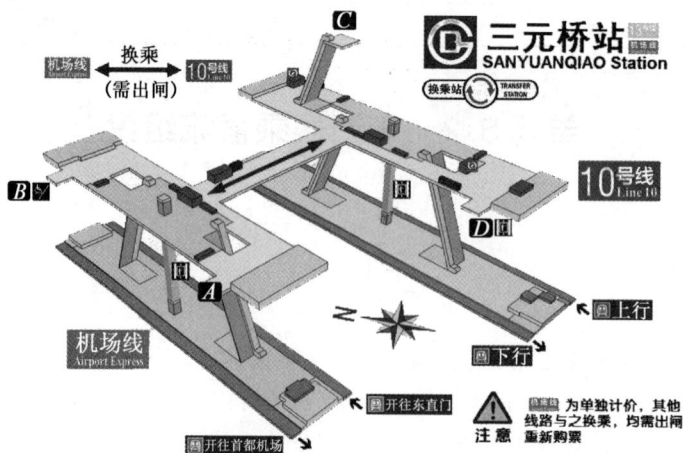

图 5-3　非付费区换乘

2.按照换乘线路行经区域不同划分

换乘方式不仅由轨道交通两条线路的走向和相对位置决定,还与车站站台、站厅设计密切相关。以上因素直接影响乘客换乘线路行经的区域,轨道交通不同线路间的换乘方式主要有站内换乘和站外换乘。站内换乘又可细分为站台换乘、站厅换乘、通道换乘和组合换乘(图5-4)。

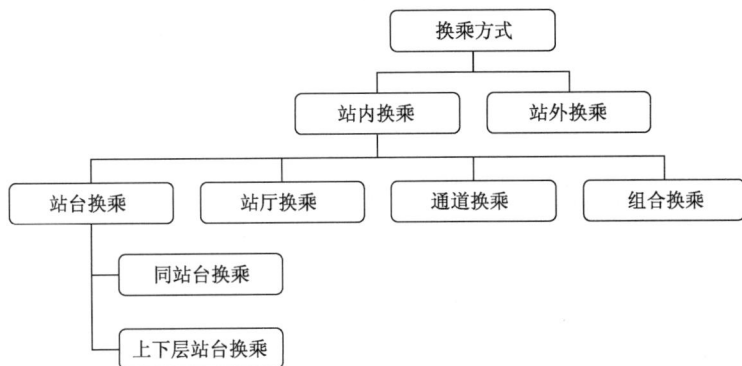

图5-4　换乘方式

(1)站台换乘

站台直接换乘有同站台换乘和上、下层站台换乘两种方式。

同站台换乘一般适用于两条平行交织的线路,且采用岛式站台的设计,两条不同线路的车辆分别停靠同一站台的两侧,乘客换乘时,由岛式站台的一侧下车,穿越站台到另一侧上车,即完成了转线换乘,换乘极为方便。同站台换乘要求站台能够满足换乘高峰客流量的需求,乘客无须换乘步行,换乘时间最短,但换乘方向受限。双岛式站台通过同一个站厅能实现四个方向的换乘,单岛式站台每一层只能实现两个方向的换乘,其余换乘方向的乘客仍然要通过站厅或自动扶梯、楼梯进行换乘,换乘时间相应增加。在所有换乘方式中,同站台换乘的换乘能力最大,适用于优势方向换乘客流较大的情形。这种换乘方式的主要制约因素是站台的宽度和列车的行车间隔,前者关系到站台的容量,后者关系到站台出清速度的快慢。例如,武汉轨道交通中南路站和洪山广场站就实现了2号线和4号线不同方向的列车全部同站台换乘(图5-5、图5-6)。

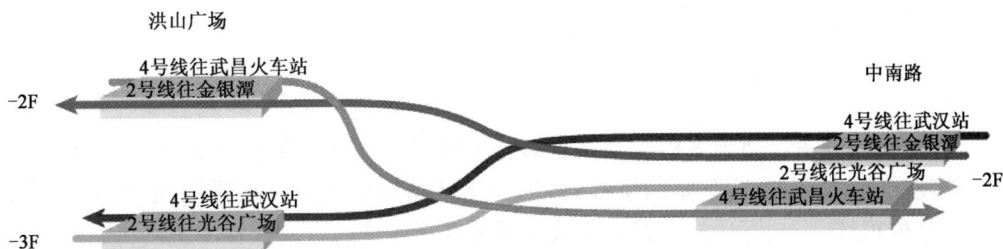

图5-5　连续两站同站台换乘示意图

185

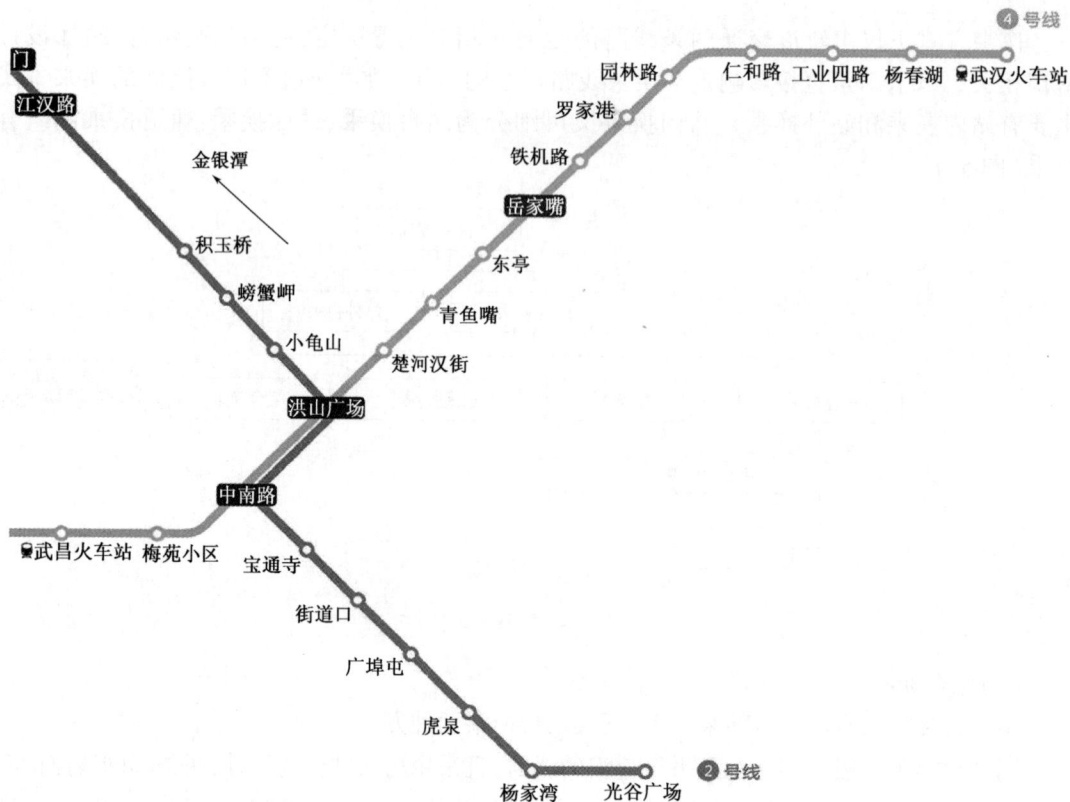

图 5-6　武汉地铁 2 号线、4 号线部分线路图

头脑风暴

结合图 5-5 和图 5-6 思考以下问题：

（1）从光谷广场站出发到达武昌火车站，较短路径方案是什么？可同站台换乘的方案是什么？

（2）从光谷广场站出发到达武汉火车站，可同站台换乘的方案是什么？

（3）洪山广场站，若-2F 岛式站台两侧都是 4 号线线路，-3F 岛式站台两侧都是 2 号线线路，属于什么换乘方式？

（4）中南路站，若同一岛式站台两边分别是 4 号线线路和 2 号线线路，属于什么换乘方式？

上、下层站台换乘是指乘客由一个站台通过楼梯或自动扶梯到另一个站台直接换乘。根据地铁线路交叉的情况及两车站的位置，可形成站台与站台的十字换乘、T 形换乘、L 形换乘和平行换乘的模式。上、下层站台换乘方式的关键在于楼梯或自动扶梯的宽度，该宽度往往受岛式站台总宽度的限制，使其通行能力不能满足乘客流量的需要。上、下层站台换乘方式要求换乘楼梯或自动扶梯应有足够的宽度，以免在高峰客流时出现乘客堆积和拥挤的现象。在所有换乘方式中，上、下层站台换乘方式的换乘能力最小，其制约因素是楼梯和自动扶梯的运量。

在上、下层站台配置的组合中,线路的交叉点越少,则换乘能力越小。实践中,通过增加站台宽度以扩大交叉处面积,是提高上、下层站台换乘能力的基本途径。

(2)站厅换乘(图5-7)

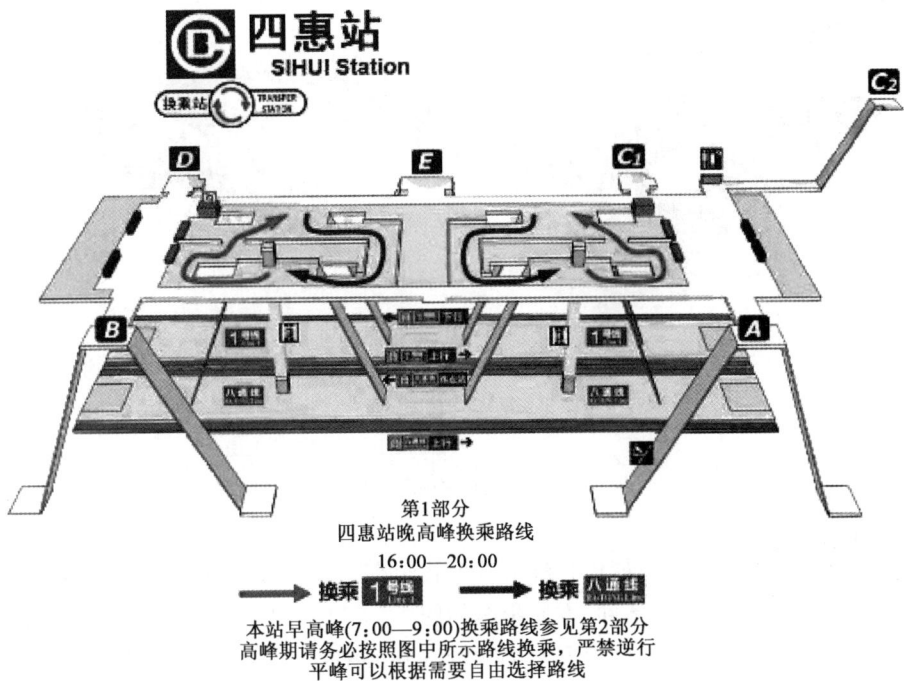

图5-7 站厅换乘示意图

站厅换乘是指乘客由一条线的站台通过楼梯或自动扶梯到达另一条线站厅或两线共用的站厅,再由这一站厅通过另一条线站台的换乘方式。由于下车客流到站厅分流,减少了站台的客流交织,乘客行进速度快,在站台上的滞留时间减少,但换乘距离比站台换乘要长。若换乘过程中需要进出收费区,检票口的能力可能成为限制因素。

站厅换乘方式中,乘客换乘线路必须先上再下或先下再上,换乘总高度落差大。若是站台与站厅之间是自动扶梯连接,可改善换乘条件。这种换乘方式有利于各条线路分期修建、后期形成。

(3)通道换乘(图5-8)

通道换乘是指在两个或几个单独设置车站主体之间设置联络通道等换乘设施,方便乘客完成换乘。通道可直接连接两个站台,这种方式换乘距离较近,换乘时间较短;通道还可连接两个站厅收费区,换乘距离相对较远,换乘时间较长。《城市轨道交通工程项目建设标准》(建标104—2008)中规定:"换乘距离不宜大于250m,换乘时间不宜大于5min"。一般情况下,换乘通道长度不宜超过100m,换乘通道的宽度可根据客流状况加宽。这种换乘方式有利于两条线路工程分期实施,预留工程最少,后期线路位置调节有较大的灵活性。

(4)站外换乘

站外换乘是指乘客在车站付费区以外进行换乘。这种换乘方式往往是客观条件不允许或设计不当造成的。乘客换乘路线可分割为出站行走、站外行走和进站行走,在所有换乘方式中站外换乘所需的换乘时间和换乘距离最长,给乘客的换乘带来很大不便,应尽量避免。

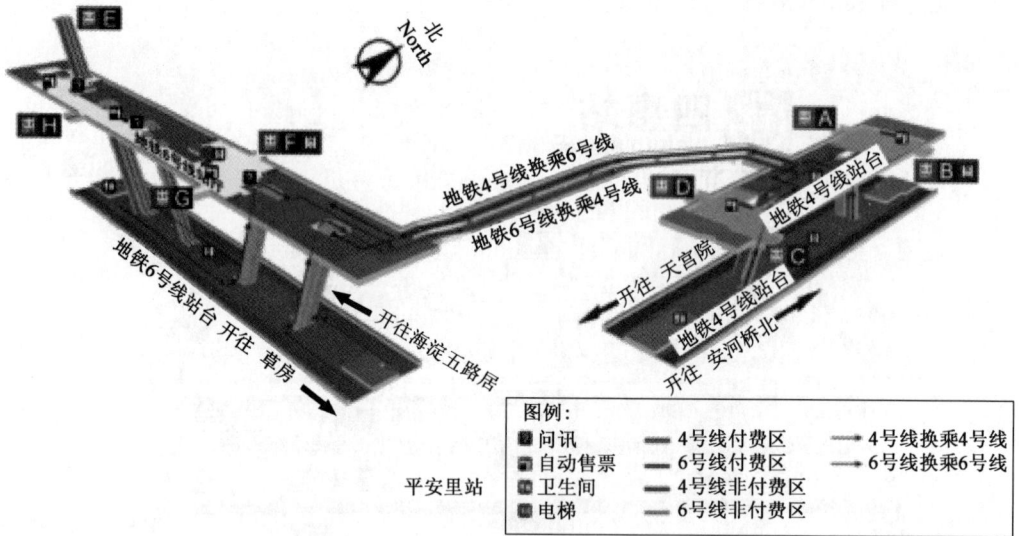

图5-8 通道换乘示意图

(5)组合式换乘(图5-9)

在实际应用中,往往采用两种或几种换乘方式组合,以便使所有换乘方向的乘客均能实现换乘。组合式换乘可改善换乘条件,方便乘客的使用。例如,同站台换乘方式辅以站厅换乘方式或通道换乘方式,可使所有的换乘方向都能较便利换乘;站厅换乘方式辅以通道换乘方式,可以减少预留的工程量。组合式换乘可进一步提升换乘通过能力,同时具有较大的灵活性,工程实施比较方便。如果乘客于05:00—06:30、20:30—23:35在复兴门站的1、2号线之间换乘,可实现上下层站台换乘,在06:30—20:30时为组合式换乘方式(见图5-9)。

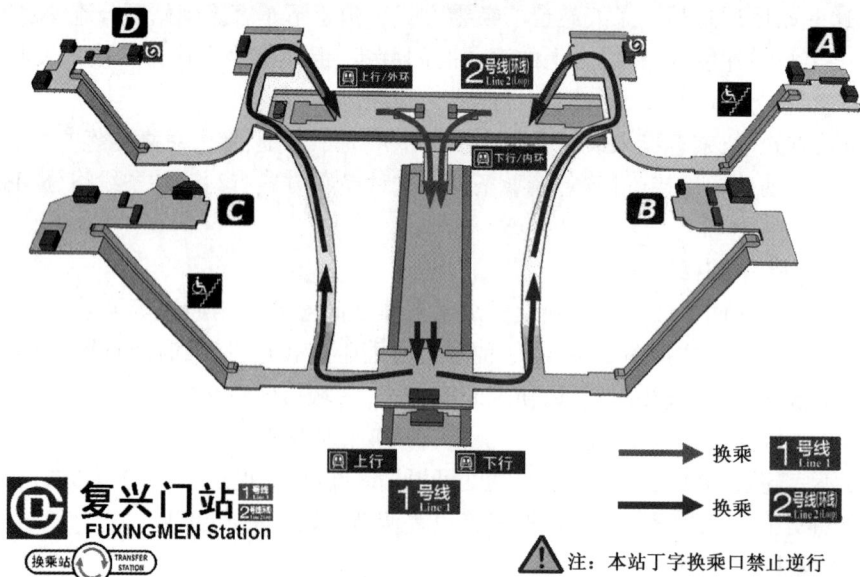

图5-9 组合式换乘示意图

188

二、换乘站客流组织特点

换乘站是城市轨道交通线网的重要节点,连通着两条以上的轨道交通线路,客流以该节点作为始发站、中转站或到达站。由于换乘站规模较大,客流组成复杂,客流流向纵横交错,其客流组织具有如下特点:

①客流流线复杂,容易产生进站客流、出站客流和换乘客流交叉、对流,甚至各流线间严重干扰,导致客流组织效率不高,服务水平难以提高。

②对客流导向及服务设施的要求高,若自动售票机、闸机、限流栏杆等设备设施布局不合理,突发大客流情况下易引发拥堵。

③大型换乘站的通道有时会与地下商场连通并兼做社会通道,非乘客客流(如过街、参观或购物客流等)的组织和引导易被忽视。

④在紧急情况下客流疏散困难。

三、换乘站客流组织原则

①随时掌握客流变化规律,经常统计分析客流量,监视客流的骤变,同时密切注视乘客的安全状况。

②合理设计乘客流动路线,在站台、楼梯、大厅处尽可能减少客流交叉和对流,并设计标线,要求乘客在楼梯和自动扶梯上尽量靠右行走和站立,有序上下。

③在客流容易混行的区域,如大厅、楼梯等处,应设置必要的安全线或栅栏隔离,避免流向不同的乘客互相干扰。

④引导乘客在换乘通道内单向流动,避免双方向大客流相互冲击。

⑤完善统一导向标志系统,准确、快速地分散客流,避免乘客交叉聚集和拥挤。

⑥应尽量为乘客提供方便,减少进出站、换乘的时间及距离。

⑦应有站内空气、温度调节设备并设置无障碍通道。

⑧应建立完善的突发事件应急客流组织和统一的调度指挥系统。

四、换乘站客流组织的评价指标

城市轨道交通换乘站客流组织的评价可从换乘站的运行效率和内部设施布局合理性两方面来综合评价。

1.换乘站的运行

运行效率指标包括换乘行走距离、换乘时间、干扰度和便捷度。

(1)换乘行走距离(km)

换乘行走距离是指乘客完成整改换乘过程行走的评价距离。换乘行走距离越小,换乘效率越高。

(2)换乘时间(min)

换乘时间是指乘客在站内完成换乘所花费的平均时间,包括换乘步行时间和等候时间。

（3）干扰度（个/m²）

干扰度是指在换乘过程中各方向客流相互干扰的程度,反映站内交通组织水平。

$$干扰度 = \frac{各客流形成的对冲点数}{换乘站的计算营业面积} \qquad (5\text{-}1)$$

（4）便捷度（%）

便捷度用以衡量站内换乘的难易程度,可以用换乘时间占乘客出行总时间的百分比来计算,即

$$便捷度 = \frac{乘客换乘步行时间 + 乘客换乘等待时间}{乘客出行的总时间} \qquad (5\text{-}2)$$

2. 换乘站的内部设施布局

内部设施布局指标包括舒适性和人的安全性。

（1）舒适性（m²/人）

舒适性不仅可量化为人均换乘面积、衡量换乘设施容纳乘客的能力、反映换乘设施的拥挤程度;还可体现在信息发布的及时性和诱导标识的完善性上。

（2）安全性

安全性是体现换乘站使用质量的指标,用来衡量客流组织是否满足乘客乘降的安全要求、枢纽内发生紧急事故时乘客的疏散措施是否有效等。

五、换乘站客流组织的优化

1. 客流组织运行效率的优化

换乘行走距离、换乘时间、干扰度和便捷度指标可以通过物理切割法、提高流速法和源头控制法来优化。

（1）物理切割法

可以将进出站客流和换乘客流在空间上进行分割,以减少对冲点。对冲点的减少可以降低干扰度从而缩短换乘时间,使换乘方案更优。物理切割法可以借助移动围栏或其他设施将客流在平面上进行空间隔离,从而理顺换乘站内各方向客流的行走秩序,解决乘客行走习惯与车站布局的矛盾。此外,开辟新的换乘通道也可以作为物理切割法的一种方式。

（2）提高流速法

通过选用最短路径来提高乘客的步行效率,相对降低乘客对车站设施、设备的占用时间,从而提高设备利用率和流线的流动速度。同时,可以运用站务人员、车站公安人员维持各站台和通道秩序,避免乘客长时间逗留,从而保持各区域的畅通无阻。以上措施可以优化各评价指标。

（3）源头控制法

源头控制法是指通过控制各种流线的流量以达到疏解流线交叉的目的,减少客流对冲的可能性。车站协调组织各线运营计划,依据各线高峰时段客流量制定各方向列车到发点,应尽量避免不同方向列车同时到达,以避免乘客密集到达,减少乘客换乘时间,提高舒适性和安全性。

2. 内部设施布局的优化

（1）功能布局优化法

功能布局优化法是指通过调整自动售检票设备和客服中心的位置，来达到合理的布局。在优化的过程中，结合车站运营的合理化管理和方便乘客出行的要求，进行自动售检票设备布局的设计和调整。乘客到达车站是一个随机过程，根据乘客分布规律，在适当位置设置合理数量的售检票设备，使乘客平均排队长度和等待时间在可以接受的范围内，并满足高峰时段客流通过的要求。另外，自动检票机的合理布局还能起到延时作用，减少客流对其后设施如楼梯、自动扶梯等的通过压力。售检票区域的布置要以保持客流快速畅通为原则，其组织布局应遵循：

①售检票设备位置与出入口、楼梯间应保持一定距离。

②保持售检票设备前空间宽敞，避免大客流时排队乘客与过闸客流的对冲。

③售检票设备应根据出入口数量相对集中布置。

④尽量避免客流的对冲。

⑤提高检票设施的灵活性，保证紧急情况下的检票能力。

⑥设置专门的售、检票设施及绿色通道，将行动不便的乘客及残疾乘客与其他客流分离开，以保证各流线的有序、高效流动。

（2）引导法

引导法主要依据服务信息和导向标志对客流进行引导。由于换乘站衔接方向较多，应根据客流流向的需求，合理布置导向设备的位置。通过对进站客流、出站客流、换乘客流的明确指引，保证客流的顺畅流动。

知识链接

某换乘站客流组织案例

1. 某站一号线站台自动扶梯分布图（图 5-10）

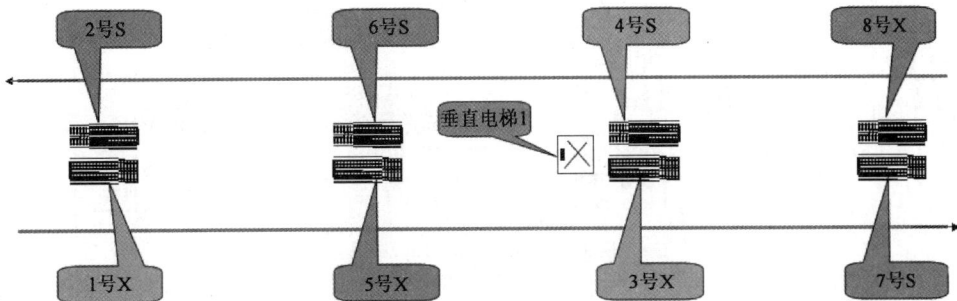

图 5-10　一号线站台自动扶梯分布图

注：1、2、3、4 号自动扶梯是 1 号线站台通往站厅的通道；5、6、7、8 号自动扶梯是 1 号线站台到 4 号线站台的通道；
垂直电梯通往站厅；S 上行、X 下行。

2. 某站4号线站台自动扶梯分布图(图5-11)

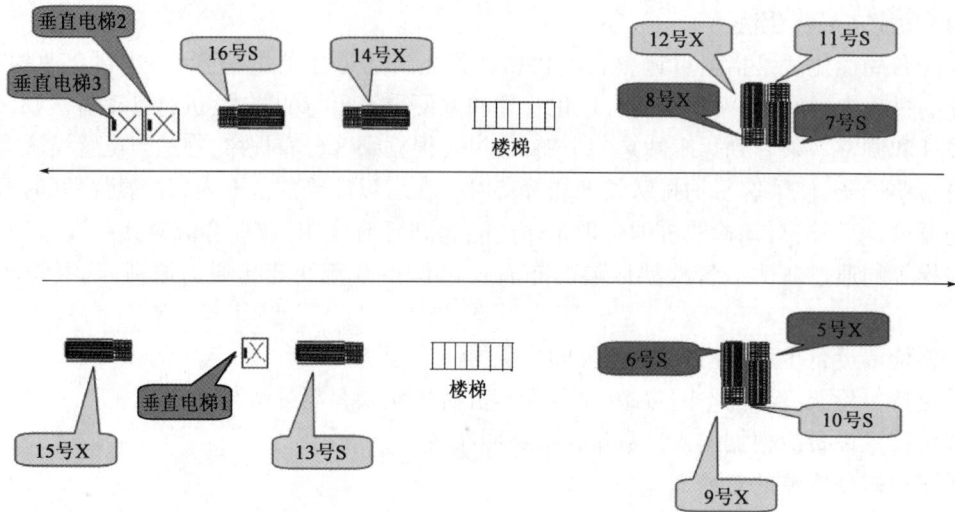

图5-11 4号线站台自动扶梯分布图

注:5、6、7、8自动扶梯是4号线站台通往1号线站台的通道;9、10、11、12、13、14、15、16号自动扶梯是4号线站台通往站厅的通道;垂直电梯通往站厅;S上行、X下行。

3. 某站站厅自动扶梯分布图(图5-12)

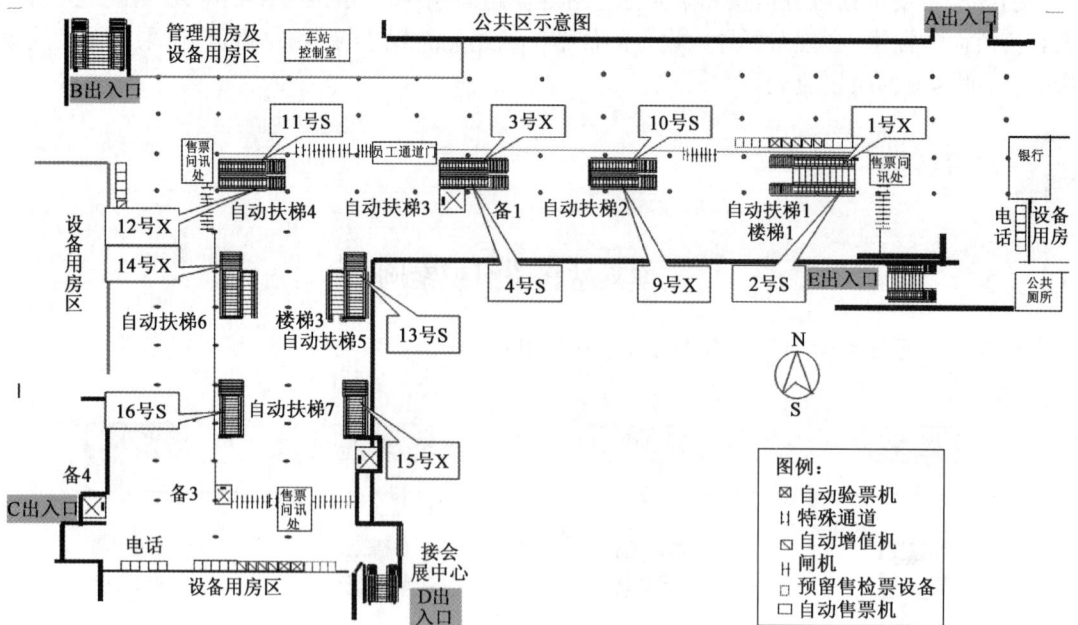

图5-12 站厅自动扶梯分布图

4. 晚高峰客流控制方案

(1)一级客流控制

①控制时机:关停5号、8号自动扶梯时间为17:30—19:30。

②控制方法:关停5号、8号自动扶梯,减缓乘客下到4号线站台的速度,以达到4号线站台客流控制。

（2）二级客流控制

①控制时机：接二级客流控制的通知后开始实施。

②控制方法：如图5-13所示，封锁5号扶梯并加派工作人员站台指引乘客经由2号、4号自动扶梯到站厅，通过站厅自动扶梯以及楼梯到达4号线站台，从而进一步减缓乘客到4号线站台的速度，减轻四号线站台压力。

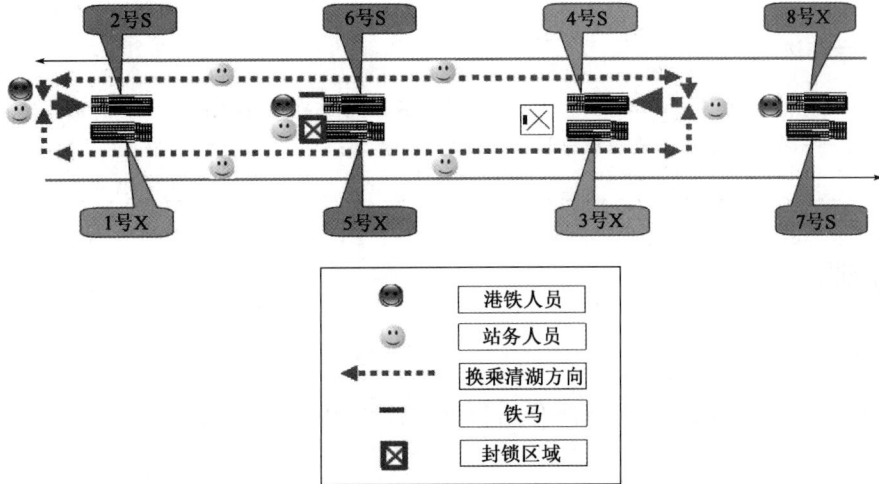

图5-13　二级客流控制方案示意图

（3）三级客流控制（图5-14）

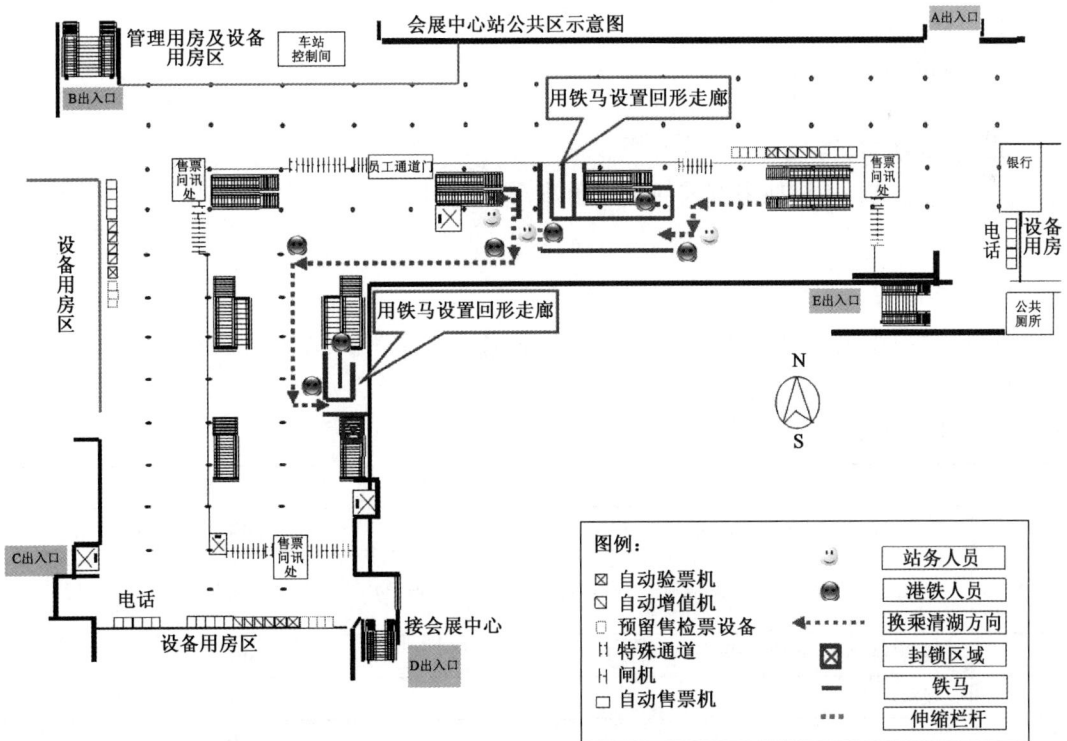

图5-14　三级客流控制方案示意图

①控制时机:接4号线工作人员三级客流控制实施通知。

②控制方法:在二级客流控制方法的基础上在站厅3、4号自动扶梯与9、10号自动扶梯之间,通往3站台的楼梯口用铁马设置回形走廊,并安排工作人员进行指引,同时,停止14号自动扶梯、封锁15号自动扶梯。

▶▶▶ **即学即练**

请学生点击云课堂——智慧职教 App,完成"**项目二:车站换乘客流组织**"部分的测试。

请教师先在网页版或手机端职教云中完成该任务点的组题。

技能训练

1.训练目的

通过训练,帮助学生进一步掌握车站换乘客流组织的方法,培养学生良好的职业岗位能力。

2.训练内容及要求

(1)上网搜集换乘客流组织的相关案例。

①站台直接换乘(同站台、上下层站台)。

②站厅换乘。

③通道换乘。

④站外换乘。

⑤组合式换乘。

(2)案例应选择不同换乘方式的典型车站,不限于本地,不限于国内,附立体换乘路径图为佳。

3.评价方式

(1)以学习小组为单位,由教师和学生代表共同完成评价,教师评价占60%,学生评价占40%。

(2)评价指标:

序 号	评价指标	权 重	得 分
1	换乘客流组织任务按时完成	20%	
2	换乘站案例完整(站台直接换乘、站厅换乘、通道换乘、站外换乘)	30%	
3	案例选择典型、正确、恰当	30%	
4	展示效果	20%	
总分		100	

单元 5.3 车站大客流组织

学情检测

判断

1. 预制单程票由于是"已售"状态,不需要再经过机器发售,车站客流较大,TVM 售票能力不足时可设临时售票亭出售预制单程票。　　　　　　　　　　　　　　（　　）

2. 乘客使用预制单程票时,只能通过边门(专用通道)进站乘车。　　　　　（　　）

3. 大客流的出现都是可以提前预测的。　　　　　　　　　　　　　　　　（　　）

4. 车站站务员工发现车站客流激增应及时向车控室汇报。　　　　　　　　（　　）

5. 车站客流较大时,可视情况设置进出站次序免检模式,此时进闸乘客无须刷卡,可直接通过开放的边门或进闸机进闸。　　　　　　　　　　　　　　　　　　　（　　）

知识学习

一、车站大客流的认知

1. 车站大客流的定义

大客流是指车站在某一时段集中到达的客流量超过车站客运设施或客运组织措施所能承担的流量时的客流。

一般来说,大客流出现的时间具有规律性,如每天由于通勤原因引起的早晚高峰(大城市上班高峰在 7:30—9:30,下班高峰在 16:30—18:30)。同时还可以预见因外界因素引起的大客流,如伴随节假日的旅游高峰期,举办重大活动(大型体育赛事、文艺表演等),风、雨、雪等恶劣天气情况,都可能引发客流的大幅增加。

城市轨道交通车站是客流的重要集散点,定期或不定期会遇到大客流,大客流持续时间虽然不长,但是在大客流冲击情况下,往往对客流组织形成较大压力,为了保证乘客的安全和正常的运营秩序,城市轨道交通运营公司应制订大客流应急预案,城市轨道交通车站必须在预案指导下,通过合理的客流组织方式尽快疏散客流。

2. 大客流的分类

(1)根据大客流是否可预见进行分类

根据大客流是否可预见分为可预测性大客流和突发性大客流。其中,可预测性大客流根据其产生原因主要有节假日、大型活动及恶劣天气大客流。

①节假日大客流,主要是指国家法定节日期间,由于市民出行及游客旅游等造成全线各车站客流普遍大幅上升的情形。

②大型活动大客流,主要是指由于地铁沿线附近举行大型活动(包括节假日期间举行的大型活动),在活动结束后大量乘客在较短时间内涌入个别地铁车站乘车,造成车站客流迅速

上升的情形。

③恶劣天气大客流,主要是指由于台风、暴雨、暴雪等恶劣天气对地面交通造成影响,较多市民乘坐地铁或进入地铁车站躲避,造成地铁各车站客流比平时有所上升的情形。

④突发性大客流,主要是指车站或列车突然出现的客流集中增长,造成车站、列车拥挤的情形。突发性大客流产生原因主要有车站周边临时组织大型活动、天气突变未能准确预报、节假日高峰期间客流短时间突增且车站未能预料到、车站发生乘客群体上访或闹事等事件、地铁设施设备突发故障等。

(2)根据大客流的严重程度及影响范围进行分类

根据大客流的严重程度及影响范围,可分为一级大客流、二级大客流、三级大客流。

①一级大客流是指站台较拥挤,地铁运营秩序未受到较严重影响,通过车站及邻站支援能够处置的大客流。

②二级大客流是指站台、站厅付费区都较为拥挤,地铁运营秩序受到一定影响,以运营分公司为主能够处置的大客流。

③三级大客流是指站台、站厅付费区和站厅非付费区都较为拥挤,预计持续超过30min以上,地铁运营秩序受到严重影响,已经或可能造成人员伤亡、财产损失等后果,并需要通过外部力量来疏导支援的大客流。

3. 车站大客流的组织原则

车站发生大客流时,应遵循客流三级控制的原则,合理组织安排,缓解车站压力,避免发生意外。

①坚持"由下至上(地下站)、由内至外"的客流控制原则。在车站出入口、进站闸机、站厅与站台的楼梯(或电扶梯)处,重点控制进站客流,组织乘客上车。

②坚持点控和线控的原则。OCC负责地铁全线的客流控制,车站站区长或值班站长负责本站的客流控制。

③坚持"集中领导、统一指挥"的原则。车站在实施三级客流控制之前,需向行调报告。

4. 大客流三级控制方法

当车站发生大客流时,应遵循"由下至上(地下站)、由内至外"的客流控制原则,分别采取站台客流控制、付费区客流控制、非付费区客流控制三级客流控制方法。

①第一级控制站台客流(一级大客流控制)。控制点可设在站厅与站台的楼梯(或自动扶梯)口处。车站可将站厅与站台间的自动扶梯改为通往站厅方向,还可在楼梯(或自动扶梯)口处摆放隔离带,分批放行乘客进入站台,减缓乘客进入站台的速度。同时,站务人员应分散在站台维持乘客秩序,确保乘客安全上下车。

②第二级控制付费区客流(二级大客流控制)。控制点在进站闸机处。车站可根据实际情况关停部分自动售票机、进站闸机或将部分双向闸机设为只出不进,紧急情况下可采用隔离带、铁马隔离进站闸机,减缓乘客进入付费区的速度。

③第三级控制非付费区客流(三级大客流控制)。控制点在车站出入口处。车站可在站外设置迂回的限流隔离栏杆,延长进站时间,减缓乘客进站的速度。必要时可采用分批放行、出入口单向使用、封闭出入口、封站等方式,最大限度缓解车站的客流压力。

二、可预见性大客流组织

1.可预见性大客流的客流预测及发布

①计划部对国家法定节假日期间的客流量、客流特点和高峰小时断面客流量、峰期时段、重点车站全日进站客流、高峰进站客流等做出预测,并将预测结果以文件形式提前发往票务部、车务部等相关部门。

②计划部应对地铁沿线附近大型活动可能产生的客流量、峰期时段、所影响车站及影响程度等进行预测,并将预测结果以文件形式提前发往票务部、车务部等相关部门。

③计划部密切关注天气变化,提前将可能影响到客流动态的天气信息及时以通知的形式传达给相关部门。

2.可预见性大客流各部门的前期准备措施

(1)加强设备巡查

车辆部、维修部、自动监控部、票务部等相关部门要提前对车辆、线路、接触网、通信、信号、AFC 等设施设备加强检修保养,确保运营设备的可靠使用(图 5-15、图 5-16)。

图 5-15　车辆检修维护

图 5-16　闸机检修维护

(2)调整运行方案

节假日期间车站运营时间适当延长,OCC 提前拟订具体行车组织措施(包括列车运行图实施方案、增加备用车数量与出车时间等)并通知各相关部门,车站提前做好服务时间的对外公告(图 5-17)。

(3)确保增开列车

车辆部要提前按要求配备好备用列车,确保有足够的运输能力。

(4)及时提报需求

站务室需提前提报相关票务、备品、人员支援等需求计划。

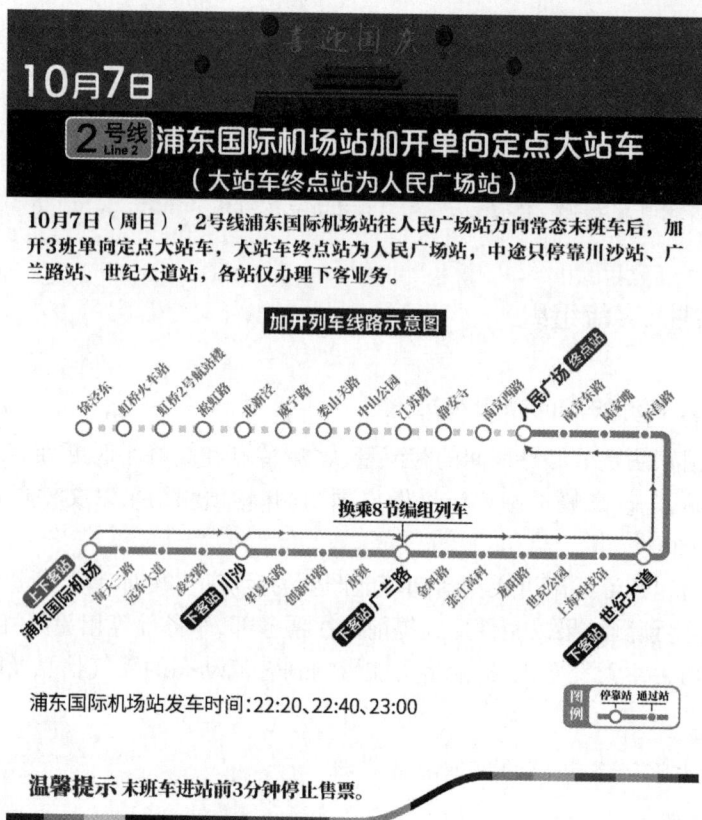

图 5-17 上海地铁 2 号线某日加开单向定点大站车

（5）做好票务准备

票务室应根据提报需求提前配发车票到站，并协调完成硬币等的兑换。

（6）合理安排人员

站务室拟订各站人员安排、组织措施，乘务室提前落实司机调配及出车安排。

（7）后勤调配到位

物资部需提前按照各部门要求配备大客流组织所需物资、备品；办公室及时与物业公司联络协调，做好后勤保障工作。

3. 可预见性大客流车站的前期准备工作

受影响车站应分析节假日、大型活动、恶劣天气客流的特点，做好前期准备工作，准备工作如下：

①制订并报送客运组织方案。

②统计各类服务、票务备品数量，提报备品需求。

③提报人员支援需求，确定大客流人员排班，细化排班表，并在排班表中详细制定顶岗人员，保证"人换岗在"。

④召开动员及工作布置会。由站（区）长负责召集公安、商铺、驻站专业的负责人，召开大客流前准备会议；熟悉沟通大客流组织方案，明确联控方法和各方职责。

⑤学习相应客运组织方案并进行演练。

⑥准备好票务、服务物资,提前准备好备用金、预制票、临时售票亭、验钞机、验票机、价目牌、手提广播、腰包扩音器、对讲机、告示牌等相关物资。

⑦在适当位置摆放铁马和导流设施,将限流回型铁马设置成形。注意:提前摆放时不要影响正常进出站客流。

⑧车站周边举办大型活动时,车站应专门安排人员与举办方实时沟通联系,提前做好预想。

⑨恶劣天气时车站应加强车站的巡视,注意天气变化,准备好防护备品(如铺垫防滑垫、放置小心地滑告示牌、及时清扫地面积水等),注意检查相关设施设备,密切监视乘客动态,播放安全广播,发现异常情况及时上报处理。

4.可预见性大客流组织方案

当车站发生可预见性大客流时,车站应及时掌握大客流产生的原因、规模,预计可能持续的时间,按照信息报告流程的要求进行汇报。车站预测客流较大时,可视客流预测情况在站厅付费区(图5-18)、站厅非付费区、通道、出入口等适当位置提前设置限流铁马,以减缓乘客到达站台的速度。

车站应视情况申请人力支援,视情况对 AFC 终端设备设置相应的降级运行模式。除以上处理措施之外,根据客流的具体情况还应采取以下组织方式缓解客流压力。

图5-18　站厅付费区设限流铁马

(1)大客流预警

控制时机:当车站售票能力不足,每台自动售票机前排队购票人数较多,同时还不断有大量乘客涌进车站,有大客流发展趋势。此时,站台乘客较多,但候车乘客仍可以保持顺畅流动,车站可采取以下措施缓解客流压力;

①增加售检票能力。准备好足够的车票、零钞;在地面、站厅增设临时售票点,增加自动售票设备的数量。临时售检票设备位置宜设置在站外或站厅层较空旷的位置,应为排队购票的乘客留出充足的空间,确保通道的畅通和出入口、站厅客流的秩序。根据临时售检票设备的位置,站务人员通过手提广播引导乘客有序购票、进出站。

②加开进站方向的闸机。

③更改自动扶梯方向,将部分或全部自动扶梯调整为向站台方向运行,加快乘客进站速度。

④向行调汇报现场情况,行调视情况调整列车运行。在站台上做好乘客上下车的引导工作,以保障乘客乘车安全。

(2)一级客流控制

控制时机:当站台较拥挤、不能容纳和承受更大客流时,客流达到一级标准。此时应控制站台客流,控制点在站厅与站台的楼梯(或电扶梯)口处。可采取以下措施缓解客流压力:

①在站厅与站台的楼梯(或自动扶梯)口做好限流措施。更改自动电梯方向,将部分或全部自动电梯调整为向站厅方向运行。若还不能控制站台客流,现场采用设置铁马、隔离围栏、

警戒绳等方式在站厅与站台的楼梯/扶梯口设置控制点(图5-19),拦截乘客,根据站台情况分批向站台放行乘客。

②加强客流的监控及疏导,维持好上下站台乘客秩序,确保乘客安全,避免上下站台客流产生交叉、堵塞通道或发生拥挤踩踏事件;加强站台巡视,维持站台乘客乘车秩序;加强广播宣传,向乘客说明原因,请乘客配合;必要时在适当位置摆放或张贴宣传告示、设置导向标志。

③向行调汇报现场情况,行调视情况调整列车运行。

(3)二级客流控制

控制时机:当站台、站厅付费区都较为拥挤时,地铁运营秩序受到一定影响,客流达到二级标准,此时应控制付费区客流,控制点在进站闸机处。车站可采取以下措施缓解客流压力:

①关闭部分或全部自动售票机,并适时调整售票速度。

②暂停或减缓进闸速度,关闭全部或部分进站方向闸机(图5-20),将全部或部分双向闸机设为只出不进模式。现场可采用设置铁马、隔离围栏、警戒绳等方式在进站闸机处设置控制点,拦截乘客,根据付费区客流减缓情况分批放行乘客。

③加强客流的监控和疏导,维护好上下站台及进出付费区乘客秩序,避免上下站台客流及进出付费区客流产生交叉、堵塞通道及发生踩踏事件;加强站台巡视,维持站台乘客乘车秩序;加强广播宣传,向乘客说明原因,请乘客配合;必要时在适当位置摆放或张贴宣传告示、设置导向标志。

④向行调汇报现场情况,行调视情况调整列车运行。

图5-19 自动扶梯口设控制点

图5-20 关闭部分进站方向闸机

(4)三级客流控制

控制时机:当站台、站厅付费区和站厅非付费区都较为拥挤时,客流达到三级标准。此时应控制非付费区客流,控制点在车站出入口处。车站可采取以下措施缓解客流压力:

①进行限流组织。限流应保证乘客安全,并向乘客说明原因,请乘客配合。进行限流组织时,应请求公安人员的协助。当对事态判断不明确时,应按照更为严重的情况进行处理。应充分利用车站广播疏导客流。

地铁车站限流组织

具体限流组织措施可根据客流的具体情况选择以下组织方式:

a.减缓进站速度,加快出站速度。当预测客流较大时,在出入口提前设置限流设施(图5-21),以减缓乘客进站的速度;在出入口楼梯、通向站厅层的通道内提前设置限流回型铁马(图5-22),确保进出站客流不相互干扰,不发生客流冲突。更改自动扶梯方向,将部分或全部自动扶梯方向调整为向出口方向运行。

图5-21　出入口设置分流隔离设施

图5-22　通道内设置分流隔离设施

b. 分批放行。现场可采用设置铁马、隔离围栏、警戒绳等方式在出入口处设置控制点,短时间阻止乘客进站,并根据值班站长的指示,分阶段放行乘客。

c. 出入口单向使用(图5-23)。在站厅或站台进行宣传组织,引导出站乘客由指定出口出站;同时,在只出不进的出入口处,阻止乘客进站,引导乘客到指定出入口进站。车站应在适当位置摆放或张贴宣传告示、设置导向标志。

d. 封闭出入口(图5-23)。站务人员到出入口关闭大门,阻止乘客进出站,引导乘客从指定出入口进站或出站。车站应在适当位置摆放或张贴宣传告示、设置导向标志。

e. 封站(图5-24)。当客流过大,车站将无法容纳和承受时,可封闭车站,封站时段内在本站不能上下车,途径本站的列车不停站,车站不办理进出站及换乘业务,乘客可绕行至临近地铁站乘坐地铁或改乘其他交通工具。车站应在适当位置摆放或张贴宣传告示、设置导向标志。

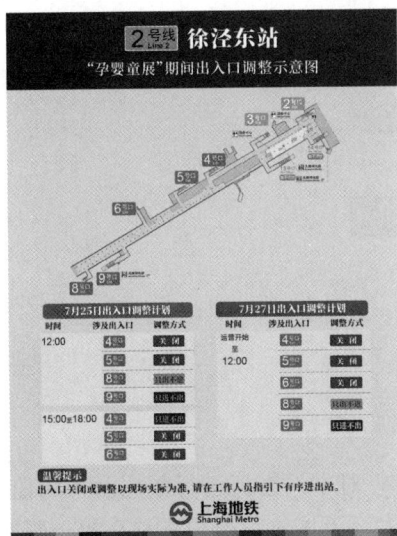

图5-23　"孕婴童展"期间徐泾东站出入口
单向使用及封闭出入口告示

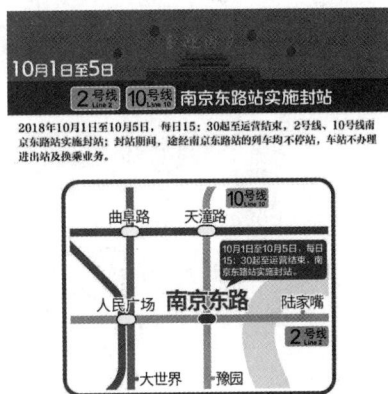

图5-24　2018年国庆节期间南京东路站封站告示

②加强客流的监控和疏导,加强广播宣传,向乘客说明原因,请乘客配合。必要时在适当位置摆放或张贴宣传告示、设置导向标志。

③向行调汇报现场情况,行调视情况调整列车运行。

三、突发性大客流组织

突发性大客流主要指车站或列车突然出现的客流集中增长,造成车站、列车拥挤的情形。突发性大客流的显著特点是它的规模、时间长短等无法提前预测,无法进行充分的准备,根据客流规模启动相应级别的应急预案进行应对。

1.突发性大客流的信息监测与发布

①地铁各车站、列车司机及 OCC 要加强信息监测和接报工作,对突发性大客流必须做到早报告、早发布(早调整)、早响应。突发性大客流发生时,某地铁公司信息汇报流程如图5-25所示。

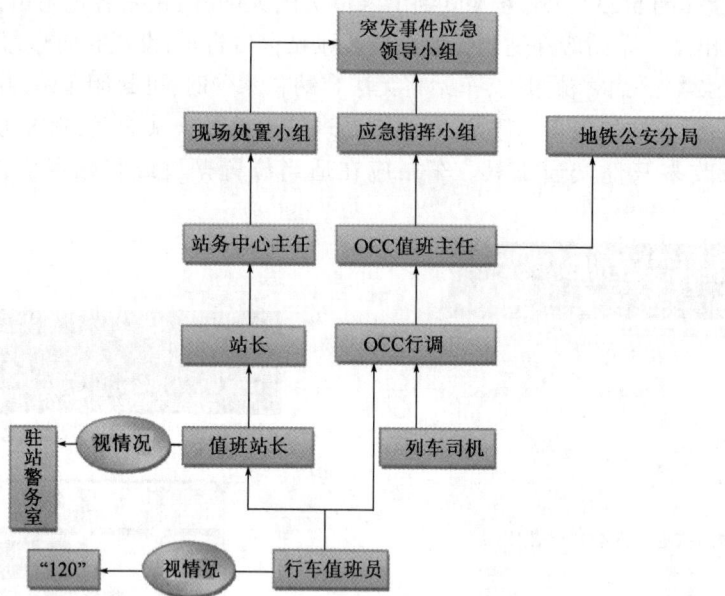

图5-25　突发大客流信息汇报流程

②各站发生突发性大客流时,要通过 SC、车站 CCTV 对本站客流进行数据及现场监测,并加强各出入口及站外巡查监测。车站对本站出现的较大客流增长情况应主动在第一时间向行调、站务室汇报,并加强与行调的联络沟通。车站报告行调由当班行车值班员报告,具体报告内容如下:

a.突发性大客流发生的时间、地点等。

b.突发性大客流的形成原因、规模、预计持续时间。

c.是否有人员伤亡、设备损坏及程度,已采取的应对措施。

d. 是否需要支援,支援要求。

e. 报告人所在车站、姓名、岗位。

③司机发现沿线站台乘客明显增多,且影响到上下车及造成列车晚点 1min 以上时,应及时将信息通报给行调,由行调通知前方各站做好客流的引导和组织。

④行调应根据所收集的客流信息,视其对行车、客运组织工作造成的影响程度,将有关信息传达给相关部门及相关受影响的车站。同时,OCC 还应及时掌握大型活动各阶段进展情况,通过 ACC、CCTV 对全线客流进行数据及现场监测,通过数据分析并综合现场情况,及时发布现场应急响应信息。

⑤突发性大客流应急响应信息的发布和取消由调度中心负责。OCC 应根据现场大客流对全线运营组织工作造成的影响程度,及时以电话或短信形式向各部门发布应急响应信息。

2. 突发性大客流的应急组织措施

(1)先期处置

①车站的先期处置。当发生突发性大客流时,车站要及时了解清楚产生突发性客流的原因、规模、可能持续的时间;车站按照信息报告流程的要求进行汇报,视情况申请人力支援;车站利用广播系统认真做好宣传,及时组织人员维持秩序。

②OCC 的先期处置。当接到车站报告发生突发性大客流时,OCC 应做好备用车上线的准备工作。

(2)应急响应

①组织机构响应。应急指挥小组成员在必要时赶赴分公司应急指挥部进行应急指挥工作。现场处置小组成员在必要时赶赴现场指挥应急处置工作。经应急指挥小组同意后,OCC 值班主任宣布启动公交接驳应急预案,并对该预案的具体实施进行监督、协调,及时、有效地疏散大客流。

②调度响应。行调接到车站汇报后,立即向值班主任报告,并通过 CCTV 进行客流监视。OCC 值班主任了解情况后向应急指挥小组汇报,经应急指挥小组同意后,通知相关处室(中心)启动应急预案。环调注意观察客流情况,增加站内新风量。电调加强对各变电所运行情况的检查。

③救援队伍响应。驻站公安接到车站发生突发性大客流的报告后,协助车站工作人员,加强对重点部位的巡视和防范工作;与车站进行有效的配合,快速、果断地处置,确保客流得到有效控制。驻站人员接到车站要求支援的请求后,迅速前往支援,并听从值班站长的安排,协助站务人员维持现场秩序,疏导客流。客运处接到车站要求增派人员支援的请求后,迅速组织支援人员立即前往该站支援。OCC 接到车站要求增派人员支援的请求后,视情况请求地铁公安分局警力支援。

④各级响应时间。车站值班站长确认发生突发性大客流事件,按照大客流的级别立即汇报站长和 OCC。OCC 接报后做好事件的前期处置,在 5min 内通知应急指挥小组和应急领导小组及相关处室(中心);视情况通知地铁公安分局。公司内其他支援人员在接到通知后10min 内出发,赶赴突发大客流车站进行支援。

⑤指挥协调。根据突发性事件应急处置的需要,应急指挥小组紧急调集人员、物资、交通工具等。现场处置小组成员到达现场后应了解事件的现场情况,迅速查看现场,确定影响范

围,根据预案的规定,开展大客流控制工作。OCC 值班主任应与现场处置小组保持联系,并灵活组织备用列车上线或进行必要的运营调整。

（3）处置要点

①车站突发性大客流发生后,按照突发性大客流的影响程度、发展情况、紧迫性等因素,车站应立即组织力量,申请启动应急救援队伍(包括各部门、驻站人员),在事件初期迅速出动,以控制事态,准确施救,减少损失为目的,开展应急组织工作,实现事故发生后各部门及各站反应快、响应快、行动快,把影响运营的程度和损失降到最低。

②车站应立即按汇报程序进行汇报,当客流达到一级标准时,事发车站向邻站申请人力支援;当客流达到二级标准时,事发车站向邻站或驻站人员申请人力支援;当客流达到三级标准时,OCC 应及时报告应急指挥小组和应急领导小组,视情况请求地铁公安分局警力支援。

③车站做好临时导向标志、告示牌、临时售票亭等客运设施的准备、设置工作。

④车站视情况,对 AFC 终端设备设置相应的降级运行模式。

⑤OCC 应根据实际情况采取相应措施,增加运能,缓解车站客流压力。

⑥需要有关单位联合处置时,OCC 根据应急指挥小组的指示联系。

⑦若客流太大,严重超出地铁运输能力,由现场处置小组向应急指挥小组申请关闭车站,经应急指挥小组的允许后,车站做好关站和宣传解释工作。

（4）处置程序

突发性大客流车站接到应急预案启动的通知后,现场各岗位立即执行突发大客流的现场处置方案。某地铁公司突发性大客流车站各岗位及司机行动指引见表5-1。

突发性大客流岗位行动指引 表 5-1

岗　位	行　动　指　引
值班站长	(1)根据客流情况决策是否启用三级客流控制,当组织相关人员实施启用不同级别的客流控制时,报 OCC。 (2)将情况报告上一级领导,必要时请求站间支援。 (3)协调统筹各岗位工作,确保车站秩序可控。 (4)视客流情况增设预置票点,加快售票速度,组织人员引导乘客快速进出站。 (5)视站台压力,减缓售票速度,请求延长本站停站时间或加开列车。 (6)必要时向地铁公安、运管办请求秩序维护支援。 (7)必要时,可视车站情况采取客流分流隔离措施。 (8)预制票库存不足时,及时申报
行车值班员	(1)播放相关安全广播,加强引导乘客,做好乘客服务工作。 (2)通过车站 SC、CCTV 对本站客流进行数据及现场监测;发现故障及时报障,确保 AFC 系统状态良好。 (3)保持与行调联系,及时汇报车站客流情况。 (4)密切监视列车运行,提醒站台人员加强引导乘客上下车,确保列车运行安全。 (5)监控车站温度、环控通风、照明等情况,根据需要及时上报环调
客运值班员	(1)增设预制票点,配发预制票。 (2)对临时故障的 AFC 设备进行处理,处理不了时报轮值和 AFC 设备厂商,保证 AFC 设备运作正常。 (3)组织乘客排队,引导乘客进出站,做好客运服务工作。 (4)票务工作预想到位,提前补币补票、闸机回收、钱箱回收等工作,忙而不乱。 (5)及时汇报车站预制票、储值卡与硬币等数量,确保票务各类物资充足

岗　　位	行　动　指　引
站厅站务员	(1)对乘客进出站进行引导,加快进出站速度,协助车站进行三级客流控制。 (2)协助客值完成部分票务工作。 (3)购票指引,解答乘客咨询;巡视票务设备状态,发现问题及时上报。 (4)帮助有需求的乘客,提醒及阻止乘客的不安全行为。 (5)完成车站临时安排的工作
售票员	(1)据值班站长的通知加快或减缓兑零与售票的速度,必要时停止兑零或售票,同时做好解释工作。 (2)保管好钱、票。 (3)做好礼貌服务工作
站厅保安	(1)利用告示牌、临时导向标志、手提广播,适时做好乘客的宣传、引导工作。 (2)协助车站进行三级客流控制,同时提醒或阻止乘客的不安全行为。 (3)巡视出入口,维护良好运营秩序。 (4)负责临时售票亭及客服中心窗口的排队秩序及安全
站台保安	(1)利用手提广播,适时做好乘客的宣传,引导乘客向两边人少的车门上车。 (2)发生夹人夹物时应立即按压紧停按钮,按程序处理。 (3)多巡视站台,提醒或阻止乘客的不安全行为,加强与车控室联系。 (4)密切留意列车进出车站,引导乘客"先下后上"
司机	(1)发现有乘客上不了车或影响车门、站台门关闭时,应及时报告行调,并做好广播引导乘客,站务人员迅速与司机共同处理。 (2)视情况适当延长站停时间,确保乘客上下车安全。 (3)确认加开命令。 (4)不停站通过车站时注意控制运行速度。 (5)到达指定车站开门上客

▶▶▶**即学即练**

请学生点击云课堂——智慧职教 App,完成**"单元 5.3-任务三:突发性大客流组织"**部分的测试。

请教师先在网页版或手机端职教云中完成该任务点的组题。

车站大客流
应急处理方法

1. 训练目的

通过分组、分角色模拟演练，帮助学生熟练掌握大客流组织方案的实施配合流程,学生通过教师点评和观察其他组的模拟演练得到提高,进一步建立客运组织工作的岗位意识,提高应急处理能力。

2. 训练要求

分小组学习完成某车站大客流控制模拟演练。

(1)分组安排:每组 11~12 人(行调可兼任站长、站务室领导、环调),另外可安排友情客串学生 1~2 人,扮演支援人员、地铁公安、列车。

(2)参与岗位:包括行调、环调、站务室领导、站长、值班站长、行车值班员、客运值班员、售票员(2 名)、站厅站务员(2 名)、站厅保安、站台站务员、保洁人员、地铁公安、支援人员,另有情境解说员负责演练情境的切换解说及必要讲解,其他角色可按小组演练需要自由设置。

(3)所需备品:各岗位工种胸牌、预制票、储值票若干,零币若干、手提广播、对讲机,临时售票亭。

(4)模拟演练展示时间:每组应在规定时间内完成 6 个情境的模拟演练展示。

(5)演练展示地点:实训室。

3. 某站大客流控制演练步骤(表5-2)

4. 评价方式

(1)以学习小组为单位,由教师和学生代表共同完成评价,教师评价占 60%,学生评价占 40%。

(2)评价指标:

序　号	评价标准	权　重	得　分
1	角色分工明确,胸牌规范	3%	
2	站厅站务员巡站时发现 B 出入口不断有大量乘客涌入车站演练步骤规范有序	16%	
3	安排人员到岗,请求支援演练步骤规范有序	18%	
4	站台乘客已开始出现拥挤演练步骤规范有序	18%	
5	站厅付费区已开始拥挤演练步骤规范有序	14%	
6	站厅非付费区也出现拥挤演练步骤规范有序	12%	
7	两趟车过后,客流开始缓解演练步骤规范有序	12%	
8	按时完成,整体效果好	7%	
总分		100	

表 5-2

某站大客流控制演练步骤表

序号	情景描述	行调	值班站长	行车值班员	客运值班员	售票员（2名）	站厅站务员（2名）	站厅保安	站台站务员	保洁	支援人员
	演练开始										
	站厅站务员发现B口不断有大量乘客涌入车站										
1	站厅站务员巡站时发现B出入口不断有大量乘客涌入车站		1-3 值班站长接报后通知站厅站务员立即了解站外面情况，并要求客运值班员准备多份预制票，给站厅站务员和两名售票员配票等，要求保安把临时售票亭推至相应位置	1-2 行车值班员接报后立即通过CCTV观察站外情况，发现出入口附近有大量人员聚集，立即报告值班站长和行调	1-4 客运值班员接报后准备多份预制票，给售票员和一名站厅站务员配票	1-5 售票员加快兑零和充值速度	1-1 站厅站务员巡站发现B出入口不断有大量乘客涌入车站时，应立即了解产生原因，报告车控室	1-6 把临时售票亭放到相应位置	1-7 加强对临时乘客的监控，防止乘客抢上		
2	安排人员到岗，请求支援	2-8 行调通过车站CCTV观察车站客流情况，及时调整列车运行	2-1 发现客流持续增大，立即请求相邻车站派人支援，报告站务室和站长站领导	2-2 行车值班员通过CCTV不断监控车站客流情况，播放相应的安全广播，要求环调加强送风和排风，报告行调通知地铁公安到场维持秩序	2-3 给售票员配备足够的零钞，到站厅检查AFC设备的状态和引导乘客	2-4 两名售票员通过BOM处理乘客业务和充值	2-5 一名站厅站务员负责在临时售票亭出售预制票，另一名在拿手提广播引导乘客购票乘客在临时售票亭购票	2-6 拿手提广播在附近的进站机处引导乘客进站，负责看守边门	2-7 站台站务员使用手提广播对站台乘客加强对乘客的组织，防止乘客抢上	2-9 协助车站引导乘客	

序号	情景描述	行调	值班站长	行车值班员	客运值班员	售票员(2名)	站厅站务员(2名)	站厅保安	站台站务员	保洁	支援人员
	演练开始				站厅站务员发现B口不断有大量乘客涌入车站						
3	站台乘客已开始出现拥挤		3-3 接到行值汇报后立即下令实施第一级客流控制,停止出售预制票,通知站务员将站台A端站厅的扶梯改为上行,关闭×台进站闸机和×台TVM	3-2 接到站务员的汇报后立即通过CCTV观察站台情况,发现站台人员拥挤,立即报告值班站长。3-4 按值班站长指令在SC上关闭部分进站闸机和TVM,并向行调报告实施第一级客流控制		3-5 一名售票员停止工作,到服务中心收拾好钱票后到站厅A端的楼梯处阻止乘客往站台;另一名继续做好本职工作	3-7 停止出售预制票,收拾好钱票后到站厅A端的楼梯处做督客值班工作	3-8 维持站厅秩序	3-1 发现站台乘客拥挤,立即报告车控室; 3-5 将A端站台通往站厅的自动扶梯改为上行(站台往站厅方向)		
4	3-8 在站台维持秩序站厅付费区已开始出现拥挤	4-8 调整列车运行	4-1 发现站厅付费区拥挤,立即下令实施第二级客流控制,关闭全部进站闸机和TVM	4-2 按值班站长的指令在sc上关闭全部进站闸机和TVM,播放相应的广播,建议乘客改乘其他交通工具,并向行调报告实施第二级客流控制	4-3 使用手提广播建议乘客使用其他交通工具,维持乘客秩序	4-7 一名售票员做好充值客的工作;另一名在站厅做好乘客引导工作	4-4 使用手提广播建议乘客使用其他交通工具,维持乘客秩序	4-5 使用手提广播建议乘客使用其他交通工具,维持乘客秩序	4-6 维持站台乘客秩序	4-10 协助车站引导乘客改乘其他交通工具	4-9 在站台维持秩序

序号	情景描述	行调	值班站长	行车值班员	客运值班员	售票员（2名）	站厅站务员（2名）	站厅保安	站台站务员	保洁	支援人员
	演练开始				站厅站务员发现B口不断有大量乘客涌入车站						
5	站厅非付费区也出现流拥挤		5-1 发现站厅非付费区也拥挤后立即下令实施第三级客流控制，通知行车值班员请求地铁公安配合，派站厅站务员和站厅保安到B出入口阻止乘客进站，只出不进	5-2 通知地铁公安进行配合，通过CCTV监控B出入口及站厅客流情况，播放相应的广播，向行调报告车站已实施第三级流控制	5-3 使用手提广播劝导乘客使用其他交通工具，维持乘客秩序	5-4 一名售票员做好充值的乘客工作；另一名在站厅做好乘客引导工作	5-5 接报后到B出入口和地铁公安、站厅保安一起阻止乘客进站，并劝导乘客改乘其他交通工具	5-6 接报后到B出入口和地铁公安、站厅站务员一起阻止乘客进站，并劝导乘客改乘其他交通工具	5-7 维持站台乘客秩序		5-8 在站台维持秩序
6	两趟车过后，客流开始缓解		6-3 值班站长接报后通知行车值班员开启全站的进站闸机和TVM，通知B出入口的工作人员可以让乘客进站，恢复正常运营	6-2 通过CCTV发现站台乘客已不拥挤，立即报告值班站长。6-4 按值班站长的要求在SC上开启有关的AFC设备，报告行调和站长	6-5 回到票务室准备结算预制票	6-6 售票员恢复正常工作	6-7 到票务室结算	6-8 恢复正常工作	6-1 发现站台乘客不拥挤后立即报告车控室		6-9 回到原车站

209

单元 5.4　车站突发事件客流组织

学情检测

判断

1. 车站站台若发生火灾,且火势较大时,应尽快疏散乘客出站。　　　　　　　（　　）

2. 当车站出现紧急情况需紧急疏散乘客出站时,可在 SC 上设置列车故障模式,付费区乘客无须刷卡或投票直接出闸。　　　　　　　　　　　　　　　　　　　　（　　）

3. 某乘客掉入轨行区重伤,该方向列车暂时无法运行需清客时,可在 SC 上或 IBP 盘上设置紧急放行模式,闸机全开,付费区乘客可直接出闸。　　　　　　　　　　　（　　）

4. 乘客发生肢体冲突时,离现场最近的工作人员立即赶到现场,与车站保安人员一起把打架双方隔开,再将打架双方送往最近的警察局进行处理。　　　　　　　　　（　　）

知识学习

城市轨道交通突发事件是指城市轨道交通运营管辖范围内突然发生造成或可能造成员工人身伤害、设备损失、影响正常运营、企业形象受损或乘客的财产、健康受到严重损害的须立即处理的事件。为保障公共安全,提高处置突发事件能力,最大限度地预防或减少各类突发事件及降低其造成的损害,地铁公司应制订相应预案应对突发事件。

当突发事件发生时,车站应根据各岗位的职责,及时、有效地采取不同的客流组织方法对车站、列车上的乘客进行疏导。

一、疏散作业组织

疏散是指在紧急情况下,利用一切通道和出口迅速将乘客从危险区域全部转移到安全区域。根据疏散地点不同可分为车站疏散及隧道疏散。疏散需要城市轨道交通运营企业各部门的高度配合,力争在最短的时间内完成客流的转移。

1. 车站疏散

（1）车站疏散的注意事项

①车站疏散由值班站长下令实施,如行调要求疏散则按行调指示办理。

②疏散时,要选定合适的疏散路线,避免错误引导乘客。

③疏散时,应及时告知乘客有关注意事项,根据事件类别启动相应的通风模式,通过广播通知车站所有人员撤离。

④通知驻站公安到场维持秩序。

⑤列车在站台疏散时,如车门、站台门不能电控打开,车站需安排人员协助司机人工开门。

（2）作业工器具

手提广播、告示、出入口钥匙、自动扶梯钥匙、边门钥匙、对讲机等。

（3）车站疏散时各岗位人员行动指引（表5-3）

车站疏散各岗位人员行动指引　　　　　　　　　　　表5-3

岗　位	行　动　指　引
值班站长	（1）宣布车站执行疏散程序，组织车站人员疏散乘客。 （2）安排站厅保安到站台协助疏散乘客，通知站台人员将乘客往站厅疏散。 （3）疏散完毕后，检查是否有乘客滞留，关闭出入口。 （4）如灾害危及车站员工安全，应组织员工到紧急出入口集中。 （5）如乘客被困在站台时，先尝试利用设备区的楼梯进行疏散，如无法实施时，则应要求行调安排一列空车前往车站疏散乘客，安排人员安抚和维持站台秩序，组织全部乘客上车后，指示站台保安向司机显示"好了"信号后登乘司机室离开。 （6）需要外部支援时，安排一名站务员到指定出入口引导支援人员进入车站
行车值班员	（1）报告行调（报告行调以下内容：疏散原因、是否影响列车运行、是否需要支援）。 （2）视情况需要拨打110、120，请求支援。 （3）通知地铁公安到场维持秩序。 （4）根据灾害情况关闭或开启车站相应环控模式（火灾时应先按压EST3火警确认）。 （5）按动AFC紧急按钮，使闸机为常开，将TVM和CVM设为暂停服务。 （6）播放疏散广播，通知乘客、银行、商铺工作人员、设备管理房间所有人员疏散。 （7）通过PIS系统发布疏散信息。 （8）向有关人员通报有关情况。 （9）需撤离时，与OCC留下2个以上联系方式
车站其他员工	（1）客运值班员协助伤者离开危险区域或指引乘客疏散。 （2）站厅站务员负责打开员工通道和协助客运值班员。 （3）售票员确认闸机全部开启，若未开启则操作站厅AFC设备的配电盒，切断电源将闸机设为常开，到楼、扶梯口组织疏导。需要时其中一人应到指定出入口接应外部支援人员。 （4）站厅保安到站台疏散乘客。 （5）站台保安将站台乘客往站厅疏散；当行调安排列车接载站台乘客疏散时，乘客及车站其他在站台疏散人员上车完毕后向司机显示"好了"信号，并进入司机室
行调	（1）报告值班主任。 （2）通知全线各站和司机该车站停止服务。 （3）按值班主任指示调整列车运行。 （4）通过CCTV观察车站情况
值班主任	（1）按有关程序通报。 （2）制定和布置实施调整列车运行方案
电力调度员	按照行调的供电安排，尽可能维持接触网供电
环控调度员	（1）如有需要开启隧道通风。 （2）检查、监视通风情况
司机	（1）按行调指示办理，做好广播安抚乘客。 （2）线上其他当值列车司机（包括其他线）接行调指令后，使用列车广播向乘客发布某站停止服务的信息。 （3）如安排列车接载站台乘客疏散时，凭车站"好了"信号，待站台上车员工进入司机室后关门动车

案例分析

北京地铁天宫院站火灾案例

1. 事件发生地点

北京地铁 4 号线天宫院站(图 5-26)。

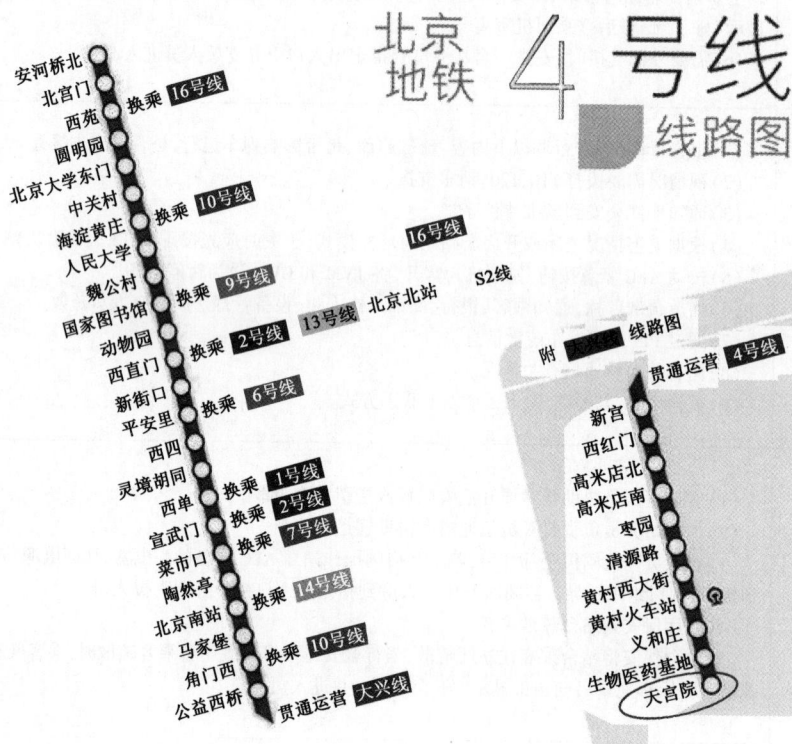

图 5-26　北京地铁 4 号线线路示意图

2. 事件发生时间

某日晚 18:30 左右。

3. 事件概况

某日晚 18:30 左右,北京地铁 4 号线天宫院站冒烟,车站设备房出现火情。随后京港地铁对天宫院站进行了紧急疏散并采取了封站措施,将终点临时设为生物医药基地站,后于 20:30 左右恢复正常通车,封站时间持续近 2h。官方称,天宫院站因应急电源设备房间防火设备启动报警,为查找具体原因,天宫院站暂时封闭。

4. 事件影响

造成北京地铁天宫院站封站近 2h,大量乘客被迫在生物医药基地站下车乘坐出租车回家,没有造成人员伤亡。

5. 原因分析

初步判断是设备房设施设备短路所导致。

212

6. 地铁采取措施

(1)采取火灾紧急预案,进行疏散

北京地铁4号线天宫院站发生火灾报警时,车站立即通报了消防,及时播放了应急广播,并组织人员对乘客进行了疏散。同时,北京地铁4号线全线播放天宫院站发生故障不在天宫院站停车,临时终点设置为生物医药基地站的广播。

(2)列车甩站运行

在天宫院站出现火情之后,对天宫院站实施封站,列车甩站运行将终点临时设置为生物医药基地站,最大限度地减少了对运营的影响。

7. 经验学习

(1)行车组织方面

①如果火灾造成车站无法正常运营时,行调可根据受影响车站的位置灵活采取不停站通过、甩站、小交路等行车组织方式,避免运营中断。

②如遇火灾影响较大造成行车中断,视情况及时启动公交接驳,维持最大限度运营。

③站台层发生火灾时,如来不及扣停列车,则组织列车限速不停站通过火灾车站;遇换乘站站台着火时,及时通知邻线行调组织载客列车在该站不停站通过。

(2)客运组织方面

①如车站发现火灾不可控时,及时启动火灾疏散预案,引导乘客及时从本站进行疏散,同时注意车站员工自身的安全保护。

②如封站相邻车站应做好大客流组织工作,应对交路临时变更造成的乘客大量滞留。

③及时在线网范围内进行相关信息的公布,引导乘客合理安排行程,避免乘客大量涌入灾害站相邻车站。

(3)与市政部门联动

①及时联系消防部门对现场火情进行火势控制和乘客疏散,并做好配合工作。

②及时联系地铁公安,做好现场秩序维护、乘客疏散。

③及时拨打120,做好抢救受伤乘客的准备。

(4)内部信息传递

应以OCC为主,做好信息传递工作,确保各车站、各部门及时掌握受灾情况、影响范围、采取措施、客流情况等关键信息,实现线网客流控制和引导,最大限度地降低客运组织压力和可能带来的影响。

2. 列车隧道疏散

(1)列车隧道疏散注意事项

①列车停车后,司机应尝试能否使用其他模式动车,尽可能维持列车进站停车。

②隧道疏散原则上由值班主任下令实施。

③司机疏散前应做好安抚广播。

④隧道疏散前司机应广播乘客疏散方向,司机端疏散应在司机打开疏散门后进行。

⑤因列车火灾迫停在区间时,得到行调隧道疏散命令后,立即打开所有车门进行排烟,保持列车正常供电、空调、照明,组织乘客从驾驶室疏散门疏散。

⑥执行隧道疏散时,受影响的邻线需扣停相关列车运行,确保疏散线路安全。

⑦环调应根据列车停车位置及灾害情况做好隧道通风安排。

⑧安排人员在站台与轨道之间的楼梯处引导乘客上站台。如疏散线路上乘客可能进入邻线,则还应安排人员到该处作引导。在值班站长到达前,由司机负责指挥;当值班站长到达后,指挥权交由值班站长负责。

(2)作业工器具

作业工器具有应急灯、对讲机、荧光衣、手提广播、出入口钥匙、站台门钥匙、告示等。

(3)列车隧道疏散各岗位人员行动指引(表5-4)

列车隧道疏散各岗位人员行动指引　　　　　　　　表5-4

岗 位	行 动 指 引
行调	(1)报告值班主任,接到值班主任的通知后,通知司机执行疏散程序。 (2)根据司机停车位置,通知环控调度员做好隧道通风。 (3)扣停相关列车,通知车站派人到现场协助疏散,如有需要,停止邻线区段运行。 (4)视情况拨打"110""119""120",请求支援,并通知车站派人接应。 (5)调整列车运行,通知线上司机和其他相关车站停止服务,做好乘客广播
司机	(1)列车在区间被迫停车后,立即报告行调,并做好防溜措施。 (2)广播安抚乘客。 (3)接行调的疏散命令后,应立即打开司机室通道门,疏散乘客;如列车火灾迫停在区间时,还应打开一侧车门进行排烟(开门前,要广播告知乘客不要靠近车门,不要从客室门跳车),保持列车正常供电、空调、照明,组织乘客从驾驶室疏散门疏散。 (4)如有行动不便的乘客应安排车站员工或自愿协助的乘客陪同。 (5)疏散完毕后,做好自身安全保护情况下检查是否还有乘客滞留,报告行调,等候行调的指示;如危及自身安全时,应报告行调,迅速撤离现场
值班主任	(1)下令执行列车隧道疏散程序。 (2)按有关程序进行通报。 (3)如因列车故障原因需要疏散,按照故障原因决定是否通知相关救援队出动救援,需要时请求外部支援。 (4)制订列车调整方案并布置实施。 (5)需要时,启动公交接驳预案
环控调度员	(1)开启相应隧道环控模式。 (2)检查、监视照明和通风情况
电力调度员	按照行调的供电安排,尽可能维持接触网供电
值班站长	(1)接到行调有关列车需要隧道疏散后,按行调指令指定一名站务人员负责组织指挥疏散车站乘客。 (2)带领车站人员,穿好装备,到疏散现场负责引导乘客往车站疏散。 (3)安排人员在站台与轨道之间的楼梯处引导乘客上站台;如疏散线路上乘客可能进入邻线,则还应安排人员到该处作引导。 (4)疏散完毕后沿途检查线路是否有滞留乘客或遗留物品,人员出清后,报告行调
行车值班员	(1)开启隧道事故照明及工作照明。 (2)做好广播安抚乘客,通知地铁公安到场维持秩序。 (3)按动"紧急停车"按钮,防护有关区域。 (4)执行"车站疏散程序"。 (5)监控乘客疏散情况。 (6)根据行调的指示,安排外部支援人员进入隧道救援,并及时向站长、行调通报有关情况
站务人员	(1)引导乘客。 (2)协助有困难乘客。 (3)如疏散线路上乘客可能进入邻线,则到该处作引导。 (4)确认列车乘客疏散完毕,沿途检查线路是否有滞留乘客或遗留物品。 (5)启动公交接驳时,组织乘客乘坐接驳车

深圳地铁 11 号线隧道击穿疏散事件

1．事件发生地点

深圳地铁 11 号线隧道，红树湾南—后海区段

2．事件发生时间

2017 年 12 月 6 日早 6:45 左右

3．事件概况

2017 年 12 月 6 日早 6:45 左右，在深圳市深圳湾体育中心东南角，施工单位正业建设有限公司未经审批进行打桩施工作业。深圳地铁 11 号线 00503 次列车在行驶至红树湾南—后海（往碧头方向）区间时，水泥桩直接打入地铁 11 号线隧道，导致红树湾南—后海区段（往碧头）接触网设备受损，00503 次列车在紧急制动后撞上打入隧道内的水泥桩。

4．事件影响

桩头击穿地铁盾构隧道结构，致使高速行驶的列车撞断桩头，列车严重受损、司机受伤、后续列车运行受影响。

5．原因分析

11 号线的设计是高速线路，被打穿的地方埋深 27m，隧道深度在国内相对较深，采用双层布筋，从设计来讲非常安全。此次事故的初步原因是施工单位违规施工所致。

6．地铁采取措施

(1) 司机随后向行车调度汇报，并前往后部车厢查看乘客情况，按照程序，地铁工作人员及时将乘客疏散到最近的后海站。

(2) 2017 年 12 月 8 日 21:00 起至运营结束，及 12 月 9 日 6:30—7:30，地铁 11 号线调整列车运行（图 5-27）。12 月 8 日晚福田站往碧头方向末班车于 21:00 从福田站发出。福田—南山区段维持有限度服务，采用单线双向运行，行车间隔较大（图 5-28）。碧头—前海湾区段维持正常运营，运行间隔约 8min。为方便市民出行，地铁 11 号线南山站与 1 号线桃园站间将提供免费公交接驳服务。12 月 9 日 7:30 后，地铁 11 号线全线恢复正常运营。

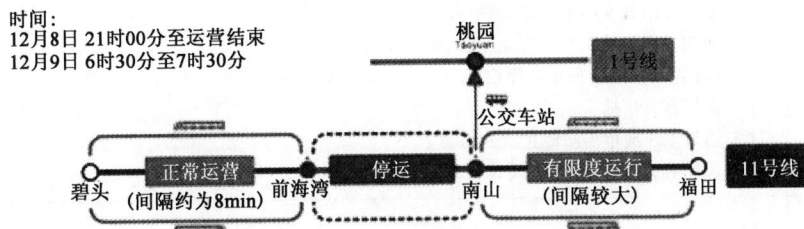

图 5-27　11 号线列车服务示意图

単線双方向

（単趟列车往返运行，间隔较大）

南山 ◄——————————— ● 福田　11号线

无列车

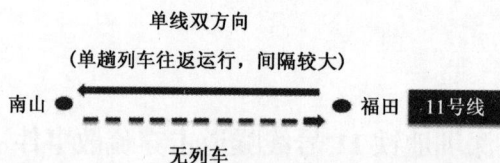

图 5-28　福田至南山区段有限度服务示意图

▶▶▶即学即练

请学生点击云课堂——智慧职教 App，完成"**单元 5.4-任务一：疏散作业组织**"部分的测试。请教师先在网页版或手机端职教云中完成该任务点的组题。

二、清客作业组织

清客是指当车站或列车出现异常时，需要将乘客从某一区域全部转移到另一区域。清客作业包括车站清客和列车隧道清客。

1. 车站清客

车站清客是指因地铁设备故障、自然灾害等造成线路中断，暂不危及乘客安全，车站须停止服务时需进行车站清客。

（1）车站清客的注意事项

①车站清客原则上由值班主任下令实施。

②车站清客，要耐心地做好乘客解释工作，避免产生冲突。

③清客时，应及时告知乘客有关退票注意事项，并做好乘客退票的准备工作。

（2）车站清客各岗位人员行动指引（表 5-5）

车站清客各岗位人员行动指引　　　　　　　　　表 5-5

岗　　位	行　动　指　引
值班站长	（1）组织车站员工对车站乘客进行清客，引导乘客退票。 （2）待乘客全部出站后，检查站厅、站台是否有滞留乘客，关闭出入口。 （3）安排车站人员到紧急出入口值勤。 （4）将情况向站长汇报，并做好详细记录
行车值班员	（1）通知驻站公安到现场维持秩序。 （2）通知各岗位员工车站停止服务，执行清客程序。 （3）根据需要设置"列车故障模式"的 AFC 降级运营模式。 （4）做好乘客广播。 （5）通过 PIS 发布车站停止服务信息。 （6）关站后，执行节电照明模式
客运值班员	（1）根据需要为售票员配备零钞。 （2）引导乘客办理退票或出站。 （3）统计退票数量，并将回收单程票封好上交票务室

岗　位	行　动　指　引
车站其他员工	(1)站厅站务员打开车站员工通道门,引导乘客退票或出站。 (2)售票员负责办理退票。 (3)保安负责维持秩序。 (4)启动公交接驳时,组织乘客乘坐接驳车
行调	(1)按需要,调整列车运行。 (2)通知其他车站该站停止服务,做好相应广播。 (3)通知各次列车司机该站停止服务
值班主任	(1)按有关程序进行通报。 (2)需要时,启动公交接驳预案
司机	按行调指示行车,做好广播安抚乘客,向乘客发布该站停止服务信息

2.列车隧道清客

列车隧道清客是指列车因故停在区间,暂不危及乘客安全,并需要实行清客。

（1）列车隧道清客的注意事项

①列车停车后,司机应尝试能否使用其他模式动车,尽可能维持列车进站停车。

②列车隧道清客由值班主任下令实施。

③司机清客前做好安抚广播,并待车站员工到达后开始实施清客。

④列车隧道清客前司机应广播乘客清客方向,司机端清客应在司机打开疏散门后进行。

⑤执行列车隧道清客时,受影响的邻线需扣停相关列车运行,确保清客线路安全。

⑥环控调度员应根据列车停车位置做好隧道通风安排。

⑦安排人员在站台与轨道之间的楼梯处引导乘客上站台。如果清客线路上乘客可能进入邻线,则还应安排人员到该处作引导。值班站长到达前,由司机负责指挥;值班站长到达后,指挥权交由值班站长负责。

（2）列车隧道清客各岗位人员行动指引（表5-6）

列车隧道清客各岗位人员行动指引　　　　表5-6

岗　位	行　动　指　引
司机	(1)被迫停车后报告行调,做好防溜措施和乘客安抚广播。 (2)若无法再动车,接行调清客命令后,打开清客方向司机室疏散门。 (3)车站员工到场后,打开司机室通道门,组织乘客按顺序下隧道。 (4)若有行动不便的乘客应安排车站员工或自愿协助的乘客陪同。 (5)列车清客完毕后,检查是否有滞留乘客,确认无滞留,恢复列车状态,报告行调,等候行调的指示
行调	(1)根据司机停车位置,通知环调做好隧道通风,将情况报告值班主任。 (2)扣停有关列车,确保清客线路安全。如有需要,停止邻线区段运行。 (3)通知司机停止列车运作,前往清客一端做好准备,待车站员工到达后即可清客。 (4)通知两端车站安排员工到现场协助清客,如请求外部支援时,应通知车站派人接应。 (5)清客完毕后,确认区间出清,尽快恢复正常运营服务
值班主任	(1)决定是否需要执行隧道清客程序,并确定清客线路。 (2)按照故障原因决定是否通知相关救援队出动救援。 (3)需要时请求外部支援。 (4)将情况向有关人员通报
电力调度员	按照行调命令做好供电安排

岗　位	行　动　指　引
环控调度员	(1)开启相应隧道环控模式。 (2)检查、监视照明和通风情况
值班站长	(1)接到行调有关列车需要隧道清客后,指定一名站务人员负责组织指挥疏散车站乘客。 (2)带领车站人员,穿好装备,到现场后负责指挥、引导乘客往车站疏散。 (3)安排人员在站台与轨道之间的楼梯处引导乘客上站台。如果清客线路上乘客可能进入邻线,则还应安排人员到该处作引导。 (4)清客完毕后沿途检查线路是否有滞留乘客或遗留物品,人员出清后,报告行调
行车值班员	(1)接到隧道清客通知后,确定列车停车位置,开启隧道事故照明及工作照明。 (2)做好广播安抚乘客。 (3)按动紧急停车按钮,防护有关区域。 (4)若需要执行"车站清客程序",通知车站其他员工做好车站清客,并做好乘客广播。 (5)根据行调的指示,安排外部支援人员进入隧道救援。 (6)清客完毕后报行调
车站其他员工	(1)引导乘客。 (2)协助有困难乘客。 (3)如清客线路上乘客可能进入邻线,则到该处作引导。 (4)确认列车乘客清客完毕,沿途检查线路是否有滞留乘客或遗留物品

▶▶▶**即学即练**

请学生点击云课堂——智慧职教 App,完成**"单元 5.4-任务二:清客作业组织"**部分的测试。
请教师先在网页版或手机端职教云中完成该任务点的组题。

三、隔离组织

隔离是指采用某种方式或设备人为地隔开人群或封闭某个区域。根据造成隔离的原因不同,隔离的组织方法有以下四种。

1.非接触纠纷隔离

乘客发生口头纠纷时,离现场最近的工作人员要立即上前进行调节,必要时要把纠纷双方分别带到人少的地方(或带到车站会议室),进行劝说和调解。若有其他乘客围观,应及时劝离现场,维持好车站正常秩序。

2.接触式纠纷隔离

当乘客发生肢体冲突时,离现场最近的工作人员应立即赶到现场,与车站保安人员一起将打架的双方隔开,并通知地铁公安到场。车站控制室通知值班站长赶到现场处理,将冲突双方移交地铁公安处理。车站要及时疏散围观的其他乘客,并寻找目击证人填写事件记录。

3. 客流流线隔离

当车站某一端排队购票队伍与进、出客流发生交叉干扰时,车站工作人员可利用伸缩铁制围栏、隔离带、警戒绳、铁马等设备器具人为地隔开交叉人群,保持进出客流畅通,并利用手提广播引导一部分乘客到人少一端购票进站,避免乘客排长队的现象发生。

4. 疫情隔离

车站发现有恶性传染疫情时,必须采取隔离组织措施,关闭各出入口,列车通过不停车,对于疑似人员有过密切接触的物品及人员进行消毒、隔离,未经防疫部门的许可不得离开车站。

知识链接

传染病分类

[中华人民共和国传染病防治法(2013 修正)]

传染病可分为甲类、乙类和丙类。其中,甲类传染病是指鼠疫、霍乱;乙类传染病是指传染性非典型肺炎、艾滋病、病毒性肝炎、脊髓灰质炎、人感染高致病性禽流感、麻疹、流行性出血热、狂犬病、流行性乙型脑炎、登革热、炭疽、细菌性和阿米巴性痢疾、肺结核、伤寒和副伤寒、流行性脑脊髓膜炎、百日咳、白喉、新生儿破伤风、猩红热、布鲁氏菌病、淋病、梅毒、钩端螺旋体病、血吸虫病、疟疾;丙类传染病是指流行性感冒、流行性腮腺炎、风疹、急性出血性结膜炎、麻风病、流行性和地方性斑疹伤寒、黑热病、棘球蚴病、丝虫病,除霍乱、细菌性和阿米巴性痢疾、伤寒和副伤寒以外的感染性腹泻病。

对已经发生甲类传染病病例的场所或者该场所内的特定区域的人员,所在地的县级以上地方人民政府可以实施隔离措施。

对乙类传染病中传染性非典型肺炎、炭疽中的肺炭疽和人感染高致病性禽流感,采取甲类传染病的预防、控制措施。

▶▶▶ 即学即练

请学生点击云课堂——智慧职教 App,完成"**单元 5.4-任务三:隔离组织**"部分的测试。

请教师先在网页版或手机端职教云中完成该任务点的组题。

技能训练

1. 训练目的

通过分组、分角色模拟演练,帮助学生熟练掌握疏散组织方案的实施配合流程,学生通过教师点评和观察其他组的模拟演练得到提高,进一步建立客运组织工作的岗位意识,提高应急处理能力。

怀疑有不明有毒
气体紧急疏散

表 5-7

X 站站台怀疑有不明有毒气体紧急疏散演练步骤

序号	情境描述	值班主任	环控调度员	行车调度员	值班站长	行车值班员	客运值班员	站厅站务员	售票员	站厅保安	站台保安	保洁	司机	机电班站人员
1	站台或站厅发现有人陆续晕倒，怀疑车站有不明毒气	1-5 接到行调的紧急报告后，向行调、环调执行下达《车站上危险化学品泄漏（含有毒气体袭击）应急处理程序》，并立即向110、120报警		1-4 接到车控室报告后，调取某站CCTV进行对现场进行查看，并立即报值班主任	1-3 值班站长收到行车值班员报告后立即赶往车控室通过CCTV进行对现场查看情况	1-2 行车值班员立即通过CCTV对现场进行查看后立即向值班站长、OCC和地铁公安进行报告					1-1 发现场台处有人陆续晕倒，怀疑台处有不明毒气，向车控室报告			
2	环控设备和隧道通风系统	2-1 命令立即关闭某站相关环控设备，并确认该站及相邻两个车站的隧道通风系统为关闭状态	2-2 根据值班主任指令，立即关闭某站大系统设备，并确认该站及相邻两个车站的隧道通风系统为关闭状态			2-3 立即通知机电值班站人员赶往现场确保设备正常								2-4 接车控室通知，后立即赶到车控室，确认环控设备关闭情况

序号	情境描述	值班主任	环控调度员	行车调度员	值班站长	行车值班员	客运值班员	站厅站务员	售票员	站厅保安员	站台保安	保洁	司机	机电驻站人员
3	乘客疏散及列车运行组织	3-1 对行调下令：命令某站停止服务，组织乘客及人员撤离。下达行车调整指令		3-2 接命令后命令某站立即停止服务，组织乘客及人员撤离。3-3 对进站停车、已打开站台车门或司机已打开的列车下令立即关空调，配合车站对乘客进行疏散撤离	3-5 接令下达至车站疏散后命令，组织乘客进行疏散撤离，协助乘客进行疏散撤离（防止电梯内困人）	3-6 接到命令后，立即按疏散程序执行闸机，释放闸机，开启广播、启动事故PIS等相应措施	3-7 赶往A出入口组织乘客疏散，阻止进站乘客，指引救援人员	3-8 负责打开员工通道后赶往B出入口组织乘客疏散，阻止进站乘客，指引救援人员	3-9 两名售票员马上停止售票并收好票款，锁好客服中心门，分别赶往C/D出入口组织乘客疏散，阻止进站乘客，引导救援人员	3-10 站厅保安立即赶往站门A、B端楼扶梯处指引从站台上来的乘客疏散	3-11 站台保安立即赶往站台A、B端楼扶梯处将站台乘客疏散完毕，站后赶往站厅协助疏散	3-12 听从值班站长指令，协助疏散乘客	3-4 已靠站停车且站台车门及站台门已打开的列车司机接令后，关闭空调配合车站对乘客进行疏散。3-13 确认乘客疏散完毕，与行车留下方式，拔取列车主控钥匙后撤离	
4	员工疏散	4-1 确认乘客疏散完毕后，通知所有员工就近撤离。怀疑为化学毒剂类袭击时，组织将外衣的乘客及鞋到站地点隔离，设置缓冲区，等待市专业部门处理				4-2 与OCC留下2个以上联系方式后撤离	4-3 根据值班站长疏散指令进行撤离	4-4 根据值班站长疏散指令撤离	4-5 根据值班站长疏散指令进行撤离	4-6 根据值班站长疏散指令进行撤离	4-7 根据值班站长疏散指令进行撤离	4-8 根据值班站长疏散指令进行撤离		4-9 根据值班站长疏散指令进行撤离

2. 训练要求

分小组学习完成某站站台怀疑有不明有毒气体紧急疏散模拟演练。

(1)分组安排:每组 12~13 人(站厅保安可兼任保洁、环调可兼任客值),另外可安排友情客串学生 1~2 人,扮演支援人员、乘客。

(2)参与岗位:包括值班主任、环调、行调、值班站长、行车值班员、客运值班员、站厅站务员、售票员(2 名)、站厅保安、站台站务员、保洁、司机、机电驻站人员,另有情境解说员负责演练情境的切换解说及必要讲解,其他角色可按小组演练需要自由设置。

(3)所需备品:各岗位工种胸牌、手提广播、对讲机。

(4)模拟演练展示时间:每组应在规定时间内完成 6 个情境的模拟演练展示。

(5)演练展示地点:实训室。

3. 某站站台怀疑有不明有毒气体紧急疏散演练步骤(表 5-7)

4. 评价方式

(1)以学习小组为单位,由教师和学生代表共同完成评价,教师评价占 60%,学生评价占 40%。

(2)评价指标:

序　号	评　价　标　准	权　　重	得　　分
1	角色分工明确,胸牌规范	6%	
2	站台或站厅发现有人陆续晕倒,怀疑车站有不明毒气演练步骤规范有序	22%	
3	操作环控设备演练步骤规范有序	12%	
4	乘客疏散及列车运行组织演练步骤规范有序	32%	
5	员工疏散演练步骤规范有序	18%	
6	按时完成,整体效果好	10%	
	总分	100	

思考题

1. 在进行客流组织时应特别考虑的原则有哪些?

2. 乘客日常乘坐地铁主要由哪 8 个环节构成?

3. 出入口及楼梯应如何根据宽度和出入口客流大小设置相应的隔离栏杆?

4. 进闸客流应如何组织?

5. 乘车客流应如何组织?

6. 简述城市轨道交通换乘方式的分类。

7. 简述换乘站客流组织的优化方法。

8. 简述大客流的定义及分类。

9. 简述车站大客流的组织原则。

10. 简述大客流三级控制方法。

11. 简述疏散、清客、隔离的定义。

12. 简述车站疏散的注意事项。

14. 简述客流流线隔离的方法。

模块 6　城市轨道交通车站突发事件应急处理

教学目标

1. 知识目标

掌握车站发生/发现火灾、乘客意外伤害事件、大面积停电、可疑物品、站台事故、恐怖袭击事件等突发事件时的处理原则及作业程序。

2. 技能目标

(1)掌握应急设备的操作技能。

(2)具备突发事件应急处理的基本技能。

3. 素质目标

培养学生良好的岗位安全意识和职业素质,熟练掌握各类规章规则,严格执行工作程序、工作规范、工作标准和安全操作规程。

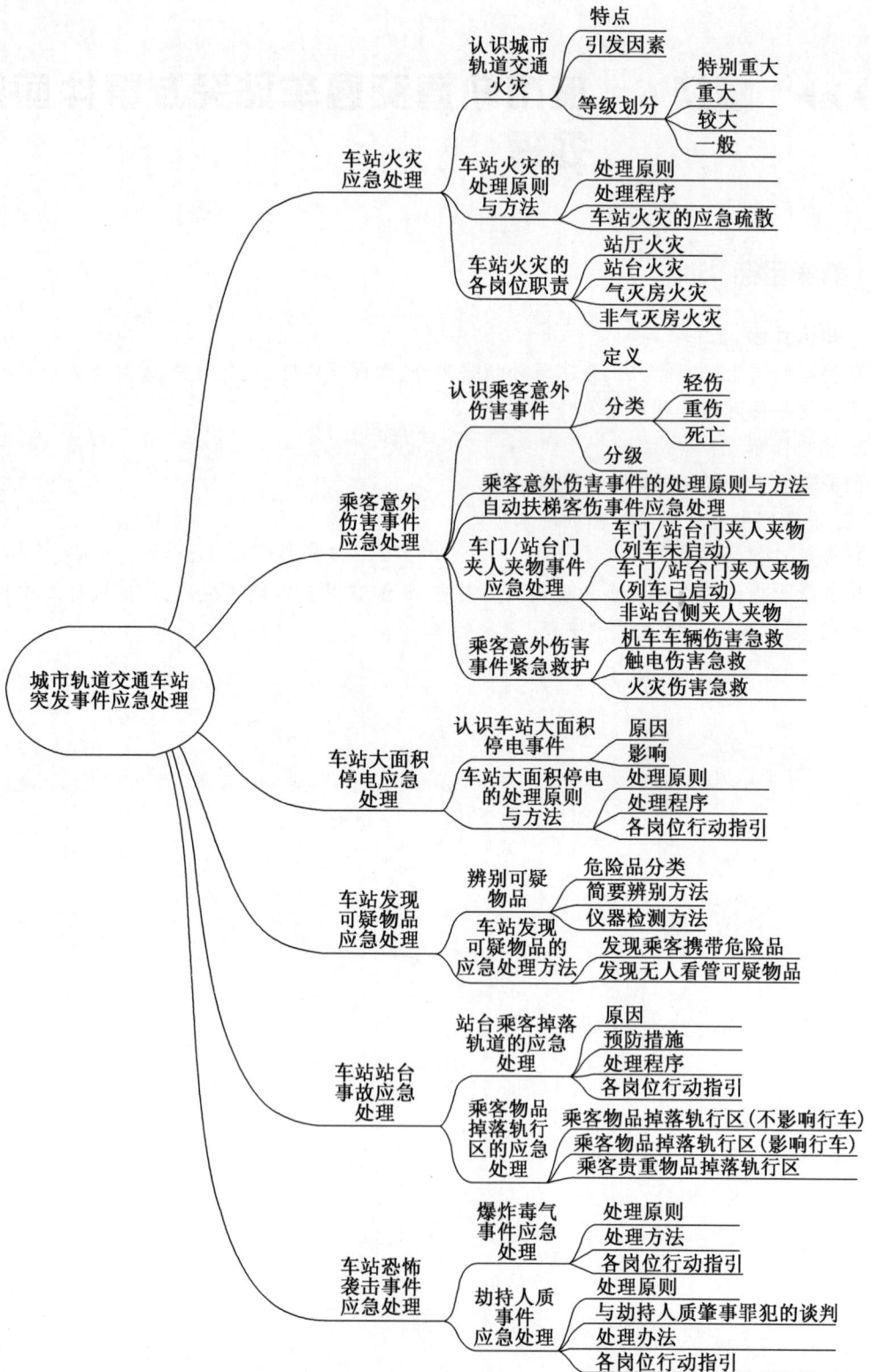

城市轨道交通车站突发事件应急处理
- 车站火灾应急处理
  - 认识城市轨道交通火灾
    - 特点
    - 引发因素
    - 等级划分
      - 特别重大
      - 重大
      - 较大
      - 一般
  - 车站火灾的处理原则与方法
    - 处理原则
    - 处理程序
    - 车站火灾的应急疏散
  - 车站火灾的各岗位职责
    - 站厅火灾
    - 站台火灾
    - 气灭房火灾
    - 非气灭房火灾
- 乘客意外伤害事件应急处理
  - 认识乘客意外伤害事件
    - 定义
    - 分类
      - 轻伤
      - 重伤
      - 死亡
    - 分级
  - 乘客意外伤害事件的处理原则与方法
  - 自动扶梯客伤事件应急处理
  - 车门/站台门夹人夹物事件应急处理
    - 车门/站台门夹人夹物（列车未启动）
    - 车门/站台门夹人夹物（列车已启动）
    - 非站台侧夹人夹物
  - 乘客意外伤害事件紧急救护
    - 机车车辆伤害急救
    - 触电伤害急救
    - 火灾伤害急救
- 车站大面积停电应急处理
  - 认识车站大面积停电事件
    - 原因
    - 影响
  - 车站大面积停电的处理原则与方法
    - 处理原则
    - 处理程序
    - 各岗位行动指引
- 车站发现可疑物品应急处理
  - 辨别可疑物品
    - 危险品分类
    - 简要辨别方法
    - 仪器检测方法
  - 车站发现可疑物品的应急处理方法
    - 发现乘客携带危险品
    - 发现无人看管可疑物品
- 车站站台事故应急处理
  - 站台乘客掉落轨道的应急处理
    - 原因
    - 预防措施
    - 处理程序
    - 各岗位行动指引
  - 乘客物品掉落轨行区的应急处理
    - 乘客物品掉落轨行区（不影响行车）
    - 乘客物品掉落轨行区（影响行车）
    - 乘客贵重物品掉落轨行区
- 车站恐怖袭击事件应急处理
  - 爆炸毒气事件应急处理
    - 处理原则
    - 处理方法
    - 各岗位行动指引
  - 劫持人质事件应急处理
    - 处理原则
    - 与劫持人质肇事罪犯的谈判
    - 处理办法
    - 各岗位行动指引

单元 6.1　车站火灾应急处理

学情检测

1. 对地铁来说(　　)可谓是"第一天敌"。
   　A.水淹　　　　　　　B.冰雪　　　　　　C.风灾　　　　　　D.火灾
2. 下列(　　)物质是点火源。
   　A.电火花　　　　　　B.纸　　　　　　　C.空气　　　　　　D.汽油
3. (　　)能及时排除有害气体。
   　A.环控系统　　　　　　　　　　　B.机电系统
   　C.消防系统　　　　　　　　　　　D.AFC 系统
4. 使用灭火器扑灭初起火灾时要对准火焰的(　　)喷射。
   　A.上部　　　　　　　　　　　　　B.中部
   　C.根部　　　　　　　　　　　　　D.外部
5. 消防设施不包括(　　)。
   　A.防烟排烟系统　　　　　　　　　B.日常广播
   　C.应急照明　　　　　　　　　　　D.安全疏散设施

知识学习

一、认识城市轨道交通火灾

1. 地铁火灾的特点

(1)排烟困难、散热慢

被土石包裹的地下隧道,热交换十分困难。当地铁发生火灾时,不能像地面建筑那样有80%的烟可以通过破碎的窗户排放到大气中,而是聚集在建筑物内,无法扩散,易使温度骤升,较早地出现"爆燃"(表6-1);烟气形成的高温气流会对人体产生巨大的影响。这些流动性很强的烟和有毒气体,若不加以控制或及时排除,则会在地下通道内四处流窜,短时间内充满整个地下空间,给现场遇险人员和救灾人员带来极大的生命威胁。

火灾标准时间温度曲线值　　　　　　　　　　　　　　表6-1

时间(min)	5	10	15	30	60	90	120	180	240	360
温度(℃)	556	659	718	821	925	986	1029	1090	1133	1193

(2)高温、高热全面燃烧

在地下空间内,一旦发生火灾,室内温度升高很快,较早地出现"全面燃烧"现象。伴随瞬时全面燃烧,巨大能量释放,温度迅速上升,空气体积急剧膨胀,烟气中的 CO、CO_2 等有害气体的浓度迅速提高(表6-2)。一切可燃物产生的热量,几乎全聚集在地下建筑物内。

225

可燃物质燃烧时产生的有毒气体表

可燃物名称	有 毒 气 体	可燃物名称	有 毒 气 体
木材	CO_2、CO	聚氟乙烯	CO_2、CO、氧化氢
羊毛	CO_2、CO、H_2S、NH_3	尼龙	CO_2、CO、乙醛
棉花、人造纤维	CO_2、CO	酚树脂	CO、氨、氰化物
聚四氟乙烯	CO_2、CO	三聚氰胺—醛树脂	CO、氨、氰化物
聚苯乙烯	苯、甲苯	环氧树脂	CO_2、CO、丙酮

（3）安全疏散困难

地下隧道完全靠人工照明，致使正常电源照明比地面建筑自然采光差，加之火灾时正常电源被切断，人的视觉完全依靠事故照明和疏散标志指示灯来保证。此时若无事故照明，隧道、站台内将是一片漆黑，人员根本无法逃离火场，再加上浓烟，使人员疏散极为困难。火场中产生的一些刺激性气体也会使人睁不开眼睛，看不清逃离路线。

当地铁发生火灾时只能通过车站出口逃生。如果地面建筑内发生火灾时，人员的逃生方向与烟气的自然扩散方向相反，人往下逃离就可以脱离烟气的危害。如果地铁里发生火灾时，人只有往上逃到地面上才算是安全的，而人员的逃生方向与烟气的自然扩散方向一致，烟的扩散速度一般比人的行动快，所以人员疏散很困难。

（4）扑救困难、危害大

地铁的火灾比地面建筑的火灾扑救要困难得多，其难度相当于扑救超高层建筑最顶层的火灾。这是因为当地面建筑发生火灾时，可以直接在建筑物外从产生的火光、烟雾判断火场位置和火势大小；而地铁发生火灾时究竟在哪个部位，则无法直观火场，需要详细查询和研究地下工程图，分析可能发生火灾的部位和可能出现的情况，才能做出灭火扑救方案。同时，由于地铁的出入口有限，而且出入口又经常是火灾时的冒烟口，消防人员不易接近着火点，扑救工作难以展开。此外，加上地下工程对通信设施的干扰较大，扑救人员与地面指挥人员通信、联络的困难，也为消防扑救工作增加了障碍。

2. 火灾的引发因素

（1）电气线路、电气设备故障引发火灾

城市轨道交通车站（含列车）内电气线路、电气设备高度密集，这些电气线路和设备在运行中发生短路、过负荷、过热等故障是引发城市轨道交通火灾事故的重要因素。

（2）人为引起火灾

工作人员违章操作、用火不慎以及乘客携带易燃易爆危险品乘车、在城市轨道车站内吸烟、人为纵火等可能引发城市轨道交通火灾事故。

（3）环境因素引发火灾

环境因素主要包括城市轨道交通内部潮湿、高温、粉尘、鼠害等因素。城市轨道交通内部通风不畅、隧道散热不良等原因导致温度过高；隧道内漏水情况比较普遍，地下湿气不易排出，导致地下空间湿度大；老鼠等小动物啃咬电缆电线。环境因素可能造成电气设备、线路绝缘性能下降，造成电气设备短路引起火灾。

（4）与城市轨道交通车站合建的外来建筑物带来的危害因素

特别要注意的是，处于中心闹市区的城市轨道车站，常常会与地面商业建筑合建。由于商场、车库、写字楼等商业场所具有较高的火灾风险，同时这类场所的风险管理和控制工作通常不由城市轨道交通企业控制,因此较城市轨道交通运营本身而言相对薄弱,一旦发生火灾、爆炸及其他灾害,不仅可能对城市轨道交通的正常运营带来影响,严重时甚至可能造成城市轨道交通财产和人身安全方面的重大损失。对于存在此类商业经营场所的城市轨道交通车站,除城市轨道交通本身风险以外的各种风险(包括火灾和爆炸的风险)都不容忽视。

3. 火灾的等级划分

(1)特别重大火灾

特别重大火灾是指造成30人以上死亡,或者100人以上重伤,或者1亿元以上直接财产损失的火灾。

(2)重大火灾

重大火灾是指造成10～30人死亡,或者造成50～100人重伤,或者0.5亿元～1亿元直接财产损失的火灾。

(3)较大火灾

较大火灾是指造成3～10人死亡,或者造成10～50人重伤,或者1000万元～5000万元直接财产损失的火灾。

(4)一般火灾

一般火灾是指造成3人以下死亡,或者10人以下重伤,或者1000万元以下直接财产损失的火灾。

> ▶▶▶**即学即练**
>
> 请学生点击云课堂—智慧职教 App,完成"**单元 6. 1-任务一:认识城市轨道交通火灾**"部分的测试。
>
> 请教师先在网页版或手机端职教云中完成该任务点的组题。

二、车站火灾的处理原则与方法

1. 车站火灾的处理原则

①贯彻"救人第一,救人与灭火同步进行"原则,积极施救。

②火灾发生的5min内是关键时期,灭火要把握好这个关键时期,做好两项工作:一是使用灭火器材灭火和疏散人员,二是同时报火警。

③做好个人防护,及时穿戴防烟面具、荧光服等防护用品。

④火灾发生后,车站行车值班员或司机应立即报告行调、公安,车站视情况报"119""110""120"。报告时语言应简明、扼要。

2. 车站火灾的处理程序

车站发生火灾时,人员往往由于 CO 中毒、缺氧窒息、火烧或高温烘烤,以及建筑物倒塌而伤亡。据测试,人们在地铁火灾事故中如果不能在 6 min 内迅速有效地逃生,就很难有生还的可能性。因此,地铁配备良好完善的应急处理设施和保障安全疏散通道的畅通显得尤为重要。

火灾的发现通常有车站控制室、OCC 的监控设备发现和现场作业人员、乘客发现两种情况。在确认火灾发生后,车站行车值班员、列车司机等有关作业人员必须迅速将火灾发生时间、地点和部位及其他有关情况向 OCC 和消防部门报告，并由 OCC 向公司、公安分局和有关部门报告。

车站火灾的分级处理见表6-3，应急处理流程如图6-1所示。

车站火灾的分级处理

表6-3

事件处理等级	车站火灾应急处理方法	行车组织调整
一级处置	局限于火情能直观确认在小范围内，周边无可燃物品，可判定火势无法蔓延，现场烟雾较小，能立即扑灭	正常运行
二级处置	现场火势猛烈或燃烧产生的烟雾较大（含燃烧部位不明确，无法现场判断），对乘客造成影响；火情事件导致乘客恐慌，并自行疏散	对行车组织进行调整，采取不停站通过
三级处置	发生纵火/爆炸等袭击事件、火灾已蔓延至轨行区或相邻防火分区	对事发车站所在区间停运，组织小交路运行，禁止列车进入事发车站，进入区间的列车安排退回，若不能退回，则不停站通过事发车站

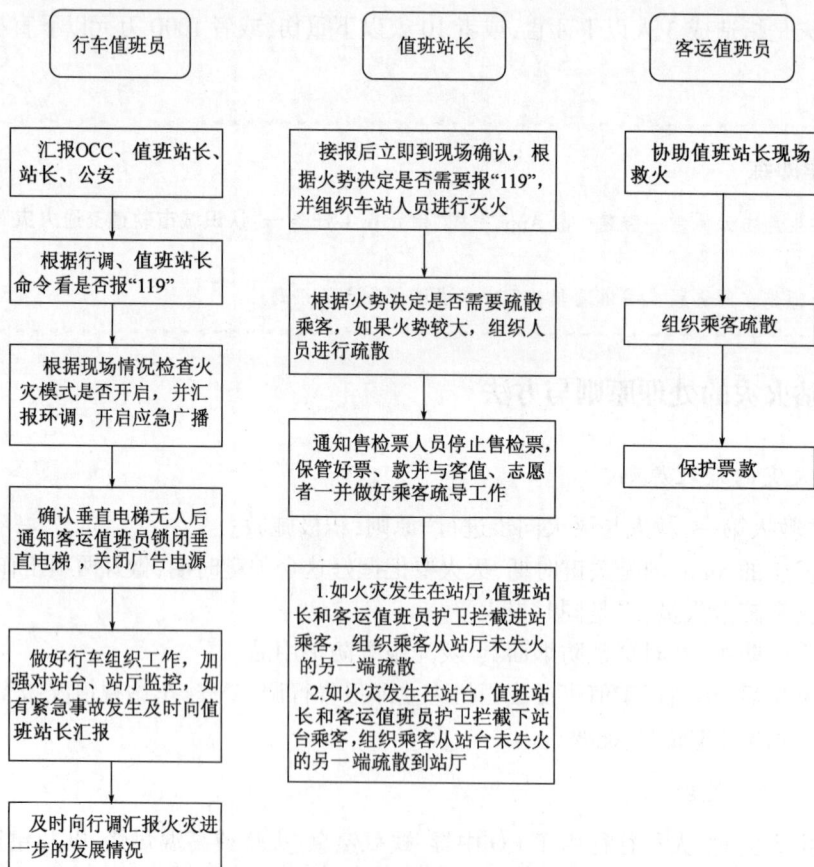

图6-1　车站火灾应急处理流程

车站火灾应急处理的基本程序如下：

①火警警报响起时，值班站长通过 FAS、BAS 确认报警位置，派1名车站站务员前往该范

围查看。

②车站站务员携带无线电对讲机前往事发地点,找出报警原因;实时通知值班站长是否发生火警,火警是否已触动了防火系统。

③如警报为误报,值班站长要及时通知行调及站内所有员工。

④若发生火警,现场员工视情况需要手动操作防火系统;或在安全的情况下,使用灭火器灭火;与现场保持安全距离,并警告其他人远离该处,直至消防人员到场。

⑤值班站长确定火警警报属实后,若火势较大,应立即通知行调召唤消防人员到场,并遵照车站疏散程序组织乘客撤离。

⑥启动车站排烟模式。

⑦乘客疏散完毕后,关闭车站出入口(紧急出入口除外)。

⑧如火势很大,值班站长应组织员工撤离车站到紧急集合地点集中,并安排人员在指定出入口引领消防人员到现场灭火。

⑨消防人员到场后,值班站长汇报有关情况,将灭火工作交给消防人员,并加入应急处理救援工作中。

⑩协助事故调查工作。

⑪值班站长接到可以恢复运营的指令后,清理现场,恢复运营。

3.车站火灾的应急疏散

车站发生火灾后,先进行灭火,判断火势无法扑灭时,首先要做好乘客的疏散组织工作,同时停止车站空调水系统,将地铁站的普通通风空调模式改为火灾情况下的通风模式。站务员必须熟练掌握本站各个区域的疏散组织路线,组织乘客远离火源和烟雾。按就近原则,在站台时,关停逆行的扶梯,从扶梯、楼梯上站厅后疏散,其疏散组织示意图如图 6-2 所示。在站厅时组织乘客往出入口疏散,其疏散组织示意图如图 6-3 所示。

乘客疏散完毕再疏散员工,车站站务员必须熟练掌握本站设备区的疏散路线,按照房内疏散指示图及疏散指示标志就近疏散出站。

个别结构复杂或特殊的车站为了满足火灾疏散需要,在站台两端、站厅、设备区尽头布置了紧急疏散专用通道,直接通往站外,车站站务员须按就近原则,组织乘客或员工从紧急疏散专用通道疏散出站。

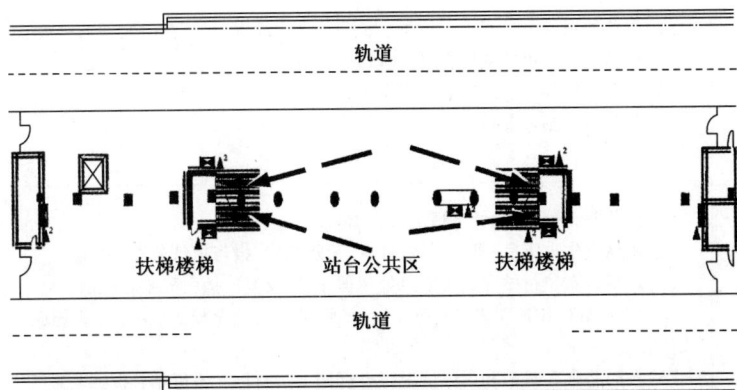

图 6-2 站台疏散组织示意图

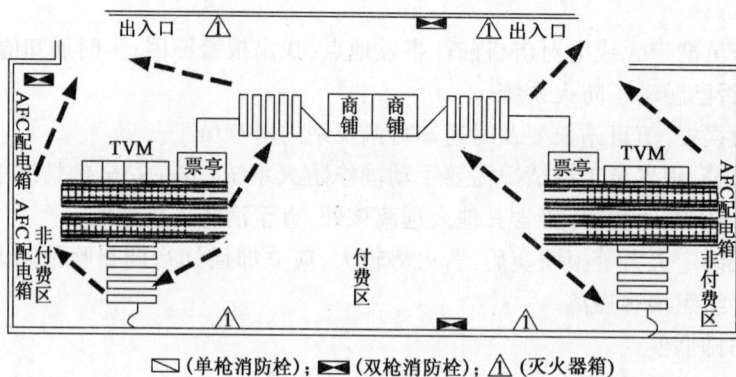

出入口 ⚠　　　　⚠ 出入口

AFC配电箱　AFC配电箱　非付费区　TVM　票亭　商铺　商铺　票亭　TVM　非付费区　AFC配电箱

付费区

▭(单枪消防栓)；◪(双枪消防栓)；⚠(灭火器箱)

图6-3　站厅疏散组织示意图

防毒面具使用方法　　抢险毛巾使用方法　　应急灯和强光手电使用方法　　呼吸器使用方法

▶▶▶ **即学即练**

　　请学生点击云课堂——智慧职教 App,完成"**单元6.1-任务二:车站火灾的处理原则与方法**"部分的测试。

　　请教师先在网页版或手机端职教云中完成该任务点的组题。

三、车站火灾的各岗位行动指引

1. 站厅公共区火灾的各岗位行动指引(表6-4)

站厅公共区火灾各岗位行动指引　　　　　　　　　　　　　表6-4

岗　　位	行　动　指　引
站厅站务员	(1)确认并报告车控室火灾位置、大小、火灾性质等,进行第一时间的灭火。 (2)确认火灾不可扑救后,立即疏散乘客出站。 (3)确认站厅乘客疏散完毕后报车控室。 (4)听从值班站长安排
行车值班员	(1)接收到火警信息后,将情况报告值班站长。 (2)确认发生火灾后,报告行调、环调、消防部门、报告地铁公安、"120"。 (3)广播宣布执行站厅火灾应急处理程序,并反复广播引导乘客疏散。 (4)按压 AFC 和自动扶梯紧急按钮,将闸机设为紧急模式,关闭广告照明,确认相应的火灾模式已启动。 (5)及时将乘客疏散和灭火情况报告行调,并与行调、值班站长保持联系

岗 位	行 动 指 引
值班站长	(1)接到火警通知后,立即到现场确认。 (2)确认发生火灾后通知车控室,宣布执行火灾应急处理程序,组织疏散乘客和灭火。 (3)消防队到现场后,将有关信息通报给消防负责人后,视情况组织员工灭火或撤退;当撤退时负责确认所有站内人员的疏散完毕。 (4)安排人员在出口拦截乘客进站
客运值班员	(1)接到执行火灾应急处理程序的通知后,收好钱和票,关闭客服中心电源,赶到车控室,确认所有闸机已设为紧急模式,相应的通风排烟模式开启,广告照明已关闭,扶梯已关停。 (2)完成1后,拿对讲机、手提广播到站厅组织乘客疏散。 (3)接收到站台乘客疏散完的信息后,最后确认站厅乘客全部疏散出站后报车控室。 (4)听从值班站长安排
售票员	(1)接到执行火灾应急处理程序的通知后,收好钱和票,关闭客服中心电源,将闸机和边门打开,关停站厅扶梯,疏散乘客出站。 (2)确认站厅乘客全部疏散出站后,报车控室。 (3)听从值班站长安排
站台站务员	(1)接到执行火灾应急处理程序的通知后,立即从远离火灾的一端疏散站台乘客,关停站台扶梯。 (2)当站台停有列车时,立即通知司机火灾信息,可将站台乘客疏散到列车上,通知司机立即关门动车。 (3)确认站台乘客疏散完后报车控室。 (4)听从值班站长安排
保洁人员	(1)接到执行火灾应急处理程序的通知后,到车控室拿"安民告示",到出入口进行张贴,并关停出入口扶梯。 (2)等候消防队到来后,引导到现场灭火
司机	(1)当行调通知在火灾站的后方站扣车时,在站台开门待令,并做好乘客广播。 (2)接到车站发生火灾的通知后,行调决定在火灾站停车时,司机做好乘客广播,通知车上乘客在该站不下车。 (3)如行调决定在火灾站通过时,司机做好乘客广播并加强瞭望确认进路。 (4)当列车停在火灾站时,立即关门动车开往下一站

2.站台火灾的各岗位行动指引(表6-5)

站台火灾各岗位行动指引

表6-5

岗 位	行 动 指 引
站台站务员	(1)确认并报告车控室火灾位置、大小、火灾性质等,进行第一时间的灭火。 (2)确认火灾不可扑救后,立即向站厅疏散乘客,并关停站台扶梯。 (3)确认站台乘客疏散完毕后报车控室。 (4)听从值班站长安排
行车值班员	(1)接收到火警信息后,命令站台岗到报警点确认火警,并将情况报告值班站长。 (2)确认发生火灾后,报告行调、环调、消防部门、报告地铁公安、"120"。 (3)广播宣布执行站台火灾应急处理程序,并反复广播引导乘客疏散。 (4)按压AFC和扶梯紧急按钮,将闸机设为紧急模式,关闭广告照明,确认相应的火灾模式已启动。 (5)及时将乘客疏散和灭火情况报告行调,并与行调、值班站长保持联系

岗　　位	行　动　指　引
值班站长	(1) 接到火警通知后,立即到站台确认。 (2) 确认发生火灾后通知车控室,宣布执行火灾应急处理程序,组织疏散乘客和灭火。 (3) 负责最后确认站台所有乘客已疏散完,及时将现场情况报车控室。 (4) 消防队到现场后,将有关信息通报给消防负责人后,视情况组织员工灭火或撤退;当撤退时负责确认所有站内人员的疏散完毕。 (5) 站厅安全时,到车控室指挥。 (6) 安排人员在出口拦截乘客进站
客运值班员	(1) 接到执行火灾应急处理程序的通知后,赶到车控室,确认所有闸机已设为紧急模式,相应的通风排烟模式开启,广告照明已关闭,扶梯已关停。 (2) 完成 1 后,拿对讲机、手提广播到站厅组织乘客疏散。 (3) 接收到站台乘客疏散完的信息后,最后确认站厅乘客全部疏散出站后报车控室。 (4) 听从值班站长安排
站厅站务员	(1) 关停站台自动扶梯,到站台协助灭火。 (2) 灭火工作交给消防队员后,到出口拦截乘客进站
售票员	(1) 接到执行火灾应急处理程序的通知后,收好钱和票,关闭客服中心电源,将闸机和边门打开,利用手提广播疏散乘客出站。 (2) 确认站厅乘客全部疏散出站后报车控室。 (3) 听从值班站长安排
保洁	(1) 接到执行火灾应急处理程序的通知后,去车控室取"安民告示",到出入口进行张贴,并关停出入口扶梯。 (2) 等候消防队到来后,引导到现场灭火
司机	(1) 当行调通知在火灾站的后方站扣车时,在站台开门待令,并做好乘客广播。 (2) 如行调决定在火灾站通过时,司机做好乘客广播并加强瞭望确认进路。 (3) 当列车停在火灾站时,立即关门动车开往下一站

3. 车站设备房(有气体保护)火灾的各岗位行动指引(表 6-6)

车站设备房(有气体保护)火灾各岗位行动指引　　　表 6-6

岗　　位	行　动　指　引
行车值班员	(1) 接收到火警信息后,通知值班站长、客运值班员立即到报警点确认。 (2) 确认发生火灾后,报告行调、环调、消防部门、地铁公安和"120",根据情况向行调申请列车在本站通过。 (3) 现场不能控制时,广播通知所有岗位执行设备区火灾应急处理程序,并反复广播引导乘客疏散。 (4) 按压 AFC 和自动扶梯紧急按钮,将闸机设为紧急模式。 (5) 及时将火灾情况报告行调,并与行调、值班站长保持联系。 (6) 需要员工疏散时,要确认广告照明、一般照明以及自动扶梯等已关闭,并要随身携带与行调联系的对讲机

岗　位	行 动 指 引
值班站长	(1)接到火警通知后,立即携带相应钥匙等与客运值班员到现场确认。 (2)将报警房间外的气体控制打为手动,通过闻和触感房门的温度判断是否发生火灾。 (3)初步判断无发生火灾、气体无喷放时,打开房间门观察确认(如为高/低压室,不可直接进入)。 (4)确认发生火灾后,立即关闭房门,手动操作释放气体灭火。 (5)当火灾不可控制时,担任事故处理主任,宣布执行设备区火灾应急处理程序,组织疏散。 (6)消防队到现场后,将有关信息通报给消防负责人后,据情况组织员工撤退并负责确认所有站内人员疏散完毕。 (7)安排人员在出口拦截乘客进站
客运值班员	(1)接到火警通知后,立即与值班站长赶到现场确认。 (2)配合值班站长进行现场确认,当值班站长需要进入房间确认时,负责维持房门敞开状态,并及时进行信息传递。 (3)火灾不可控制时,立即赶到车控室,在综合监控系统(ISCS)上确认相应的火灾模式开启(注意确认疏散指示开启)。 (4)确认所有闸机已设为紧急模式,关闭广告照明,按照环调的指示操作有关设备,确认行车值班员报警情况。 (5)协助灭火
站厅站务员	(1)关闭自动扶梯。 (2)到出口拦截乘客并作好解释工作进站
站台站务员	(1)接到执行火灾应急处理程序的通知后,立即组织站台乘客向站外疏散。 (2)确认站台乘客疏散完毕后报车控室。 (3)协助灭火
售票员	(1)接到执行火灾应急处理程序的通知后,收好钱和票,关闭客服中心电源,将闸机和边门打开,利用手提广播疏散乘客出站。 (2)确认站厅乘客全部疏散出站后报车控室。 (3)听从值班站长安排
保洁	(1)接到执行火灾应急处理程序的通知后,到车控室拿"安民告示",到出入口进行张贴,并关停出入口扶梯。 (2)等候消防队到来后,引导到现场灭火
司机	(1)当行调通知在火灾站的前方站扣车时,在站台开门待令,并做好乘客广播。 (2)接到车站发生火灾的通知后,行调决定在火灾站停车时,司机做好乘客广播,通知车上乘客在该站不下车。 (3)如行调决定在火灾站通过时,司机做好乘客广播并加强瞭望确认进路。 (4)当列车停在火灾站时,立即关门动车开往下一站

4. 车站设备房(无气体保护)火灾的各岗位行动指引(表6-7)

车站设备房(无气体保护)火灾各岗位行动指引   表6-7

岗 位	行 动 指 引
行车值班员	(1)接收到火警信息后,立即通知值班站长、客运值班员到报警点确认。 (2)确认发生火灾后,报告行调、环调、消防部门、地铁公安和"120",根据情况向行调申请列车在本站通过。 (3)现场不能控制时,广播通知所有岗位执行设备区火灾应急处理程序,并反复广播引导乘客疏散。 (4)按压AFC和扶梯紧急按钮,将闸机设为紧急模式。 (5)及时将火灾情况报告行调,并与行调、值班站长保持联系,确认保洁人员到紧急出口外接消防人员。 (6)撤退时,随身携带与行调联系的对讲机
值班站长	(1)接到火警通知后,立即携带相应房间钥匙等到现场,确认发生火灾后,担任事故处理主任,宣布执行设备区火灾应急处理程序,组织灭火。 (2)确认火灾不可控制时,关闭火灾房间的防火门,及时组织疏散乘客。 (3)消防队到现场后,将有关信息通报给消防负责人后,视情况组织员工灭火或撤退;当撤退时负责确认所有站内人员的疏散完毕。 (4)安排人员在出入口拦截乘客进站。 (5)负责与各方的协调与沟通
客运值班员	(1)接到火警通知后,立即赶到现场,确认火灾不可控制时,立即赶到车控室,在综合监控系统(ISCS)上确认相应的火灾模式开启(注意确认疏散指示开启,下同)。 (2)确认所有闸机已设为紧急模式,按照环调的指示操作有关设备,确认行车值班员报警情况。 (3)听从值班站长安排
站厅站务员	(1)关闭自动扶梯。 (2)到出口拦截乘客并作好解释工作进站
站台站务员	(1)接到执行火灾应急处理程序的通知后,立即组织站台乘客向站外疏散。 (2)确认站台乘客疏散完毕后报车控室。 (3)听从值班站长安排
售票员	(1)接到执行火灾应急处理程序的通知后,收好钱和票,关闭客服中心电源。 (2)将闸机和边门打开,利用手提广播疏散乘客出站。 (3)确认站厅乘客全部疏散出站后报车控室。 (4)听从值班站长安排
保洁	(1)接到执行火灾应急处理程序的通知后,到车控室拿"安民告示",到出入口进行张贴,并关停出入口扶梯。 (2)等候消防队到来后,引导到现场灭火
司机	(1)当行调通知在火灾站的前方站扣车时,在站台开门待令,并做好乘客广播。 (2)接到车站发生火灾的通知后,行调决定在火灾站停车时,司机做好乘客广播,通知车上乘客在该站不下车。 (3)如行调决定在火灾站通过时,司机做好乘客广播并加强瞭望确认进路。 (4)当列车停在火灾站时,立即关门动车开往下一站

注:①当进行现场处理时,要注意做好个人防护。

②当员工需撤离到站外时,需到紧急出口处进行集中,由值班站长点名确认,并向行调留下联系人及其电话。

③换乘站发生类似紧急情况时,车站要进行联动处理。

④对于站厅站务员岗和站台岗合并的车站,由事故处理主任根据车站实际情况做好人员岗位的安排。

技能训练

1. 演练目的

通过分组、分角色模拟演练车站火灾,帮助学生熟练掌握车站火灾组织方案的实施配合流程,学生通过教师点评和观察其他组的模拟演练得到提高,提高应急处理能力。

2. 人员安排

环控调度员、行调、站区长、民警、安保部领导、消防部门、"120"、消防队员、值班站长、行车值班员、客运值班员、售票员、站厅站务员 2 名、站台站务员、保安、乘客。部分岗位可由其他岗位兼任。

3. 物资准备

喊话器、应急疏散指示灯、担架、急救箱、对讲机、手提式钱箱等。

4. 演练情境假设

某日,站台保洁休息室因微波炉开关短路引燃堆积的杂物,车控室 FAS 报警。行车值班员接到报警后,立即派人赶到火灾事故现场,确认火灾是否属实,能否进行先期扑灭,接到现场人员确认后(并且不能扑灭初期火灾)后,车站立即启动火灾应急预案,直至火灾扑灭,人员撤出危险区域,且持续时间约 0.5h。

5. 演练流程

(1)行车值班员发现 FAS 发出火灾报警信号,通过 FAS 主机信息确定着火地点后,客运值班员携带对讲机迅速赶到现场进行确认。

(2)客运值班员到达着火地点后,发现原因是室内杂物起火燃烧,火势较大,影响乘客安全及设备、设施,不能进行人工扑救,立即向行车值班员报告现场情况。

(客运值班员:"行车值班员,站台保洁休息室内发生大火,现无法扑救,请求救援。")

(3)行车值班员收到汇报后,立即报告值班站长,值班站长命令启动车站火灾应急预案并赶往车控室,通知售票员停止售票,携带喊话器和应急疏散指示灯,赶赴站厅层组织工作人员疏散乘客。

(行车值班员:"值班站长,站台保洁室发生大火,现无法扑救,请求救援。")

(值班站长:"行车值班员,请通知各岗位人员启动火灾应急预案。")

(4)行车值班员立即通过广播告知各岗位员工启动预案(仅播放设备房及办公区域广播 2遍),根据突发事件汇报程序依次上报(环调、行调、站区长、值班民警、安保部、119 和 120),并通知消防队员到站支援。

(行车值班员:"报告环调,某站保洁室发生火灾,车站现已启动应急预案。")

(行车值班员:"报告行调,某站保洁室发生火灾,车站现已启动应急预案。")

（行车值班员："报告站区长，某站保洁室发生火灾，车站现已启动应急预案。"）

（行车值班员："报告民警，某站保洁室发生火灾，车站现已启动应急预案，请求支援。"）

（行车值班员："报告安保部，某站保洁室发生火灾，车站现已启动应急预案。"）

（行车值班员："'119'，某站发生火灾，请求救援。"）

（行车值班员："'120'，某站发生火灾，有人受伤，请求救援。"）

（5）行车值班员按压 AFC 紧急按钮，释放所有闸机。播放紧急疏散广播，并保持与调度中心联系。

（行车值班员："各位乘客请注意，因车站发生紧急情况，请保持镇静并听从车站工作人员的指引，尽快离开车站，谢谢合作。"）

（6）值班站长到达站厅，站台和站厅层各工作人员在值班站长的组织下，迅速执行预案，引导乘客进行疏散：

（值班站长："站厅站务员 1 将靠车控室方向出站的乘客引导至 D 口出站"）

（值班站长："站厅站务员 2 将靠正街方向出站的乘客引导至 B 口出站"）

（值班站长："保安请阻止乘客进站，并等待消防人员到达"）

①站台站务员迅速引导站台乘客向站厅层疏散。

②站厅站务员 1 在闸机外引导乘客分别从 B 口、D 口进行疏散。

③站厅站务员 2 在另一边的进站闸机外阻止乘客进站，并用喊话器告知站厅乘客疏散。

④售票员停止售票，迅速锁好车票及现金，关好门窗，打开边门，在客服中心外引导乘客疏散。

⑤保安迅速到 B 口、D 口控制乘客进站，迎候消防人员并带到起火点。

（①-⑤："各位乘客请注意，因车站发生紧急情况，请从 B 口、D 口尽快离开车站，不要拥挤，谢谢合作。"）

备注：现场喊话使用，"各位乘客请往这边出站，注意安全，听从工作人员指引"。

（7）站台站务员在疏散乘客的过程中，发现其中一名女性乘客摔倒在地，立即上前安抚乘客，了解受伤情况，随后，立即通知值班站长该乘客伤势较重，因离起火点较近，需使用担架转移。

（站台站务员："值班站长，站台有一女乘客在疏散过程中摔伤，需要担架救助疏散"）

（8）值班站长利用对讲机通知客运值班员，携带担架急救箱立即赶赴站台。

（值班站长："请客运值班员携带担架和医药箱立即赶赴站台，救助乘客疏散。"）

（9）消防人员赶到时工作人员必须坚守各自岗位，并配合消防人员进行灭火和乘客救助工作，直至火灾被扑灭。

（10）消防人员赶赴车站，保安人员将消防人员带到起火现场，进行灭火救援。

（11）客运值班员和消防人员将受伤乘客抬上担架，通过边门抬到车控室外进行应急救治。值班站长留在站台疏散剩余乘客，并随时注意火情变化。

（12）医护人员及"120"救护车到达车站，客运值班员将受伤乘客移交"120"救护，立即将情况通知行车值班员。

（客运值班员："行车值班员，受伤乘客已安全移交'120'处置。"）

（13）车站火灾扑灭，车站工作人员配合消防人员调查。

（14）行车值班员向环控调度员、行调、站区长和安保部汇报车站火灾扑灭，乘客救援等情况并分别将整个事件情况简要地向以上部门汇报。

236

(行车值班员:"报告环控调度员,某站火灾已扑灭,所有乘客已经疏散出站。")

给其他领导汇报用语相同。

(15)行车值班员汇报完毕后向值班站长报告。

(行车值班员:"值班站长,现已将车站情况向上级部门汇报完毕。")

(值班站长回答:"明白"。)

6.考核评价

项目及配分		考核内容及评分标准
操作程序	70分	(1)实训前的准备工作是否完整,每缺一处扣3分
		(2)应急处理程序是否完整,每缺一处扣3分
		(3)各岗位职责分工是否正确,每错一处扣3分
		(4)各岗位标准用语是否正确,每错一处扣3分
安全及其他	30分	(1)未按规定穿戴个人劳保用品,每少一件扣5分
		(2)未按规定进行操作扣5分
		(3)出现设备损坏、人身伤害扣4分
		(4)每超时1min扣6分,超时2min停止考核
合计		100分

单元6.2 乘客意外伤害事件应急处理

学情检测

1.《城市轨道交通运营管理办法》规定,下列( )不是禁止危害城市轨道交通正常运营的行为。

    A.随地吐痰　　　　　　　　　　B.带小孩乘车

    C.跨越围墙　　　　　　　　　　D.携带宠物乘车

2.如果工作人员在车站发现有乘客受伤、晕倒,应及时上报( )。

    A.行车调度　　　　　　　　　　B.值班站长

    C.司机　　　　　　　　　　　　D.保安

3.在下列客伤事件类别中,发生频率最高的是( )。

    A.自动扶梯摔伤　　　　　　　　B.车门站台门夹伤

    C.站内摔伤　　　　　　　　　　D.脚踏列车站台空隙

4.在下列不同年龄的乘客中,客伤事件发生频率最高的是( )。

    A.儿童　　　　　　　　　　　　B.青年人

    C.中年人　　　　　　　　　　　D.老年人

5.在下列时段中,客伤事件发生频率最高的是( )。

    A.10:00—13:00　　　　　　　　B.13:00—16:00

    C.16:00—19:00　　　　　　　　D.19:00—22:00

一、认识乘客意外伤害事件

1. 地铁客伤事件的定义

地铁客伤是指地铁列车在运输过程中或在站厅、站台、地铁拥有产权的通道、出入口等范围出现乘客(包括非在岗作业的地铁员工)伤亡事件。随着客流增长,客伤量也明显增加,尤其是扶梯客伤的持续发生,同时由于社会关注度及乘客维权意识的日益增强,地铁客伤事件呈现"难控制、难处置、难善后"的特点。

客伤事件发生的时间段集中发生在早高峰后及晚高峰期间,是每天控制客伤事件发生的重点时段。同时,节日期间随客流增大而增多,也是客伤事件发生的高峰时间。经对客伤事件的类别进行统计,乘客在自动扶梯上受伤与车门、站台门夹伤事件占客伤事件的大多数。

2. 地铁客伤事件的分类

按其程度可分为轻伤、重伤、死亡三种。

①轻伤。伤害程度不及重伤者。

②重伤。肢体残废、容貌损毁,视觉、听觉丧失及器官功能丧失,具体参照司法部颁发的《人体重伤鉴定标准》。

③死亡。

3. 地铁客伤事件的分级

客运伤亡事件一般分为六个等级:轻伤事件、重伤事件、一般伤亡事件、重大伤亡事件、特大伤亡事件、特别重大伤亡事件。

①轻伤事件是指只有轻伤没有重伤和死亡的事件。

②重伤事件是指有重伤没有死亡的事件。

③一般伤亡事件是指一次造成死亡1~2人的事件。

④重大伤亡事件是指一次造成死亡3~9人的事件。

⑤特大伤亡事件是指一次造成死亡10~29人的事件。

⑥特别重大伤亡事件是指一次造成死亡30人以上的事件。

▶▶▶**即学即练**

请学生点击云课堂——智慧职教 App,完成"**单元 6.2-任务一:认识乘客意外伤害事件**"部分的测试。

请教师先在网页版或手机端职教云中完成该任务点的组题。

二、乘客意外伤害事件的处理原则与方法

地铁客伤不仅影响地铁运营秩序和服务形象,伤害乘客感情,也导致一定人员伤亡和财产损失。对地铁客伤进行有效预防及控制是地铁运营中的一个重要课题。

1. 客伤事件的处理原则

地铁运营中发生人身伤亡事故,按照"先救人,后救物,高度集中,统一指挥"的原则处理。坚持就近处理的原则:运营伤亡事故发生时,在上一级领导到达现场前,由车站站长、值班站长、值班主任或 OCC 指定人员担任现场临时应急处理负责人;在上级领导到达现场后,则由上级领导担任现场指挥。

①车站在处理客伤事件时要以维护轨道交通企业形象、保护轨道交通企业最大利益为原则,以人为本,为乘客提供必要的帮助。

②车站在处理客伤事件时要第一时间进行取证,尽可能得到旁证及当事人签字确认。以事实为依据,客观记录,充分留下原始资料。

③及时将(前期)处理结果报告相关部门,以备后续处理。

2. 客伤事件的处理程序

某地铁公司乘客受伤处理程序如下:

①车站现场工作人员发现或接到受伤乘客求救时,应立即报告当值值班站长并赶赴现场,了解伤(病)者情况及初步原因。

②如因地铁设备造成事故,应立即停止该设备运作(影响列车运行的设备除外),并报告车站控制室。

③疏散围观群众,寻找目击证人,收集、记录有关证人资料。

④必要时,对乘客外伤进行简单的包扎处理。

⑤如有调查需要,应保护好现场,必要时对有关区域进行隔离,并用相机记录现场有关情况。

⑥必要时,根据值班站长安排,站务人员到紧急出入口引导急救中心人员进站。

⑦必要时协助警方进行事故调查。

3. 客伤事件的各岗位行动指引(表6-8)

客伤事件各岗位行动指引   表6-8

岗　位	行　动　指　引
值班站长	(1)马上赶赴现场,疏散围观乘客。 (2)安抚乘客并与乘客进行沟通了解情况。 (3)对伤势轻微的伤者或需要急救者进行简单救助。如果伤者要求或伤势严重时,应及时拨打120急救电话。 (4)寻找目击证人,做好取证记录。 (5)安排人员保护现场(如需恢复现场应在恢复现场前进行拍照取证)并做好记录,收集有关资料,并协助保险公司或公安进行处理。 (6)如因地铁设备造成事故,应停止该设备运作(影响列车运行的设备除外),并通知维修责任部门到现场检查处理,并出具相关运行记录。 (7)汇总资料,上报车务部综合技术室和安全监管监察部门
行车值班员	(1)立即报行调和保险公司,视情况请求急救中心和地铁公安支援,进行信息汇报。 (2)派人到指定出入口引导急救中心人员进站。 (3)将情况报告站长、车务部有关人员。 (4)通过 CCTV 观察现场,加强与值班站长、行调联系。 (5)尽可能联系伤者家属

岗　位	行　动　指　引
车站其他员工	(1)需要时,对乘客外伤进行简单救护。 (2)疏散围观乘客,协助寻找两名目击证人记录证人有关资料,以便协助调查。 (3)设置隔离带,保护好现场。 (4)协助事故调查
行调	(1)接到报告后,报告值班主任。 (2)如事件影响列车运行,则应扣停列车、调整列车的运行。 (3)进行信息汇报

4.客伤事件的责任划分

轨道交通客运伤亡事件责任可分为轨道交通责任和非轨道交通责任两类。

①乘客自验票进入闸机时起至出闸机时止,对运输期间发生的乘客人身伤害,轨道交通承担运输责任,包括(但不限于)以下情况:

a.轨道交通设备设施损坏未及时修复且未设置警示、防护造成的。

b.轨道交通施工作业造成的。

c.列车紧急制动造成的。

d.轨道交通范围内的垂直电梯、自动扶梯突然停止运行或启动造成的。

e.站台门、车门夹人造成的(属乘客强行上下列车的情况除外)。

f.轨道交通设备设施(垂直电梯、自动扶梯、站台门、车门、闸机等)发生故障造成的。

g.车站或列车内湿滑未及时清理或未设置防护警示造成的(因不可抗力造成的除外)。

h.闸机夹人造成的(乘客强行出闸,无票尾随出闸等情况除外)。

②其他非乘客自身责任在付费区造成的:

a.无票人员在轨道交通付费区内发生的人身伤亡,比照乘客办理。

b.无票人员(包括已购票但未入验票闸的人员)在轨道交通非付费区内发生的人身伤亡,因轨道交通设备设施或管理所致的,比照乘客办理;因其自身原因所致的,原则上不予承担责任。

③有下列情形之一造成的乘客人身伤害,轨道交通不承担运输责任:

a.违反"轨道交通运营管理办法"而造成的乘客本人或他人伤害。

b.不可抗力造成的乘客人身伤害。

c.自身健康原因造成的乘客本人或他人伤害。

d.能证明是故意、重大过失造成的乘客本人或他人伤害。

e.因第三者责任(包括斗殴或制止斗殴)造成乘客人身伤害时,受害者直接向施害的第三者索赔,轨道交通公司原则上不予承担责任。

f.利用轨道交通站通道穿行或在车站逗留、休息等无票人员因自身原因造成的伤亡,轨道交通车站只提供基本援助(如拨打120急救电话等),原则上不予承担责任。

▶▶▶ **即学即练**

　　请学生点击云课堂—智慧职教 App,完成"**单元 6.2-任务二:乘客意外伤害事件的处理原则与方法**"部分的测试。
　　请教师先在网页版或手机端职教云中完成该任务点的组题。

三、自动扶梯客伤事件应急处理

1.自动扶梯客伤事件的处理程序

①值班站长接到事故报告后,迅速组织人员赶赴现场。

②如果事故情况较为严重须临时关闭自动扶梯的,要立即启动紧急停机装置。其间要做好对正在乘坐扶梯人员的提醒工作。关闭自动扶梯后,要封锁自动扶梯的上下两端(图6-4),并对乘客做出"该扶梯停止使用"的文字说明。

图6-4　自动扶梯维保隔离栏

③对受害人员进行紧急救治。如果伤者伤势较轻且车站有能力救护的情况下,将伤者带离事故现场进行解决。否则,立即拨打"120"急救电话,在至少有一名车站员工陪同的前提下,前往指定医院进行救治。

④挽留目击者,了解事故概况并做好记录,同时保留目击者的个人资料(姓名、住址、单位、联系方式等)。

⑤如果受害人已经死亡,应向驻站警务人员报告,并协助进行处理。在处理过程中,要对事故现场进行隔离,疏散围观群众,维护正常的运营秩序。

⑥事故处理完毕后,要尽快清理事故现场并对自动扶梯进行相应检查。待其性能良好后立即恢复正常运行。

自动扶梯客伤处理

2.自动扶梯客伤事件的各岗位行动指引(表6-9)

自动扶梯客伤事件各岗位行动指引　　　　　　　　　　　　表6-9

岗　　位	行　动　指　引
现场(或首先赶到的)员工	(1)现场发现或接收到扶梯发生人员伤亡事故的信息后,立即到现场处理。 (2)大声通知乘客紧急停止,请抓住扶手后,按下紧急停止按钮,引导其他乘客安全离开扶梯。

241

岗 位	行 动 指 引
现场(或首先赶到的)员工	(3)将现场情况报告给车控室。 (4)并挽留至少两名目击者做证人。 (5)将目击证人移交给客运值班员处理。 (6)听从值班站长指挥,协助安抚伤员
行车值班员	(1)通知值班站长,客运值班员以及离现场近的岗到现场处理,安排人员到现场维持秩序,封锁现场。 (2)报中心站长、地铁公安、"120"、行调、部门客伤负责人。 (3)安排人员暂停扶梯的使用,并做好防护,未得到事故处理负责人的允许,严禁任何人动用该扶梯。 (4)安排保洁(或其他员工)到车站出入口接应"120"救护人员,记录"120"救护人员到达车站时间和离开车站时间。 (5)记录好整个事件处理经过的时间
值班站长	(1)担任事故处理主任赶往现场,初步确认现场受伤乘客人数,伤情及扶梯周边客流情况,判断是否需要相关车站派人支援,确认需要支援的地点,人数及工作内容,确保支援人员准确,及时到位。 (2)做好现场取证工作。 (3)转移受伤乘客到自动扶梯到旁边的空地,安排人员对受伤乘客进行安抚和初步的救治。 (4)如果受伤人数较多的,对于伤势较轻的金额已征询乘客意见后转移到车站会议室,做好乘客的安抚工作;对于伤势较重者就地进行关心和询问,安慰其耐心等待"120"的救助,并根据现场情况进行围蔽,但要保持必要的通风。 (5)如果受伤乘客已经昏迷时,安排人员将乘客转移到客流较少的出入口通道内。 (6)如果受伤乘客身体部位被扶梯卡住无法取出的,确认受伤部位和乘客状况,立即拨打"119""120"。 (7)密切留意现场是否有乘客用手机拍照或打电话的情况,如发现有异常情况的,及时安排人员上前表示关心和慰问,分散其注意力。 (8)现场伤者转移完毕,扶梯设备经维修人员检修确认安全后,车站现场恢复运营秩序(如公安机关要求保持现场状况的,按公安要求办理)
客运值班员	(1)到现场负责专项跟进目击证人工作并将目击证人带到会议室书写目击经过。 (2)对现场扶梯警示标识,地面状态及伤员情况等进行拍照、录音。 (3)对于伤势较轻能自行走动的乘客安排其他员工扶他们到会议室等地进行笔录等工作
保洁(或其他员工)	在车站出入口接应120救护人员到事发现场

▶▶▶ **即学即练**

请学生点击云课堂——智慧职教 App,完成"**单元 6.2-任务三:自动扶梯客伤事件应急处理**"部分的测试。

请教师先在网页版或手机端职教云中完成该任务点的组题。

四、车门、站台门夹人夹物事件应急处理

1. 车门、站台门夹人夹物(列车未启动)的应急处理(表6-10)

车门、站台门夹人夹物(列车未启动)时各岗位行动指引   表6-10

岗 位	行 动 指 引
站台保安/站台人员	(1)发现列车车门、站台门夹人夹物且没有自动弹开释放,立即就近按动紧急停车按钮(在去按压紧停按钮的途中,可向司机显示停车手信号)。 (2)在赶赴现场查看的同时将情况报告车控室。 (3)将人或物撤出后,向车控室报告,并向司机显示"好了"信号;值班站长到场后,协助调查处理
行车值班员	(1)发现异常或接到报告后,通知值班站长前往处理,并向行调汇报。 (2)通过CCTV观察现场情况。 (3)需要时,通知地铁公安到现场协调处理。 (4)接到人或物撤出通知后,取消紧停,并汇报行调
值班站长	(1)赶赴现场处理,调查事件原因。 (2)如果发生客伤事故,按"客伤处理程序"办理。 (3)如果是乘客抢上抢下造成时,寻找目击证人,并记录详细资料。 (4)事件处理完毕后,将有关情况通报行调。对乘客进行教育,对蛮不讲理的乘客,通知地铁公安到场处罚
司机	(1)如果接到报告或观察到夹人夹物及站台人员显示停车手信号后,应重新打开车门和站台门,待人和物撤离后,再关闭站台门和车门。 (2)如果司机发现而站台保安未发现夹人夹物处所时,应通过端墙直通电话通知车控室。 (3)凭站台保安"好了"信号,关闭车门和站台门,确认车门、站台门无夹人夹物及站台门和车门之间空隙无滞留人或物。 (4)凭行调指令动车
行调	(1)接到报告后,了解现场情况,必要时,指示有关人员按章处理,监控事件处理经过和结果,提醒相关人员防止夹人夹物开车。 (2)接到事件处理完毕报告后,提示司机动车

2. 车门、站台门夹人夹物(列车已启动)的应急处理(表6-11)

车门、站台门夹人夹物(列车已启动)时各岗位行动指引   表6-11

岗 位	行 动 指 引
站台保安/站台人员	(1)发现列车车门、站台门夹人夹物,列车已启动,立即就近按动"紧急停车"按钮。 (2)立即将情况报告车控室,如列车尚未出站且所在位置在站台有效范围内,应前往夹人夹物现场了解情况和处理。 (3)如果列车未停车,应立即报车控室
行车值班员	(1)发现异常或接到报告后,立即向行调汇报,并通知值班站长到现场处理(如列车未停止运行,应立即向行调汇报,不能与行调立即通话时,应通知前方站扣停列车进行处理)。 (2)利用CCTV观察现场情况;需要时,通知地铁公安现场协调处理。 (3)接到行调通知后,取消紧停,恢复正常运作

岗　　位	行　动　指　引
值班站长	(1)赶赴现场,协助司机处理。 (2)调查事件原因,并检查是否对车站设备造成影响,将有关情况通报行调
行调	(1)接到报告后,通知司机前往现场处理。 (2)通知前方站安排人员到指定车厢了解情况和采取相应的处理措施。 (3)接到司机夹人夹物事件处理完毕报告后,通知车站取消紧停,指示司机动车。 (4)如对设备造成影响时,还应通知相关部门前往处理和指示后续列车的运行
司机	(1)列车产生不明原因紧急制动后汇报行调(如运行中获知夹人或夹物信息应立即停车)。 (2)接到行调(乘客报警)有关夹人夹物处理指示后确认具体位置,做好乘客安抚广播。 (3)携带800M对讲机前往现场采用单个车门紧急解锁方式处理(解锁前要确保附近乘客的安全)严禁按压司机室门控按钮开门。 (4)处理完毕后,恢复车门,汇报行调,凭行调指令动车

3. 非站台侧车门夹人夹物的应急处理

①接到行调通知或紧急报警得知车门夹人夹物后,前往现场处理(携带800M对讲机)。

②采用单个车门紧急解锁方式妥善处理夹人夹物(解锁前要确保附近乘客的安全)。处理完毕,恢复车门。

③如果在站台则根据站台工作人员"好了"手信号关门,确认车门、站台门无夹人夹物。如果在区间则汇报行调。

▶▶▶**即学即练**

请学生点击云课堂——智慧职教App,完成"**单元6.2-任务四:车门、站台门夹人夹物事件应急处理**"部分的测试。

请教师先在网页版或手机端职教云中完成该任务点的组题。

五、乘客意外伤害事件紧急救护

1. 机车车辆伤害急救

①在作业中,当发生机车车辆伤害时,应立即停车救人。如果是在正线发生时,必须先将伤者抬出线路抢救,然后恢复行车。

②其他发现人员要立即用绳子、布条、铁丝等物品,若没有时,徒手对伤者的受伤部位从近心脏端采取捆扎、按压等有效的止血措施,扎紧伤口减少和防止流血。同时,利用事发现场合适的交通工具,立即护送伤者去就近医院救治。事发现场没有交通工具或地处偏僻时,必须立即拨打"120"急救电话,同时,采取措施护送伤者到交通便利地点等候。

③受伤情况严重时不准乱动伤者,就地等待医护人员到来,防止受伤人员失血过多导致死亡。

2. 触电伤害急救

当发现接触网断线、隔离开关等电气化设备异常或电器故障时,禁止与之接触,必须在10m以外的安全距离处进行防护,并通知有关人员进行处理。

当发生作业人员触电伤害事故时,首先要利用安全工具尽快使其脱离电源或切断电源。主要操作方法如下。

(1)关闭电源开关

对于高压触电事故,可采用下列方法使触电者脱离电源。

①立即通知有关部门断电。

②带上绝缘手套,穿上绝缘靴,用相应电压等级的绝缘工具按顺序拉开开关。

③抛掷裸金属线使线路短路接地,迫使保护装置动作,断开电源。注意:抛掷金属线之前,先将金属线的一端可靠接地,然后抛掷另一端;抛掷的一端不可触及触电者和其他人。低压触电时,现场或救护人员应立即采取措施迅速地关闭开关、拉下电闸、拔出插头或取下保险,使触电者尽快脱离电源。

(2)切断电线

对于低压触电时可用电工钳剪断电线,或用木柄刀、斧、锄、铲等斩断电源线,也可用搭通火线、零线造成短路,使总电源跳闸等方法来切断电源。高压触电时禁止采取此法。

(3)挑开电源线

低压触电时如果无法采用上述方法,可应该迅速寻找干燥的木棒、竹竿等,将触电者身上的电源线挑开,禁止使用金属杆(棒)以及潮湿的物体挑电源线,注意不要使电线弹到自己身上。高压触电时禁止采取此法。

(4)拉开触电者

低压触电时如上述方法均不能救出触电者,触电者又伏在带电物体上时,则可用干绳子、布单等套在触电者身上,将其拉出,也可戴上绝缘手套将其拉出。此时,现场或救护人员应特别注意自身保护,比如站在厚木板或棉被等绝缘物体上。严禁用手直接去拉触电者,以防引起连锁触电。

(5)注意防摔

防止触电者脱离电源后可能的摔伤,特别是当触电者在高处的情况下,应考虑防摔措施。即使触电者在平地,也要注意触电者倒下的方向,注意防摔。

(6)现场抢救

①对触电者的抢救要尽量创造条件就地实施抢救,不要搬动触电者,要最大限度地争取抢救时间。

②触电者如果出现心跳停止,现场或救护人员应首先进行心前区叩击数次,若无效时则进行胸外心脏按压。

③触电者如呼吸停止,立即进行人工呼吸。具体方法为:先让窒息、休克人员平躺,然后微微上抬其颈部打开气道,双手交叉按压其心脏部位,连续按压5次后,捏住鼻子,深吸一口气,嘴对嘴向其体内吹气和吸气,依次类推,直至其苏醒。

④如果触电者伤势严重,心跳、呼吸均停止,应同时采用人工呼吸与心脏按压进行抢救。

⑤对触电受伤症状较轻或经抢救好转时,应让其安静地休息,在送往医院途中要注意观察,防止病情突然加重。

⑥对局部灼伤的伤口给予覆盖包扎。

⑦对因触电造成的其他伤害,如机械伤害、出血、骨折等,应采取相应的救护措施。

⑧在现场救护的同时迅速拨打"120"急救电话转送医院,注意途中不可停止抢救。

⑨在抢救过程中,如果发现触电者皮肤由紫变红,瞳孔由大变小,则说明抢救收到了效果;如果发现触电者嘴唇稍有开、合,或眼皮活动,或喉头有咽东西的动作,则应注意其是否有自主心脏跳动和自主呼吸。触电者能自主呼吸时,即可停止人工呼吸。如果人工呼吸停止后,触电者仍不能自主呼吸,则应立即再做人工呼吸。

⑩对有心脏病、高血压病史的人员不要随便移动,使其平躺后,立即在其身上寻找"速效救心丸"等急救药品,给其服下。

3. 火灾伤害急救

①发现火灾后,及时拨打"119"电话报告火情,讲清起火单位的名称、地点、燃烧物的性质、有无被困人员、有无爆炸和毒气泄漏、火势情况、报警人的姓名、电话号码等,并说出起火部位及附近有无明显的标志,然后派人到路口迎候消防车。

②有组织地疏散人员,避免发生混乱现象,造成人员伤亡扩大。

③对受伤者要尽量就地实施抢救,要最大限度地争取抢救时间。

a. 如果受伤者出现心跳停止,现场救护人员应首先进行心前区叩击数次,若无效时则进行胸外心脏按压。

b. 如果受伤者呼吸停止,立即进行人工呼吸。具体方法为:先让窒息、休克人员平躺,然后微微上抬其颈部打开气道,双手交叉按压其心脏部位,连续按压 5 次后,捏住鼻子,深吸一口气,嘴对嘴向其体内吹气和吸气,依次类推,直至其苏醒。

c. 如受伤者伤势严重,心跳、呼吸均停止,应同时采用人工呼吸与心脏按压进行抢救。

d. 对局部烧伤的伤口进行覆盖包扎。

e. 对受伤症状较轻或经抢救好转时,应让其安静地休息,在送往医院途中要注意观察,防止伤情突然加重。

▶▶▶▶即学即练

请学生点击云课堂——智慧职教 App,完成"**单元 6.2-任务五:乘客意外伤害事件紧急救护**"部分的测试。

请教师先在网页版或手机端职教云中完成该任务点的组题。

📖 技能训练

1. 演练目的

通过(客伤急救模拟演练),检验车站发生突发客伤事件时,学生对突发事件处置的及时性、正确性,可操作性;检验各岗位人员的应急反应速度、协同配合程度,通过演练提高突发事件处理能力。

2. 人员安排

(1)演练当班人员:行调、站区长、值班站长、行车值班员、客运值班员、站厅站务员、保安、"120"急救人员。其中,行调、站区长、"120"急救人员可由其他岗位兼任。

(2)群众演员若干名。

3. 物质准备

喊话器、对讲机、担架、急救箱等。

4. 演练情境假设

运营期间,因举行大型集会,车站发生大客流,一名乘客在下行列车上晕倒,需车站安排工作人员上车救助该名乘客下车。

5. 演练流程

(1)行车值班员接行调通知,××次下行列车有一名乘客晕倒,命令车站立即派人上车,救助该名乘客下车。

(2)行车值班员立即向值班站长报告。

(行车值班员:"值班站长,接行调通知,××次下行列车有一名乘客晕倒,命令车站立即派人上车,救助该名乘客下车。")

(3)行车值班员向站区长报告。

(4)值班站长立即组织客运值班员及保安在车控室带一副担架和急救箱赶赴下行站台,准备上车救助乘客;通知行车值班员拨打"120"急救电话,安排站厅站务员到车站出入口处接应"120"。

(值班站长:"保安,下行列车上有乘客晕倒,请派1名安保人员立即来车控室携带担架等上站台救助。")

(值班站长:"行车值班员,请拨打"120"急救电话,客运值班员和我一起到上行站台,站厅站务员到车站出入口接应"120")

(5)安保人员到车控室携担架和急救箱与值站一同赶到下行站台,协助救护晕倒乘客下车。

(6)列车停靠下行站台后,值班站长、安保人员一同上车,使用担架将晕倒乘客接应下车;客运值班员寻找人证、采集相关证据。值站向行车值班员反馈救助情况。

(值班站长:"行车值班员,晕倒乘客已救护下车。")

(7)行车值班员接到晕倒乘客已接应下车,立即向行调汇报。

(8)值班站长与安保人员一起通过垂直电梯将晕倒乘客送至站厅等待120。

(9)"120"到达后,乘客被移交"120"救护,值班站长立即将情况通知行车值班员。

(值班站长:"行车值班员,乘客已移交"120"处置。")

(10)行车值班员接到晕倒乘客已移交"120"救护后,立即向行调、站区长汇报。

6. 考核评价

项目及配分		考核内容及评分标准
操作程序	70分	(1)实训前的准备工作是否完整,每缺一处扣3分
		(2)应急处理程序是否完整,每缺一处扣3分
		(3)各岗位职责分工是否正确,每错一处扣3分
		(4)各岗位标准用语是否正确,每错一处扣3分
安全及其他	30分	(1)未按规定穿戴个人劳保用品,每少一件扣5分
		(2)未按规定进行操作扣5分
		(3)出现设备损坏、人身伤害扣4分
		(4)每超时1min扣6分,超时2min停止考核
合计		100分

单元6.3　车站大面积停电应急处理

1. 我国城市轨道交通车辆的供电电源一般采用( )的网压。

    A. DC 750V 或 150V　　　　　　　　　　B. DC 1500V 或 1200V

    C. DC 150V 或 350V　　　　　　　　　　D. DC 1500V 或 750V

2. 一旦中断供电会造成人身事故、主要设备损坏的负荷级别是( )。

    A. 二级负荷　　　　B. 三级负荷　　　　C. 特级负荷　　　　D. 一级负荷

3. 将中压35kv电源降压整流后变成供轨道交通列车使用的直流1500V的变电所是( )。

    A. 降压变电所　　　B. 主变电所　　　C. 区域变电所　　　D. 牵引变电所

4. ( )属于车站用电负荷中的一级负荷。

    A. 污水泵　　　　　B. 自动扶梯　　　C. 站台门　　　　　D. 冷却塔风机

5. 下列选项中不属于牵引供电方式的是( )。

    A. 直接供电方式　　B. BT供电方式　　C. AT供电方式　　D. 间接供电方式

📖 知识学习

一、认识车站大面积停电事件

城市轨道交通大面积停电通常是指城市轨道交通系统整体或较大范围内电力供应中断,严重影响列车运行及乘客的正常出行。

1. 车站大面积停电的原因

①电力设备故障,包括变压所变压器故障、整流机组故障、断路器故障、传输电缆故障、接触网故障以及电力监控系统故障等。

②受到城市电力网故障的影响,也可能会造成城市轨道交通大面积停电。

③路面施工和恐怖袭击等原因对电力系统造成的认为外力破坏。

④自然气象灾害对电力系统造成的破坏。

2. 停电对城市轨道交通运营的影响

①停电可造成城市交通局部或全线运营中断,影响乘客出行,给城市地面交通带来极大的压力。

②在人员疏散过程中产生瞬间的大客流,容易引起乘客恐慌,可能造成踩踏、挤压等方面的事故。

③影响城市轨道交通在公众的形象。

④由于供电中断,可能造成通信、信号、机电等系统不能正常使用,从而引发次生事故和灾害。

注意:停电后车站AFC设备、扶梯、升降梯、空调、风机等设备都会因断电而停止运行,事故照明、BAS 工作站停电后备用电源可维持 1h 供电,FAS 停电后正常监控情况下可维持 8h,火警联动状态可维持 0.5h。

▶▶▶**即学即练**

　　请学生点击云课堂——智慧职教 App,完成"**单位 6.3-任务一:认识车站大面积停电事件**"部分的测试。

　　请教师先在网页版或手机端职教云中完成该任务点的组题。

二、车站大面积停电的处理原则与方法

1. 车站大面积停电的处理原则

城市轨道交通线路发生大面积停电事故时,应沉着镇静,稳定乘客情绪,维持秩序,尽力保证乘客安全。OCC 根据停电影响情况,组织抢修抢险,发布列车停运、急救和车站关闭等命令,并及时将灾情上报给上级。以"安全第一"为前提;坚持"统一指挥、快速反应、各司其职、密切配合"的原则。

①实行高度集中,统一指挥,各岗位员工要听从指挥和分工。

②做好停电后的设备保护。

③根据需要,在确保安全的情况下,恢复供电后尽快投入运营。

2. 车站大面积停电的处理程序

为贯彻"安全第一、预防为主、防救结合"的方针,确保大面积停电时地铁设备和乘客的安全,尽快恢复地铁正常供电和运营,一旦发生大面积停电,地铁员工在确保自身安全的情况下应坚守岗位,沉着冷静,自觉维持地铁运营秩序,稳定乘客情绪,积极疏散乘客,尽力保证乘客安全。大面积停电应急处理流程如图 6-5 所示。

OCC 根据停电影响情况,组织抢修抢险,发布列车停运、急救和车站关闭等命令,并及时将灾情上报给上级。车站工作人员应加强检查紧急照明的启动情况,巡查各部位是否有人被困,根据控制中心命令清站和关站。司机尽可能维持列车进站停靠,组织车上乘客向车站疏散。如果列车在区间隧道内或高架线上停车,则利用广播安抚乘客,要求乘客不准擅自操作车上设备,关好车门,防止乘客下车并立即报告行调,按照行调指令操作。

车站大面积停电的处理办法如下:

①在发生大面积停电时,车站工作人员应判明现场情况,启用紧急照明,在 OCC 和站长的指挥下,积极开展疏导乘客工作;设备值班人员应关闭正在操作的设备,切断电源开关后,设法与外界取得联系,协助站务人员共同开展疏导乘客工作。

②发生接触网停电导致列车停运时,当班的客车司机是组织该列车所载乘客疏散的第一责任人,首先应通过广播稳定乘客情绪,在有通信条件时,听从 OCC 值班主任或邻站值班站长的指挥;若列车停在隧道中,又与 OCC 失去联系时,司机必须指挥、引导乘客有步骤、有组织地向最近的车站疏散。一旦到达车站,依次服从车站值班员、值班站长、站长的组织指挥,直至将乘客安全引导至地面安全地带。

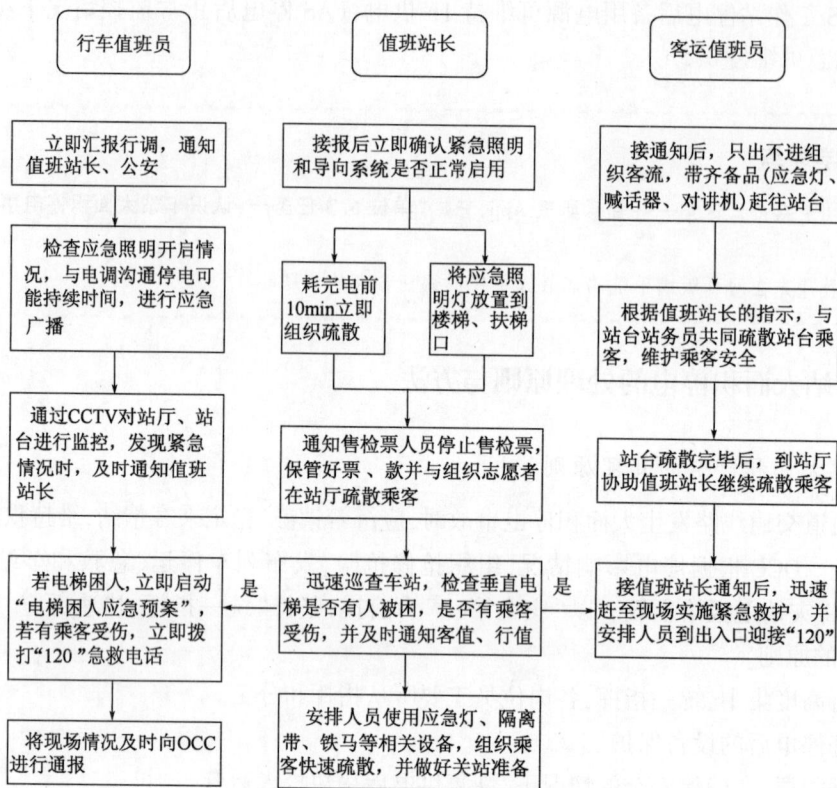

图 6-5　大面积停电应急处理流程

③行调、电调、环调、变电所等关键岗位值班人员,应坚守岗位,确保本部门设施设备和人员的安全,并采取一切可能措施减少停电损失。同时着手调查、收集管辖范围内人员、设施设备停电影响情况,速将险情及初步救援方案向有关领导汇报。

④各中心应做好停电后的设备保护,OCC 负责把各变电所高、低压侧开关分开,断开各类负荷开关;来电后恢复按照主所、变电所、一类负荷、二类负荷、三类负荷的顺序,逐步恢复供电。

ISCS照明灯熄灭
应急处理

车站大面积停电
处理程序

3. 车站大面积停电的各岗位行动指引(表 6-12)

车站大面积停电各岗位行动指引　　　　　　　　　　表 6-12

岗　位	行　动　指　引
值班站长	(1)车站停电后,报告行调。 (2)如有列车停靠车站,广播注意事项,并派人拿应急灯到站台照顾乘客上下车。 (3)接到行调疏散命令后,通知车站员工停止车站服务,执行车站疏散程序,并到站台协助疏散乘客

250

岗　位	行　动　指　引
行车值班员	(1)广播安抚乘客。 (2)通知驻站警察到现场协助。 (3)将有关情况报告站长。 (4)疏散乘客时,将闸机设为开放状态,通过 PIS 发布有关疏散信息
车站其他员工	(1)客运值班员到站台协助乘客上下车,确保安全。 (2)售票员停止售票兑零,做好结算工作,在站厅控制客流。 (3)站厅站务员、站厅保安拿应急灯、手电筒在站厅维持秩序。 (4)站台保安负责站台乘客上下车安全。 (5)执行疏散时,各岗位按(车站疏散程序)办理
行调	(1)将情况报告值班主任。 (2)通知各维修部门调度派人到站处理设备问题。 (3)通知停靠该站司机做好车站停电的乘客广播。 (4)如果不能短时间内恢复供电,命令车站疏散乘客并通知全线司机和车站。 (5)该站停止列车服务并做好乘客广播
值班主任	(1)接报后,将有关情况向上级汇报。 (2)确定短时间内不能恢复供电,命令行调停止车站服务,组织列车通过车站
司机	(1)如果停靠该站开门就要做好乘客广播。 (2)开车就要确认无夹人夹物。 (3)如该站停止服务,按行调指示通过车站,并做好乘客广播
其他车站	(1)接到该站停止列车服务后,做好乘客广播。 (2)如有需要,按照行调指示安排车站备班人员到事发站协助处理

▶▶▶**即学即练**

　　请学生点击云课堂——智慧职教 App,完成"**单元 6.3-任务二:车站大面积停电的处理原则与方法**"部分的测试。
　　请教师先在网页版或手机端职教云中完成该任务点的组题。

技能训练

1.情境描述

　　2004 年 7 月 21 日中午 11:55,广州地铁 1 号线长寿路站突发供电网短路故障,导致 1 号线公园前至芳村下行区间停电瘫痪。事发后,地铁公司迅速启动紧急预案,至 13:15 地铁 1 号线全线恢复运营。据不完全统计,事故中约有 4000 乘客受阻退票。此次事故给市民出行造成了极大不便,广州地铁总公司对此深表歉意。

　　中午 11:55,1 号线一辆列车行驶至长寿路站时,列车受电弓与接触网之间发生故障,导致软性供电接触网断线短路,引起供电网跳闸,公园前至芳村下行线区间立即瘫痪。

据乘客描述,当时1500V的高压电瞬间短路,形成了明亮的火花和焦味,不少乘客惊慌失措,以为列车发生爆炸。当时在该区间运行的3辆列车碰巧全停靠在站台,工作人员打开列车气动门,疏散乘客。随后地铁公司紧急抢修,更换了因短路烧坏的30m电网,13:20西朗站开出的内燃牵引车将故障车拉回车厂维修;13:50故障排除,地铁1号线全线恢复运营。

事故对乘客出行造成了极大不便,广州东站至西朗方向大量乘客受阻。地铁公司立即发出广播,提醒乘客可到票厅办理退票手续,票厅前一度排起了退票长龙。截至16:00,共有3900多名乘客退票。

故障发生25min后,广州地铁公司成功启动紧急预案,对列车重新编组发送。1号线列车全部按照故障运行模式降级运行(图6-6):公园前至芳村方向停止运行;芳村至公园前采用拉风箱式往返运行,每25min一班车;芳村—西朗区间、公园前—广州东站区间利用折返线采取小循环运行,按正常发车。此外,启动公交接驳紧急预案,紧急调动22辆公交车、大巴,在地铁1号线公园前—芳村区间6个站点来回运行,输送乘客。

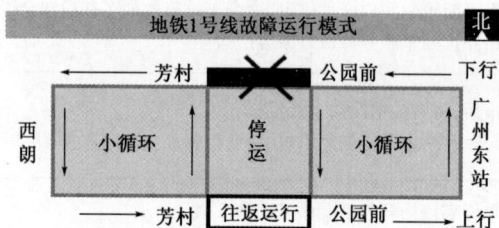

图6-6　广州地铁1号线故障运行模式图

据介绍,地铁电网全部配备自动跳闸设施,短路通常不会对乘客和列车造成损伤。此外,地铁1号线在5个站点设有折返线,如果部分区间发生故障,列车可利用中途折返线掉头,不会导致全线瘫痪。

专家指出,这次停电的罪魁祸首是柔性供电网。由于柔性供电网存在局限,容易断线,国内外其他城市已发生多起因断线而短路的事故。为此,从地铁2号线开始,广州所有的地铁线已改用刚性供电网。此外,为避免短路事故再次发生,地铁公司拟将1号线37.2km的供电网更换成刚性供电网。

2. 训练内容

(1)分析案例中地铁停电的原因。

(2)地铁停电如何疏散?结合案例进行地铁停电疏散模拟演练。

单元6.4　车站发现可疑物品应急处理

学情检测

1. 可疑物品不包括(　　　)。

　A. 可能发生危及地铁设备设施安全的物品

　B. 无人看管的包裹

C. 乘客遗失的钱包

D. 可能发生危及地人身安全的物品

2. 必须通过仪器检测的可疑物品是（　　　）。

  A. 有危险标识的物品

  B. 有异常响声的物品

  C. 有异常气味的物品

  D. 有特殊颜色的物品

3. 下列物品中不属于地铁违禁品的是（　　　）。

  A. 发胶　　　　　　　　　　　B. 花露水

  C. 导盲犬　　　　　　　　　　D. 气球

4. 下列危险品中类型不同的是（　　　）。

  A. 雷管　　　　　　　　　　　B. 炸药

  C. 烟花　　　　　　　　　　　D. 硫黄

5. 下列危险品中类型不同的是（　　　）。

  A. 浓硝酸　　　　　　　　　　B. 浓硫酸

  C. 浓盐酸　　　　　　　　　　D. 酒精

📖 **知识学习**

一、辨别可疑物品

1. 危险品分类

①爆炸或易爆物品，如雷管、手榴弹、炸药、烟花、鞭炮、导火线等。

②压缩气体和液化气体，如石油液化气瓶、天然气瓶和其他各种压缩气瓶等。

③易燃液体，如汽油、煤油、柴油、油漆、酒精、香蕉水等。

④易燃固体、自燃物品和遇湿易燃物品，如硫黄、黄磷、白磷、过氧化钠、碳化钙（电石）、钠、钾等。

⑤强氧化剂，如浓硝酸、浓硫酸、浓盐酸、王水等。

⑥毒害品和感染性物品，如氯化汞、氰化钾、三氧化二砷（砒霜）、尼古丁、石棉、各类农药等。

⑦放射性物品，如镭、钋、铀等。

⑧腐蚀品，如醋酸、磷酸、氨水等。

⑨其他可能影响乘客人身安全的物品。

2. 可疑物品的简要辨别方法

①观察有危险标识（图6-7）或通过常识判断有危险的（如有三品标识的）可疑物品。

②通过听觉，发现有异常响声的（如计时器响声）可疑物品。

③通过嗅觉，发现有异常气味的（如刺激性气味）可疑物品。

图 6-7　危险品标识

3. 可疑物品的仪器检测方法(表 6-13)

可疑物品的仪器检测方法　　　　　　　　　　　　表 6-13

安检门: 又称金属探测门,是指一种检测人员有无携带金属物品的探测装置	手持式金属探测器: 用于检查人身携带金属的具体位置,它可以探测出人所携带或包裹、行李、信件、织物等内所带武器、炸药或小块金属物品,操作简便易行	X射线机: 一种通过产生X射线对行李物品进行检查的设备。由X射线系统、显示系统、控制装置等组成
危险液体检查仪: 一种专门用于探测易燃易爆液体的安检仪器。该检查仪能够在不直接接触液体的情况下将液体炸药、汽油、丙酮、乙醇等易燃易爆液体与水、可乐、牛奶、果汁等安全液体区分开	防爆毯及防爆围栏: 防爆毯是一种用高强度防弹纤维材料,经过特殊工艺加工制成的一种毯子形状的防爆器材。防爆毯一般和防爆围栏配合着用。把防爆围栏围在疑似爆炸物周围,然后把防爆毯盖在围成的圈上面,这样可以有效防止可疑物爆炸引起的冲击波和碎片	防爆罐: 一种能有效防护爆炸物(如手榴弹等)爆炸时产生的冲击波和破片的重要设备,可以避免或减轻对周围人员的伤害,以及对贵重仪器、文物档案和特殊公共场所的损坏,主要用于临时隔离爆炸物,临时储存及处置爆炸物品
爆炸物探测仪: 检查旅客是否携带易爆、易燃类禁带物品	毒品探测仪: 主要用于探测行李物品内是否带有炸药、毒品及违禁的化学物品	鞋底探测仪: 用于检测鞋子及身体较低的部位有无爆炸装置及刀、枪等武器

254

二、车站发现可疑物品的应急处理方法

1. 发现乘客携带危险品的应急处理

①车站应对乘客进行安全检查，要求乘客解释物品的种类、性质等，必要时请乘客打开展示。

②乘客拒绝解释或打开展示其携带物品进站乘车时，车站工作人员应劝其出站；不听从劝阻的，不得放其进站乘车，立即报公安处理。

③司机发现乘客可能携带危险品时，立即将相关信息（乘客性别、衣着、所在车厢位置、危险品性质）报行调（车站），密切监视该乘客动向，（到达前方车站后）等待车站人员到场处理；车站人员接通知后应立即组织驻站保安/民警、护卫到场引导乘客下车进行后续处理。

④非车站的地铁工作人员发现乘客可能携带危险物品进站乘车的，应立即通知车站或报告行调。

⑤车站工作人员发现乘客携带高危危险品（如易燃、易爆、高度腐蚀性物品、有毒气体等，汽油、柴油、煤气瓶、烟花爆竹、炸药、强酸/强碱性溶液、氢气、一氧化碳等）进站乘车时，应立即移交保安/公安处理；如果车站无驻站保安/民警的，车站应立即报告公安，并挽留乘客等待保安/公安人员到场，如果乘客强烈要求携带危险品自行离开的，车站人员应把乘客离去的线路报公安。

⑥车站工作人员发现乘客携带其他危险品（如油漆、机油、弱酸/弱碱性溶液等）进站乘车时，应向乘客解释相关规定，劝阻乘客进站乘车，请乘客携带危险品离站，不得在站内弃置危险品。

⑦如果乘客携带空气压缩机进站乘车时，原则上指引乘客改乘其他交通工具；如果乘客坚持要进站乘车时，则按以下原则处理：①如空气压缩机体积过大（总质量超过 30kg 或者其长、宽、高之和超过 1.6m），车站工作人员应指引乘客换乘其他交通工具；②如空气压缩机未超过乘客允许携带行李体积的，且乘客已将压缩机内的压缩气体释放排清，压力指针为"0"位时，方允许乘客继续进站乘车。

⑧如果乘客不接受车站解释并强行进站乘车时，车站应立即请求驻站保安/民警、护卫支援，阻止乘客进站乘车，同时将相关情况报地铁公安，拖延乘客至保安/公安到场处理。

⑨如果乘客不接受车站解释并强行进站乘车，且已登上列车的，车站需立即实行扣车（或通知司机不要关门动车），报告地铁公安及行调，并安排人员将当事人请下列车。待当事人携带危险品下车后，车站方可取消扣车（再通知司机关门动车），并将当事人移交保安/公安人员处理。

2. 发现无人看管的可疑物品的应急处理

车站发现无人看管的可疑物品时，应急处理程序如图 6-8 所示，各岗位行动指引见表 6-14。

车站发现可疑
物品处理程序

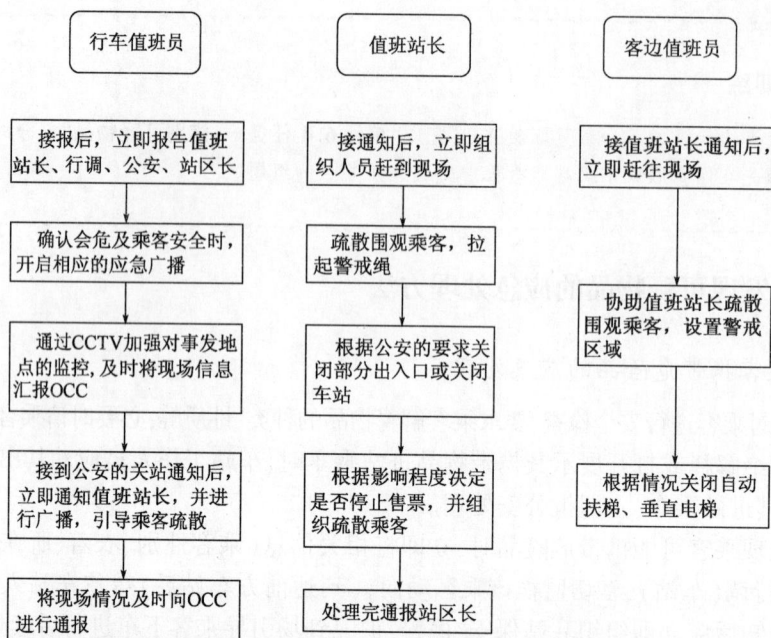

图 6-8 车站发现可疑物品应急处理流程

车站发现可疑物品各岗位行动指引 表 6-14

岗 位	行 动 指 引
现场员工	(1)询问周围乘客,确认是否是附近乘客遗失物。 (2)配合值班站长用隔离带隔离现场,持对讲机、手提广播疏散附近的乘客。 (3)做好乘客安抚工作
行车值班员	(1)接到发现无人看管物品的信息后,反复播放失物广播,寻找失主;并报告行调。 (2)判断为可疑物时,报告行调、公安。 (3)通知站内各岗位的员工,控制进站的客流。 (4)进行封站时,做好乘客广播,组织疏散。 (5)接到值班站长恢复正常的通知后,报告行调,通知各岗位
值班站长	(1)持对讲机赶到现场,判断为可疑物时,组织人员隔离现场,疏散附近的乘客。 (2)与公安做好沟通,加强与行调、车站控制室的信息反馈。 (3)做好封站清客的准备工作,需要时,按公安要求清客封站,安排在出入口张贴服务告示,配合公安处理。 (4)公安处理完毕,共同确认可恢复正常运营后,组织恢复。 (5)通知车站控制室,组织车站恢复运营
客运值班员	(1)接到信息后,马上到现场协助值班站长疏散围观乘客。 (2)到站厅指导车站的客运组织工作
司机	按行调指挥行车

注:当可疑物可能为爆炸物时,须安排人员关闭民用通信电源。

技能训练

1. 演练目的

通过分组、分角色模拟演练(车站发现可疑物品模拟演练),帮助学生熟练掌握车站发现可疑物品处置方案的实施配合流程,学生通过教师点评和观察其他组的模拟演练得到提高,提高应急处理能力。

2. 人员安排

(1)演练人员:值班站长、行车值班员、客运值班员、售票员、站厅站务员 2 名、机动人员 2 名、站台站务员、保安、行调、站区长、安保部领导、民警。其中,行调、站区长、安保部领导、民警可由其他岗位人员兼任。

(2)扮演乘客的群众演员若干名。

3. 物品准备

对讲机、喊话器、客服中心钥匙、相机、隔离带。

4. 演练情境假设

运营期间,站台站务员在巡视过程中发现上行站台一角落处有一黑色包裹,觉得可疑,按照可疑物品进行上报。

5. 演练流程

第一个阶段:发现可疑物品初期处置。

(1)站台站务员报告:"值班站长,上行站台垃圾桶旁发现一个黑色塑料口袋,有些可疑。"(值班站长回答:"明白。")

(2)得到发现可疑物品的报告,值班站长立即赶到现场,并立即通过对讲机命令现场人员做好隔离,禁止乘客靠近,引导乘客远离危险区域,并通知保安到达现场,同时用对讲机通知车站全体工作人员启动发现可疑物品的应急预案。

(值班站长:"站台站务员,请注意维持现场秩序,用隔离带做好隔离工作,禁止乘客靠近围观,并注意寻找目击证人。")

(值班站长:"保安请前往上行站台协助站台站务员做好隔离工作。")

(值班站长:"行车值班员,上行站台发现可疑物品,现启动车站发现可疑物品的应急预案,请按规定向上级领导汇报。")

(3)行车值班员收到值班站长启动发现可疑物品的应急预案命令后立即依次报告行调、站区长、安保部、民警。

(行车值班员:"车站启动发现可疑物品应急预案,行车值班员明白。")

（4）各岗位人员在收到启动预案命令后，售票员停止售票，保护好票、款，并随时等待下一步命令。

（值班站长："售票员请停止售票，保护好票、款。"）

（5）值班站长安排客运值班员及站厅站务员1携带应急物资（喊话器、相机）赶往现场。

（6）警察到达现场后，对可疑物品进行查看，确认其可疑物品具有危险性后，值班站长要求站台站务员助警察对目击证人进行挽留。

（7）值班站长使用对讲机通知各岗位工作人员做好"启动爆炸应急预案"的准备。

（值班站长："各岗位人员请注意由于车站发现危险品，现做好启动车站爆炸应急预案的准备，行车值班员请按压AFC紧急按钮，释放所有闸机并通过车站广播引导乘客出站。"）

（行车值班员回答："明白。"）

（8）行车值班员报告行调车站启动爆炸应急预案。

（行车值班员："报告行调，由于某站发现危险物品，已启动车站爆炸应急预案，请求停止本站接发列车作业。"）

（9）得到行调同意后，行车值班员通知值班站长车站已停止接发列车作业。

（行车值班员："值班站长，经行调同意，现已停止本站接发列车作业"。）

（10）行车值班员通过车站广播对乘客进行广播引导。

（行车值班员广播："各位乘客请注意，因车站发生特殊情况需临时关闭，请保持镇静并听从工作人员的指引，尽快离开车站，谢谢合作。"）

（11）值班站长得到行车值班员报告后，立即通知车站其余岗位员工。

（值班站长："各岗位请注意，本站现已停止所有接发列车作业。"）

（12）保安在站台利用隔离带在危险区域设置警戒线，阻止无关人员进入。

（13）机动人员1在站台指定位置疏导乘客，注意自动扶梯处是否有乘客摔伤。

（值班站长："机动人员1，由于车站需要临时封站，请疏散站台乘客出站。"）

（14）值班站长通知客运值班员、机动人员2及2名站厅站务员迅速分别到车站出口处，引导乘客出站，并阻止乘客进站。

（值班站长："由于车站需要临时封站，请客运值班员、机动人员2、站厅站务员1、站厅站务员2疏散站厅出来的乘客出站并阻止乘客进站。"）

（15）售票员已锁闭客服中心，将票、款放入手提金库内，得到值班站长通知后立即打开边门，到达车站出站闸机处，引导疏散乘客。

（值班站长："售票员，请锁闭好客服中心，到达车站出口闸机处，并打开边门引导乘客出站。"）

（售票员："值班站长，客服中心已全部锁闭，闸机杆已全部放下，现正在引导乘客出站"。）

第二个阶段：乘客疏散完毕，做好解释及协助警察做好取证工作。

（16）站台站务员、售票、客运值班员分别报告站台、车站出口乘客疏散完毕。

（站台站务员汇报值班站长："值班站长，站台乘客已全部疏散完毕"。）

（售票员汇报值班站长："值班站长，站厅乘客已全部疏散完毕"。）

（客运值班员汇报值班站长："值班站长，乘客已从车站出口疏散完毕。"）

（值班站长回答："明白。"）

（17）值班站长接到乘客疏散完毕的报告后，通知站台及站厅人员，再次确认并检查是否还有其他可疑物品。然后通知车站出口处工作人员，对乘客做好解释工作。

（解释工作用语："车站发生紧急情况，为保证大家的安全，请大家不要进入车站，对此造成的不便，敬请原谅。"）

第三个阶段：危险物品转移后，重新开始运营工作。

（18）接警察通知，危险物品已经转移，并得到现场负责领导允许重新开通运营的命令后，值班站长通知各岗位人员回到岗位，恢复正常运营。

（值班站长："各岗位请注意，经警察对危险物品进行转移，现恢复正常运营，请各岗位人员各司其职。"）

（19）售票员将手提金库送到各个客服中心，恢复售票。

6. 考核评价

项目及配分		考核内容及评分标准
操作程序	70分	（1）实训前的准备工作是否完整，每缺一处扣3分
		（2）应急处理程序是否完整，每缺一处扣3分
		（3）各岗位职责分工是否正确，每错一处扣3分
		（4）各岗位标准用语是否正确，每错一处扣3分
安全及其他	30分	（1）未按规定穿戴个人劳保用品，每少一件扣5分
		（2）未按规定进行操作扣5分
		（3）出现设备损坏、人身伤害扣4分
		（4）每超时1min扣6分，超时2min停止考核
合计		100分

单元6.5　车站站台事故应急处理

学情检测

1. 下列关于乘客物品掉下轨行区的说法不正确的是（　　）。

A. 提醒乘客不要自行拾取

B. 利用列车间隙用拾物钳拾取

C. 不易拾起的可与乘客协商夜间停电后再拾取

D. 立即下轨道拾取

2. 关于遗失物品的管理，以下说法哪项不正确。（　　）

A. 拾得乘客的遗失物品应主动上交当班值班站长

B. 遗失的物品应尽量设法归还失主

C. 遗失物品为违禁品、危险品时应立即自行处理

D. 站长要经常检查遗失物品的登机、保管、移交情况

3. 以下哪种情况车站不必按压紧急停车按钮（　　）。

A. 乘客跳下站台进入轨道区间时

B. 乘客逾越黄线而列车即将进站

C. 物品掉下站台，不影响列车运行时

D. 设备侵入限界,阻挡列车正常进出车站时

4. 站台乘客掉落轨行区对城市轨道交通运营影响最大的是哪方面。(　　　)

    A. 乘客人身安全   B. 乘客财产安全

    C. 地铁行车安全   C. 地铁行车秩序

5. 乘客物品掉落轨行区对(　　　)不产生影响。

    A. 乘客人身安全   B. 乘客财产安全

    C. 地铁行车安全   C. 地铁行车秩序

📖 知识学习

一、站台乘客掉落轨行区的应急处理

城市轨道交通进入网络化阶段后,如果发生乘客进入轨行区的事件将会对整个线网运营造成极大的影响,并极有可能造成伤亡事件。在站台设立站台门的条件下,大多数乘客通过翻越站台门进入轨道是为了捡拾掉落的物品以及在乘车时进入相反站台欲通过轨行区到达对面站台,有个别轻生的乘客因一时想不开而进入地铁轨行区自杀。另外,还有一种是由于乘客掉入轨行区是由于在车门关闭,而站台门未关闭情况下,乘客夹在其中央,此时司机开动列车卷入轨行区造成。

1. 站台乘客掉落轨行区的原因

①上错站台,跳轨到对侧站台乘车。

②因与随行人员未赶上同一班车,跳轨并进入轨行区。

③因物品(如车票、足球、私人物品等)掉入区间,乘客跳下轨行区拾取。

④乘客神智异常,跳轨并进入轨行区。

⑤乘客不明原因掉下站台。

2. 站台乘客掉落轨行区的预防措施

①车站站厅工作人员要把好"进闸口",严禁乘客无票进站。

②站台工作人员应加强巡视,发现异常情况及时采取安全措施。

③值班员应加强 CCTV 的监控。

④各岗位工作人员应注意观察乘客神情、举止等动态,发现有神智异常者立即与安保部门联系并将其护送出站,同时向全线其他站通报其体貌、特征,进行站间联控。

⑤若乘客物品掉下轨行区:

a. 提醒乘客不要自行拾取。

b. 利用列车间隙用拾物钳拾取。(**注意**:如果是手机不要用拾物钳拾取,以免将屏幕刮花引起乘客纠纷;最好当时拾起,防止其他乘客拾走。)

c. 不易拾起的可与乘客协商夜间停电后再拾。

⑥站台岗发现乘客跳下或进入轨行区,应立即采取按压"紧急停车"按钮等应急措施,及时处置。

⑦站台岗注意留下至少 2 名目击证人,做好笔录。

3. 站台乘客掉落轨行区的处理程序(图6-9)

当遇到有人员擅自进入轨行区时,站务员主要负责协助事故处理主任(值班站长)工作,应及时报车站控制室(值班员报行调做好行车安排),在现场寻找两名目击证人配合调查取证,待线路防护好后跟随值班站长,穿好荧光衣,携带对讲机、手电筒,进入线路寻找擅自进入的人员。

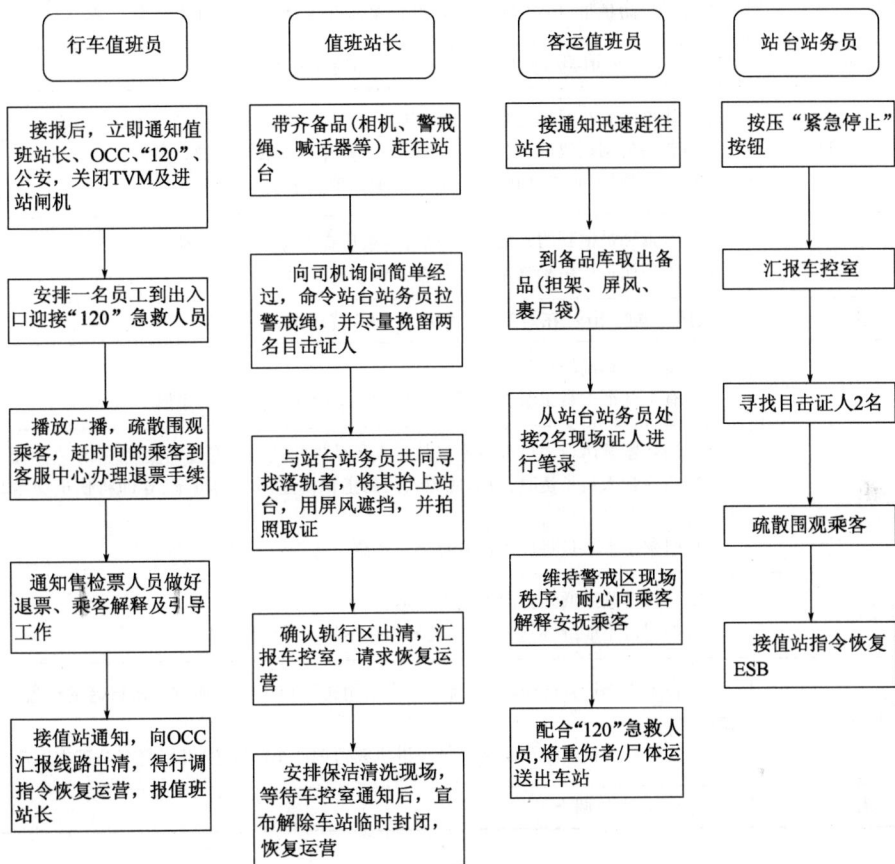

行车值班员	值班站长	客运值班员	站台站务员
接报后,立即通知值班站长、OCC、"120"、公安,关闭TVM及进站闸机	带齐备品(相机、警戒绳、喊话器等)赶往站台	接通知迅速赶往站台	按压"紧急停止"按钮
安排一名员工到出入口迎接"120"急救人员	向司机询问简单经过,命令站台站务员拉警戒绳,并尽量挽留两名目击证人	到备品库取出备品(担架、屏风、裹尸袋)	汇报车控室
播放广播,疏散围观乘客,赶时间的乘客到客服中心办理退票手续	与站台站务员共同寻找落轨者,将其抬上站台,用屏风遮挡,并拍照取证	从站台站务员处接2名现场证人进行笔录	寻找目击证人2名
通知售检票人员做好退票、乘客解释及引导工作	确认轨行区出清,汇报车控室,请求恢复运营	维持警戒区现场秩序,耐心向乘客解释安抚乘客	疏散围观乘客
接值站通知,向OCC汇报线路出清,得行调指令恢复运营,报值班站长	安排保洁清洗现场,等待车控室通知后,宣布解除车站临时封闭,恢复运营	配合"120"急救人员,将重伤者/尸体运送出车站	接值站指令恢复ESB

图6-9 道床伤亡应急处理流程

4. 站台乘客掉落轨行区发生人身伤害事件的各岗位行动指引(表6-15)

站台乘客掉落轨行区发生人身伤害事件各岗位行动指引　　　　表6-15

岗 位	行 动 指 引
站务员	(1)站务员发现事故发生时,须立即启动事故发生一侧线路的"紧急停车"按钮。 (2)向值班站长报告站台发生轧人事件,并通知追拍车站控制室内的紧急停车按钮
行车值班员	(1)行车值班员按动车站控制室内相应的"紧急停车"按钮。 (2)向行调报告事项:申请切断牵引电流,并请求紧急支援(公安、消防、急救)
值班站长	(1)值班站长通过对讲机通知车站员工有关事故。 (2)接到OCC的指示,值班站长担任现场指挥人指挥事故处理,启动应急预案,设置事故控制点,直到事故处理主任到达为止。 (3)密切监视现场情况做好与行调的联系工作和与上级的联系汇报工作。 (4)确认现场情况,通知站务人员启动客流控制方案
行车值班员	值班员通过广播、PIS向乘客发布服务延误信息,建议换乘其他交通工具
售票员、安保	售票员和安保人员到站台进行支援,维持站台秩序

岗 位	行 动 指 引
站务员	(1)站务员以调度命令进行事发列车的清客工作。 (2)清客完毕后向司机显示一切妥当手信号。 (3)设置防护带、稳定乘客情绪、引导乘客出站、查找目击证人
行车值班员	接到行调通知接触网已经停电命令,立即通知值班站
值班站长、值班员	(1)从事故列车司机处收取列车钥匙。 (2)获得行调授权后,立即前往事发地点并穿戴好安全防护。 (3)接管现场,向司机和站台人员(如有必要)询问事故详情
站务员、值班员	(1)搜索到被撞到的人之后,伤员并非被压在车轮下可以移动。 (2)发现伤员后用粉笔做好人员在落轨位置的标记
行车值班员	按照行调的指令,在需要的时候启动 AFC 降级模式
值班站长、值班员、站务员	(1)将伤者移离轨行区。 (2)有急救证的员工给伤者进行初期的伤势处理,并通知其家属
站务员	(1)通知紧急出口人员准备迎接救护人员及告知其伤员安置的位置。 (2)当急救人员抵达时,应向急救人员的主管讲述当时的情况,立即将伤员交给救护人员处理。 (3)引领急救人员将该人从紧急出口抬离车站
值班员	(1)与行调联系通知各岗恢复正常运营。 (2)如司机不能继续驾驶列车,通知行调尽快安排替代司机
值班站长	(1)在不影响运营的时段,安排工作人员用粉笔划出乘客撞倒在轨行区的位置,并用沙遮盖血渍。 (2)通过对讲机命令车站员工将对讲机频道调回车站频道,并恢复车站正常运营
车站人员	配合公安人员调查

> ▶▶▶ **即学即练**
>
> 请学生点击云课堂——智慧职教 App,完成"**单元 6.5-任务一:站台乘客掉落轨道的应急处理**"部分的测试。
>
> 请教师先在网页版或手机端职教云中完成该任务点的组题。

二、乘客物品掉落轨行区的应急处理

城市轨道交通车站站台常发生乘客携带的物品掉落轨行区的事件,可分为物品不影响行车和物品影响行车两种情况。其应急处理流程如图 6-10 所示。

1. 乘客物品掉落轨行区(不影响行车)的应急处理

当在站线范围内,发现轨行区有异物,形态较小,不影响列车运行时,原则上运营时间车站不进行处理,待运营结束后,值班站长指定人员下轨行区拾取。站务员应立即安抚乘客,报告车站控制室物品不影响行车,告知乘客将在运营结束后下轨道拾回物品,请乘客次日到车站领回。

```
        ┌─────────────────────┐
        │  接报后判断是否影响    │
        │  行车，安抚乘客        │
        └──────────┬──────────┘
        影响行车          不影响行车
```

| 站台按压ESB，LCP盘上按压紧停 | 汇报行调，运营期间暂不处理 |

| 向行调报告，得到允许处理的指示后，命令站台站务员使用拾物钳拾物 | 安抚乘客，告知乘客次日来取 |

| 物品捡回后汇报行调，按行调指令在LCP盘上取消"紧急停车"，通知复位站台ESB | 运营结束后，轨行区拾物 |

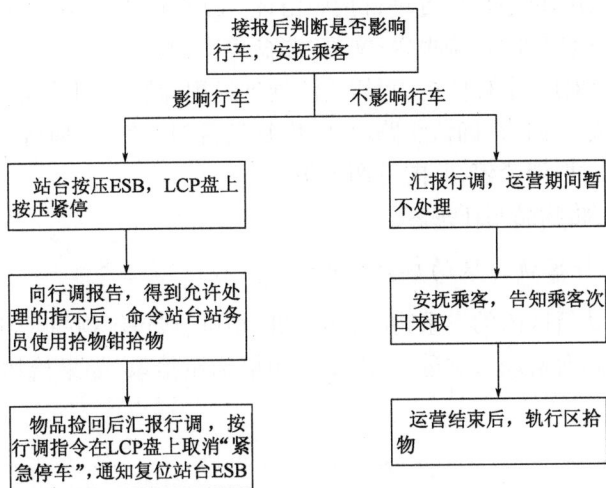

图6-10　站台落物应急处理流程

2.乘客物品掉落轨行区(影响行车)的应急处理

如果物品影响行车,站务员须马上按压"紧急停止"按钮或显示紧停信号暂停列车服务。或因特殊原因乘客强烈要求立即拾回时,站务员要报车站控制室值班员,由值班员向行调报告,经行调批准后方可下轨行区拾回物品。

①站台岗员工接到报告后。立即赶往现场查看情况,若该物品影响行车,则立即按压站台侧"紧急停车"按钮。

②站台岗员工向行车值班员、值班站长报告该物品影响行车,需立刻处理。

③行车值班员上报行调,经批准后,按动车站控制室内"紧急停车"按钮,做好防护,通知站务人员可以进行拾物处理。

④站务人员立即携带拾物钳(图6-11)、隔离带到现场,隔离该处站台门,用拾物钳进行拾取。不能立即拾取的利用拾物钳先拨至线路旁边不影响行车处,以不耽误列车运行为原则,待列车通过后利用行车间隔下轨行区拾取。

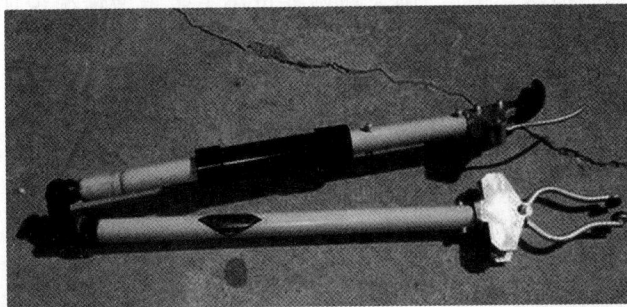

图6-11　拾物钳

派站务人员下轨行区进行处理的程序如下：

a.值班员接站台岗员工报告后第一时间按下异物侧或上下行(异物有移动的可能时)"紧急停车"按钮,向行调申请下轨行区拾物,视情况要求站线接触轨停电。

b.得到行调同意,需要接触轨停电的确认接触轨已断电后,值班站长派人下轨行区将异物拾起。视情况对异物的形态及位置进行拍照留证。站台岗做好站台防护。

c. 处理完毕线路出清后向行调报告,恢复"紧急停车"按钮。

d. 值班员要通过 CCTV 全程监控,密切关注处理过程,随时向上级汇报。

⑤站务人员将物品取回后,确认线路出清,恢复站台门的使用,向行车值班员汇报。

⑥行车值班员及时取消紧停,并向行调汇报。

⑦做好相关记录,将物品归还乘客。

3. 乘客贵重物品掉落轨行区的应急处理

对于乘客掉落在轨行区内的贵重物品,如手机、相机、钱包等物品,为避免乘客财产受损失及防止其他乘客跳下站台拾取影响运营,应及时用拾物钳拾取,如果拾物钳不能拾取的,应利用行车间隔拾取。

▶▶▶ **即学即练**

请学生点击云课堂——智慧职教 App,完成"**单元 6.5-任务二:乘客物品掉落轨道的应急处理**"部分的测试。

请教师先在网页版或手机端职教云中完成该任务点的组题。

技能训练

1. 情境描述

2011 年 1 月 29 日,上午 11:25,在建国门站站台上,一对年轻情侣开始高声争吵。突然,有候车乘客惊呼:"哎呀,行李箱掉进铁轨里了!"但这声惊呼惊醒了小情侣,其中一人欲下轨道拾捡物品。

此时,一趟列车即将进站。一名站务员小王迅速跑来,并通过手中的对讲机将情况告知综控员小张,提醒其赶紧将车停下。另一名站务员小李找来长竿,将行李箱挑了上来,但挑起过程中,行李箱外侧口袋中小物品掉落。最后,两人被站务员小王带走做情况说明,并归还物品。

2. 训练内容

(1)站务员突发事件信息上报值站训练

①迅速、准确、完整地将下述内容进行上报。

②发生地点(上下行、具体位置等)。

③车次、车号。

④报告人,事故概况及初步判断的原因。

⑤人员伤亡及车辆、线路等设备损坏情况。

⑥是否影响邻线行车和是否需要救援等。

⑦其他事项。

(2)拾捡物品过程训练

①拾捡流程。

②判断是否影响行车。

③用拾物钳拾捡。

④运营结束后,进入轨行区拾捡小物品。

⑤避免拾捡过程物品二次损坏。

⑥拾捡完毕,确认线路出清,恢复行车。

(3)乘客事务处理训练

①轨道乘车安全知识普及,场所确保安全,不要掉落;掉落不要擅自拾捡。

②归还物品。

③登记信息。

3.考核评价

项目及配分		考核内容及评分标准
操作程序	70分	(1)实训前的准备工作是否完整,每缺一处扣3分
		(2)应急处理程序是否完整,每缺一处扣3分
		(3)各岗位职责分工是否正确,每错一处扣3分
		(4)各岗位标准用语是否正确,每错一处扣3分
安全及其他	30分	(1)未按规定穿戴个人劳保用品,每少一件扣5分
		(2)未按规定进行操作扣5分
		(3)出现设备损坏、人身伤害扣4分
		(4)每超时1min扣6分,超时2min停止考核
合计		100分

单元6.6　车站恐怖袭击事件应急处理

学情检测

1.地铁恐怖袭击方式不包括(　　)。

　　A.爆炸　　　　　　　　　　　　　B.纵火

　　C.毒气　　　　　　　　　　　　　D.恐吓

2.最容易发生地铁恐怖袭击的时间是(　　)。

　　A.大型活动举办日　　　　　　　　B.节假日

　　C.周末　　　　　　　　　　　　　D.工作日

3.恐怖袭击嫌疑犯的特征不包括(　　)。

　　A.着装、携带物品与其身份、季节不符者

　　B.神情恐慌、言行异常者

　　C.冒称熟人、假献殷勤者

　　D.在警戒区附近出现

4. 当发现可疑爆炸物品或者遇到爆炸威胁时,下列处理不正确的是(　　)。
   A. 宁可信其无,不可信其有
   B. 快速撤离
   C. 细致观察可疑人、事、物,用照相机、手机等将"现场"记录下来
   D. 迅速报警
5. 下列不属于地铁反恐防暴设备的是(　　)。
   A. 防爆叉　　　　　　　　　　　　B. 齐眉棍
   C. 防爆毯　　　　　　　　　　　　D. 灭火器

📖 知识学习

一、爆炸毒气事件应急处理

地铁作为客流量特别密集的运输载体,具有防护措施薄弱、客流量大、公众关注程度高等特点,所以地铁经常成为恐怖分子以及对社会心怀不满人员的施爆地点。

地铁恐怖袭击的方式主要为爆炸、纵火和毒气等三种,且地铁恐怖袭击事件呈上升趋势,造成的政治影响、人员伤亡和经济损失也越来越大。地铁由于空间狭窄、空气流动性差、环境封闭、客流量大、人员密度大、疏散困难等自身特点,一旦发生意外毒气泄露或者恐怖袭击,人员疏散和处置救援都十分困难,极易造成重大人员伤亡。

1. 爆炸毒气事件的处理原则

反应迅速、报告及时、密切配合、全力以赴、疏散乘客、排除险情、减少损失、尽快恢复运营。
①贯彻"救人第一"的原则,积极施救。
②把握事故初始阶段,做好两项工作:一是尽快抢救,防止扩散;二是及时报警。
③发生事故后现场人员按信息汇报流程进行报告。

2. 爆炸毒气事件的处理办法

城市轨道交通车站是客流密集场所,空间狭小且疏散不便,发生爆炸、毒气袭击等紧急事件时对乘客人身安全危害大,发生这类情况时对站务员岗位有三项关键要求,即会初期处理(救助伤者)、会组织疏散、会逃生。

①当接到灾情报告后,应立即按信息报告流程进行汇报,根据公司抢险救灾指挥小组指令,宣布抢险命令,迅速地做出反应,确定救援及运营调整方案。

②了解火灾、爆炸、毒气事故事件先期处置情况和事态发展情况,与轨道公安分局等共同组成现场应急处置指挥部,决定抢险救援、救助伤员方案,明确各单位和人员分工及职责,进行先期处理。组织紧急救护工作,并采取措施,防止次生事故发生;公司经理担任先期处置的现场协调指挥。

③遵循"以人为本、减少灾害"的原则,车站应及时联系"120"急救中心开展医疗救护工作,并组织线路运营单位做好人力、物力支援等配合工作。

④线路运营单位应配合轨道公安分局进行火灾、爆炸、毒气事故事件现场的调查和侦查工作,现场指挥人员应组织线路运营单位做好保护现场、询问证人等配合工作。

⑤现场指挥人员应协调相关单位做好维持现场秩序工作,并组织线路运营单位做好疏散乘客和围观群众、保持运输通道通畅,车站应做好宣传广播、维持现场秩序等配合工作。

⑥若系毒气所致,现场指挥人员还应协调市消防局和防化部队与市急救中心共同做好伤员救护工作,救护人员应佩戴相应的防护器具,防止救护人员自身受到伤害。同时,公司经理与防化专业技术人员、环境专家和运营商商讨地下毒气的清除方案,并组织线路运营单位实施,防止事件进一步扩大和恶化。

⑦事件发生后未经集团同意现场任何人员不得擅自对外公布事件的信息。

3. 车站发生毒气事件时各岗位行动指引(表6-16)

车站发生毒气事件时各岗位行动指引　　　　　　　　　表6-16

岗　　位	行　动　指　引
值班站长	(1)接到报告后迅速赶到现场。 (2)担任事故处理主任,宣布执行毒气袭击应急处理程序,指挥车站做好乘客服务或疏散工作,戴上防毒面具或空气呼吸器做好防护后,到现场指挥处理。 (3)迅速组织人员用隔离带封锁现场,将目击证人移交公安调查。 (4)组织车站清客,加强与车控室、行调的联系,及时进行信息沟通。 (5)最后确认全站清客完毕,并将现场移交给公安。 (6)到紧急出入口清点员工人数,到齐后向车控室报告。 (7)接到OCC恢复正常运营的通知后,马上组织恢复运营
行车值班员	(1)接到现场员工的报告后,马上通知值班站长到现场,并及时做好站台广播安抚乘客,加强CCTV监控,并报公安、行调,通知邻站扣车,根据车站实际情况请求人员支援。 (2)接到值班站长宣布执行毒气袭击应急处理程序后,马上利用全站广播通知车站各部门、各岗位疏散,同时反复进行全站广播指引乘客出站。 (3)报"110"、"119"、"120",并向相关上级部门、领导汇报,安排保洁人员到紧急出入口迎接"120"、"119"人员。 (4)接到车站清客完毕后,报告行调。 (5)接到值班站长通知车站恢复正常后,检查车控室设备设施情况。向行调报告车站运营前准备工作,并向行调了解行车运行恢复情况并报告值班站长。 (6)通知各岗位员工,车站恢复正常运营
客运值班员	(1)接到执行毒气袭击应急处理程序后,赶到车控室,确认SC上已设为紧急模式;根据环调命令或现场公安的要求并经环调同意后,在综合监控系统(ISCS)上确认已执行相应的模式。 (2)完成(1)后,戴上防毒面具做好防护,拿对讲机、手提广播到站厅组织乘客疏散,并对受伤乘客进行救助。 (3)接收到站台乘客疏散完的信息后,确认站厅站务员及售票员已关闭各出入口(除紧急出入口),张贴停止服务的告示。 (4)最后确认站厅乘客全部疏散出站并报告车控室。 (5)到紧急出入口集中。 (6)接到值班站长通知车站恢复正常后,检查AFC设备、各种服务设备设施是否正常并报车控室。 (7)撤除停止服务的告示,打开出入口,引导乘客进站

岗　　位	行　动　指　引
站厅站务员	(1)接到执行毒气袭击应急处理程序后,打开边门,确认所有闸机扇门处于打开状态。 (2)将扶梯全部关停,指引和疏散乘客出站。 (3)戴上防毒面具做好防护,到站台协助站台清客工作,组织乘客由站台两端楼、扶梯上站厅出站。 (4)待站台清客完毕后,到站厅协助站厅清客。 (5)站厅清客完毕后,协助关闭各出入口(除紧急出入口外),张贴停止服务的告示,并报告客运值班员。 (6)到紧急出入口集中。 (7)接到值班站长通知车站恢复正常后,检查 AFC 设备、各种服务设备设施是否正常并向车控室报告。 (8)撤除停止服务的告示,打开出入口,引导乘客进站
售票员	(1)接到执行毒气袭击应急处理程序后,收好票款和车票,锁好客服中心门。戴上防毒面具做好防护,用手提广播安抚乘客,并协助站厅清客工作。 (2)站厅清客完毕后,关闭各出入口(除紧急出入口外),张贴停止服务的告示,并报告客运值班员。 (3)到紧急出入口集中。 (4)接到值班站长通知车站恢复正常后,回到客服中心准备开窗,并报告车控室准备情况
现场员工	(1)闻到有刺激性的气味并发现异常后,马上报告车控室,戴上防毒面具做好防护,疏散周围的乘客。 (2)查找根源,马上用隔离带封锁现场,同时在附近寻找 2 名以上的目击证人,交给值班站长。 (3)协助值班站长进行清客。 (4)乘客及员工全部疏散后,向车控室报告。 (5)站内乘客疏散完毕后到紧急出入口集中。 (6)接到值班站长通知车站恢复正常后,到站台检查站台门、扶梯等设备设施情况和线路情况,并向车控室报告,准备运营服务
司机	(1)接到行调通知,车站发生毒气,按行调指示全线各站、列车司机和车厂调度停止客运服务,列车扣停在车站。接近受袭击车站的列车,组织退回发车站,并做好乘客广播;来不及扣停的列车限速不停站通过受袭击车站,并做好乘客广播。 (2)听从行调的命令恢复行车

▶▶▶**即学即练**

　　请学生点击云课堂——智慧职教 App,完成"**单元 6.6-任务一:爆炸毒气事件应急处理**"部分的测试。
　　请教师先在网页版或手机端职教云中完成该任务点的组题。

二、劫持人质事件应急处理

　　一旦发生劫持人质犯罪,不仅危及人质生命安全,而且会在社会上造成难以消除的恐怖气氛,严重影响社会治安稳定。

1.劫持人质事件的处理原则

①应遵循安全第一的原则。这里的"安全"是指力争确保人质、乘客的安全,并尽可能保住劫持人质罪犯的生命。

②必须形成统一的指挥。应急处置指挥员必须相对固定并具有一定的权威。

③实施第一动作。当处置人员到达现场之后,控制组应当迅速设置外层和内层两道围控线。隔离疏散其他罪犯以及车辆,内层控制线负责对劫持人质罪犯进行监视和控制。

④迅速展开与肇事罪犯谈判,同时部署武力处置人员及处理信息参谋班子和专家顾问班子。

⑤同时要同步统筹兼顾、保障组和医疗组等展开辅助性、保障性工作。例如,开展相关信息的调查活动,调配救护、消防、排爆方面的人员、车辆与器械,调集必要的后勤保障与机动力量,等等。

城市轨道交通车站发生劫持人质事件时,被劫持的对象既可能是本站员工,也可能是乘客,值班站长在事件初期担任事故处理主任,主要任务是安抚歹徒情绪,控制现场秩序,防止现场矛盾激化及防止围观乘客受伤,具体处理须由公安人员来组织进行。

站内发现劫持人质后,立即通知车站控制室的值班人员及时拨报"110",在公安人员到来之前要控制好现场,首先稳定歹徒和被劫者的情绪,防止歹徒出现过激行为;组织疏散周围的乘客,防止其他乘客受伤;公安人员到现场后配合公安人员的处理,做好有关区域的围蔽。

2.与劫持人质肇事罪犯的谈判

高水平的谈判(包括政策攻心)是处置劫持人质事件必不可少的,高水平的谈判不仅能利用谈判制造许多战机,而且能达到《孙子兵法》中所说的,军事斗争的最高境界是"不战而屈人之兵"的效果。掌握肇事罪犯的心理变化是取得谈判成功的必要条件。

(1)谈判人员的选用

规范的人质谈判,首先要求担当人质谈判任务的人员必须经过专门的人质谈判训练,具有系统、全面的人质谈判知识,掌握具体、实用的人质谈判技巧。同时,承担核心性的谈判任务的人员要有明确的分工,要确定由谁负责指挥谈判,即谈判组长,由谁做主谈员,即第一谈判手,由谁做主谈员的助手,即第二谈判手。此外,还应当根据情况需要配备相应的辅助性人员,如情报分析记录员、联络员或武力行动组联络员、物资供应员、精神分析或临床心理学专家等。再加上周密的谈判方案,谈判成功的可能性就能大大增加。

处置劫持人质案件培训工作,应首先对有资格在处置活动中担任指挥员的人员进行人质谈判培训,使他们对谈判的基本特点和原则、要领、技巧、战术方法有一个概要的了解。这样他们才能作出恰如其分的指挥也才能从根本上提高处置能力。

(2)掌握劫持人质肇事罪犯的心理特征变化

通常劫持者心理会经过三阶段的变化,即紧张敏感阶段、理智清醒阶段和寻求解决阶段。

①紧张敏感阶段。在这一阶段,劫持者通常是手持武器、凶器或爆炸物直接威胁人质的要害部位。处置人员的任何攻击行动都可能导致劫持者激烈的对抗,从而杀害人质。

有研究表明,下列行为被劫持者看成是对他们的威胁:警察的集结;警察的封锁行为;特别的信号;车站内人声嘈杂,上下跑动。这些举动都有可能激怒劫持者,从而危及到人质的安全。因此,我们应尽可能采取隐蔽地包围和封锁现场,暂不采取任何容易引起激烈对抗的攻击行动,给劫持者一个缓和的氛围。

②理智清醒阶段。在这一阶段,应设法建立与劫持者进行沟通的渠道,如与劫持者进行对话,适时开展政策攻势,宣传党和国家的政策、法律;派人与劫持者进行谈判,尽量稳定劫持者的情绪,让其感到车站是在认真对待其提出的要求。

③寻求解决阶段。在这一阶段,应采取两方面的措施:一方面,应尽可能加强与劫持者的谈判,采取一些干扰措施,尽量拖延时间,稳住和麻痹劫持者,不能让劫持者感到自己已陷入绝境,毫无退路。否则,劫持者就可能垂死挣扎,滥杀无辜。另一方面,在谈判的同时,做好武力营救准备,隐蔽占领有利位置。一旦劫持者作出危害人质生命安全的姿态,就要果断出击,武力制服劫持者,救出人质。

3.劫持人质事件的处理办法

①现场人员发现歹徒劫持人质,立即报行值,简单说明歹徒和人质数量、事发地点及劫持原因等信息,行值立即上报。

②现场人员做好分工,稳定歹徒和人质的情绪,并疏导周围乘客。

③发生事件后,车站及时确认通往设备区通道门处于锁闭状态,防止歹徒进入。

④行值与 OCC 保持联系,执行 OCC 指令。

⑤车站配合到场的公安人员处理。

4.车站发生劫持人质事件时各岗位行动指引(表6-17)

车站发生劫持人质事件时各岗位行动指引　　　　　　　　　　　表6-17

岗　　位	行　动　指　引
行车值班员	(1)立即报告行调、地铁公安,简要说明歹徒和被劫持者双方的人数、性别、凶器和初步了解的劫持原因等。 (2)向行调申请暂停本站的运行服务。 (3)通知各岗位,执行紧急疏散计划,拦截乘客进站,在 SC 上将闸机设为紧急模式。 (4)通过 CCTV 监控现场情况;发生人员伤亡时,及时报"120"。 (5)将通往车控室的房门反锁。 (6)配合公安处理
值班站长	(1)马上到现场指挥处理,稳定歹徒和被挟持者的情绪,避免刺激的行为。 (2)组织疏散附近的乘客,尽量将歹徒稳定在固定的位置(最好某一角落),防止其进入设备区。 (3)公安人员到场后,交公安处理,按公安的要求进行配合。 (4)根据现场情况向行调申请暂停本站的运行服务。 (5)处理过程中注意员工人身安全和车站财产安全
客运值班员	如果值班站长被劫持时,负责值班站长的处理应急工作;若值班站长没有被劫持时,和值班站长到现场处理
巡视岗	(1)接车控制安排后,立即赶到现场,疏散乘客远离现场。 (2)暂停本站的服务时,在站台加强巡视,确保所有乘客疏散出站台。 (3)当发现司机被劫持时,立即报告行车值班员
客服中心岗	(1)根据需要,停止客服中心服务,收好票款,锁好客服中心。 (2)暂停本站的服务时,打开边门、闸机,疏散乘客。 (3)关闭车站紧急出口外的其他出入口,并张贴相应的告示。 (4)在紧急出口处引导公安等人员到场。 (5)在紧急出口外,拦截乘客进站并做好解释

岗　　位	行　动　指　引
司机	（1）当列车上乘客被劫持时，在车站时不动车或运行中则维持进站停车，立即报行调、车站，并做好安全防护，防止被歹徒劫持或进入驾驶室。 （2）当司机被劫持时，尽量将歹徒引至离驾驶室较远的地方；当被迫驾驶时，如在站或人为设置故障导致不能动车；如在运行中则尽量维持进站停车。 （3）被劫持时的报警方式：不能直接报警时可采取长时间按压对讲设备以将对话传出，或人为制造故障等方式

注：1. 及时确认通往设备区的通道门处于锁闭状态，防止歹徒进入设备区。

2. 当车站员工被劫持时，被劫持员工尽量保持冷静，不要采取刺激歹徒的行为，尽量稳定歹徒的情绪，及时把握有利时机安全逃脱歹徒的劫持。

3. 车站应保持高度警觉，当发现明显的异常行车现象时，要加强对列车的观察，确认司机是否安全，是否被劫持。

▶▶▶**即学即练**

请学生点击云课堂——智慧职教 App，完成"**单元 6.6-任务二：劫持人质事件应急处理**"部分的测试。

请教师先在网页版或手机端职教云中完成该任务点的组题。

📖 **技能训练**

1. 演练背景——接到炸弹恐吓电话（表 6-18）演练步骤

表 6-18

事件或故障设置方法	车控室接到匿名炸弹恐吓电话
演练步骤简要介绍	（1）车控室突然接到恐吓电话称："有人在你们车站放了炸弹"。 （2）车控室立即将情况报告"110"、轨道交通分局、OCC、车务部。 （3）OCC 立即电话向"110"报警，并立即安排全线车站进行不公开检查，安排人员把守所有面向公共区的通道门，检查过程中避免引起乘客恐慌。 （4）车务部立即组织人员对车站进行重点搜查，OCC 立即要求物业公司向车站增派保安，协助进行搜查，并对全部进站人员携带的包裹进行开包检查。 （5）在发现可疑物品后按应急处理程序进行隔离、人员疏散、列车立即动车或不停车通过。 （6）人员全部疏散完毕后，宣布演练结束
启动何种应急处理程序	"接到炸弹恐吓电话应急处理程序"

2. 演练目的

通过演练，检验车站接到炸弹恐吓电话时，学生对突发事件处置的及时性、正确性、可操作性；检验各岗位人员的应急反应速度、协同配合程度，通过演练提高突发事件处理能力。

3. 演练步骤

（1）情境描述：车控室接到"炸弹"威胁的电话（表 6-19）。

表 6-19

顺序	岗 位	处 理 程 序
1	行车值班员	接到"炸弹"威胁电话立即报值班站长、行调、"110"通过内线电话通知各岗位员工。同时查看 CCTV 有无可疑人、物
2	值班站长	值班站长接报后立即到现场组织工作人员搜寻有无可疑物品。到站台通知站台保安对站台进行巡视
3	客运值班员	客运值班员接报后立即到站厅通知站厅站务员及站厅保安对站厅、出入口通道进行巡视
4	售票员	售票员接报后加强警惕周边的动态
5	站厅站务员	站厅站务员接报后对站厅 B 端进行巡视
6	站厅保安	站厅保安报后对站厅 A 端进行巡视;注意检查洗手间和垃圾桶
7	站台保安	站台保安报后对站台进行巡视;注意检查洗手间和垃圾桶

(2)情境描述:行调通知车站,接"110"警报,要求车站立即执行紧急疏散程序(表6-20)。

表 6-20

顺序	岗 位	处 理 程 序
1	行调	行调接"110"指令,要求车站疏散
2	行车值班员	行车值班员接报后,立即通知值班站长,并打开闸机、播疏散广播、关停扶梯、PIS 发布疏散信息
3	值班站长	值班站长下达执行车站紧急疏散程序命令。安排售票员到 C 口接应"110"进站
4	客运值班员	客运值班员使用手提广播疏散站厅乘客出站
5	售票员	售票员立即锁好钱箱及客服中心门,打开就近的边门,疏散乘客出站。到紧急出入口 C 口接应"110"进站
6	站厅站务员	站厅站务员打开边门使用手提广播疏散 B 端的乘客出站
7	站厅保安	站厅保安打开边门使用手提广播疏散 A 端的乘客出站
8	站台保安	站台保安使用手提广播疏散站台乘客出站

(3)情境描述:确认乘客疏散完毕,关闭 D 口,车站工作人员在紧急出入口 C 口集合(表6-21)。

表 6-21

顺序	岗 位	处 理 程 序
1	站台保安	站台疏散完毕报车控室,到站厅疏散,尾随乘客到紧急出入口 C 口集中
2	客运值班员	客运值班员取出入口钥匙及告示分发给站厅保安及站厅站务员后,检查是否有乘客遗留
3	站厅保安	站厅 A 端疏散完毕,报告车控室,并关闭 D 出入口及粘贴告示,后到紧急出入口 C 口集中
4	站厅站务员	站厅 B 端疏散完毕,报告车控室,到紧急出入口 C 口集中
5	值班站长	值班站长检查无乘客遗留后,到紧急出入口 C 口清点工作人员人数。并指示行车值班员到 C 口集中
6	行车值班员	确认车站疏散完毕后,报行调、"110",并留下联系电话。到紧急出入口 C 口集中

(4)情境描述:警察及炸弹专家赶到,勘查现场并进行处理(表6-22)。

表 6-22

顺序	岗　位	处　理　程　序
1	值班站长	警察及炸弹专家赶到,勘查现场并进行处理

（5）情境描述：警察、公安确认危险解除,车站恢复运营(表6-23)。

表 6-23

顺序	岗　位	处　理　程　序
1	值班站长	值班站长向警察及炸弹专家确认危险已解除,车站可恢复运营后,通知各岗位立即开站
2	行车值班员	行车值班员接报后立即回车控室向行调汇报,并恢复各设备系统状态。检查各设备系统运行情况
3	客运值班员	客运值班员接报后立即检查 AFC 设备运行情况情况
4	售票员	售票员到客服中心开窗服务
5	站厅站务员	撤除 D 口告示,开启 C 口自动扶梯,关闭边门,恢复正常工作
6	站厅保安	撤除 A 口告示,开启 D 口自动扶梯,打开 D 口。恢复正常工作
7	站台保安	站台保安到站台开启自动扶梯后恢复正常工作

4. 考核评价

项目及配分		考核内容及评分标准
操作程序	70 分	（1）实训前的准备工作是否完整,每缺一处扣 3 分
		（2）应急处理程序是否完整,每缺一处扣 3 分
		（3）各岗位职责分工是否正确,每错一处扣 3 分
		（4）各岗位标准用语是否正确,每错一处扣 3 分
安全及其他	30 分	（1）未按规定穿戴个人劳保用品,每少一件扣 5 分
		（2）未按规定进行操作扣 5 分
		（3）出现设备损坏、人身伤害扣 4 分
		（4）每超时 2min 扣 6 分,超时 2min 停止考核
合计		100 分

思考题

1. 若车站发现可疑物品时,应如何进行处理?

2. 若车门或站台门夹人(物)时,应如何进行处理?

3. 简述城市轨道交通地下车站火灾自救与逃生技巧。

4. 列车在车站发生火灾时,车站值班站长如何处理?

5. 简述发生电扶梯摔伤时的应急处理流程。

6. 简述车站物品落入区间的处理流程。

7. 遇乘客跳下(挤下)站台触电,值班站长如何处理?

8. 列举乘客严重违反轨道交通的行为。

9. 车站发生列车轧人事故,值班站长应如何处理?

参 考 文 献

[1] 刘莉娜. 城市轨道交通客运组织[M]. 2 版. 北京:人民交通出版社股份有限公司,2015.

[2] 谢淑润,靳丽丽. 城市轨道交通客运组织[M]. 北京:人民交通出版社股份有限公司,2016.

[3] 刘乙橙,景平安. 城市轨道交通客运组织[M]. 北京:机械工业出版社,2020.

[4] 胡兴丽,王玲玲,邹雄. 城市轨道交通客运组织. 成都:西南交通大学出版社,2018.

[5] 第十一届全国交通运输行业城市轨道交通服务员学生组运营管理项目技术方案,2019.

[6] 王博,申碧涛. 城市轨道交通应急处理实务[M]. 北京:人民交通出版社股份有限公司,2017.

[7] 上海申通地铁集团有限公司轨道交通培训中心. 城市轨道交通车站机电设备[M]. 北京:中国铁道出版社,2013.

[8] 赵岚. 城市轨道交通客运组织[M]. 北京:电子工业出版社,2014.

[9] 张燕. 城市轨道交通车站客运组织与服务[M]. 北京:电子工业出版社,2015.

[10] 颜月霞. 城市轨道交通综合监控系统[M]. 2 版. 北京:人民交通出版社股份有限公司,2021.

[11] 刘晓娟,林海香,司徒国强. 城市轨道交通综合监控系统[M]. 成都:西南交通大学出版社,2014.

[12] 曲秋莳,许波. 城市轨道交通车站设备[M]. 北京:人民交通出版社股份有限公司,2016.

[13] 王晓飞,黄健中. 城市轨道交通车站设备[M]. 安徽:中国科学技术大学出版社,2014.

[14] 贾毓杰. 城市轨道交通通信与信号[M]. 北京:机械工业出版社,2014.

[15] 张利彪. 城市轨道交通通信与信号系统[M]. 2 版. 北京:人民交通出版社股份有限公司,2015.

[16] 上海申通地铁集团有限公司轨道交通培训中心. 城市轨道交通车站消防系统[M]. 北京:中国铁道出版社,2013.

[17] 汪成林. 城市轨道交通设备运用[M]. 北京:人民交通出版社股份有限公司,2017.

[18] 王世伟. 城轨客运组织[M]. 成都:西南交通大学出版社,2014.

[19] 李慧玲. 城市轨道交通安全管理[M]. 北京:人民交通出版社股份有限公司,2011.

[20] 耿幸福. 城市轨道交通运营安全[M]. 2 版. 北京:人民交通出版社股份有限公司,2012.

[21] 王艳辉. 城市轨道交通运营安全管理方法与技术[M]. 北京:北京交通大学出版社,2011.

[22] 刘志钢. 城市轨道交通安全工程概论[M]. 北京:中国铁道出版社,2010.

[23] 连义平. 城市轨道交通安全管理[M]. 成都:西南交通大学出版社,2011.

[24] 秦进. 城市轨道交通安全管理[M]. 北京:人民交通出版社股份有限公司,2012.

[25] 刘奇,徐新玉. 城市轨道交通应急处理[M]. 北京:人民交通出版社股份有限公司,2015.

[26] 王靓,于赛英. 城市轨道交通应急处理[M]. 北京:机械工业出版社,2015.

[27] 李宇辉. 城市轨道交通应急处理[M]. 北京:人民交通出版社股份有限公司,2014.

[28] 孟祥虎,孙巧玲. 城市轨道交通应急处理[M]. 北京:人民交通出版社股份有限公司,2015.